U0903445

解读

最高人民法院司法指导性文件

知识产权·行政卷

人民法院出版社　编

人民法院出版社

图书在版编目(CIP)数据

解读最高人民法院司法指导性文件．知识产权·行政卷/人民法院出版社编．—北京:人民法院出版社，2019.5
ISBN 978-7-5109-2531-3

Ⅰ.①解… Ⅱ.①人… Ⅲ.①知识产权法—法律解释—汇编—中国②行政法—法律解释—汇编—中国 Ⅳ.①D920.5

中国版本图书馆 CIP 数据核字（2019）第 086379 号

解读最高人民法院司法指导性文件　知识产权·行政卷
人民法院出版社　编

责任编辑　王　婷　　执行编辑　尹立霞　杨钦云
出版发行　人民法院出版社
地　　址　北京市东城区东交民巷 27 号（100745）
电　　话　（010）67550637（执行编辑）　67550558（发行部查询）
　　　　　65223677（读者服务部）
客服 QQ　2092078039
网　　址　http://www.courtbook.com.cn
E - mail　courtpress@sohu.com
印　　刷　三河市国英印务有限公司
经　　销　新华书店

开　　本　787×1092 毫米　1/16
字　　数　350 千字
印　　张　18.75
版　　次　2019 年 5 月第 1 版　2019 年 5 月第 1 次印刷
书　　号　ISBN 978-7-5109-2531-3
定　　价　58.00 元

编辑出版说明

最高人民法院司法指导性文件是除司法解释以及司法行政管理、人事管理类文件之外的，涉及法律适用问题的司法文件。根据最高人民法院周强院长主编的《最高人民法院司法解释汇编（1949～2013）》一书的界定和分类，1997年4月1日以后，最高人民法院或者最高人民法院有关部门单独以及联合其他有关部门发布的涉及法律适用问题但不是以“法释”字编号的规范性文件；1997年4月1日以前，最高人民法院或者最高人民法院有关部门仅针对某一具体案件的个案答复，以及由外单位牵头、最高人民法院会签的文件，最高人民法院重要工作会议领导讲话和会议纪要等文件，均属于此类。

司法指导性文件虽然不属于司法解释，不能在人民法院裁判文书中援引作为裁判依据，但公认对各级人民法院审判执行工作具有重要的指导意义。

本书精选最高人民法院近年来制发的司法指导性文件，涵盖“意见”“决定”“纪要”“通知”“讲话”等不同文体种类。为便于读者准确理解，对部分司法指导性文件约请司法指导性文件的起草人撰写对该指导性文件内容及背景加以分析和阐述的解读性文章。本书共分为七卷，即综合卷、刑事卷、民事卷、商事卷、知识产权·行政卷、民事诉讼卷。

本书的特点：1. 权威。司法指导性文件的来源权威准确，现行有效。解读性文章也均由司法指导性文件起草人撰写，从中可以了解最高人民法院对一些法律问题的司法政策、观点。2. 全面。几乎涵盖了近年来最高人民法院作出的全部现行有效的司法指导性文件。3. 实用。分类清楚，方便读者查检便用。

本书同我社的《解读最高人民法院司法解释（含指导性案例）》《解读最高人民法院司法复函》共同构成了“解读最高人民法院司法文件书系”，其各有侧重、互为补充、相得益彰，是审判人员在审判实践中可资参考的工具书，也可供律师、仲裁员等办案时参考使用。本书此次再版，与《解读最高人民法院司法解释（含指导性案例）》《解读最高人民法院司法复函》首次一齐推出。使用本书时，应注意国家最新公布的法律和最高人民法院最新颁布的司法解释，凡与前者有抵触的，应以前者为准。

本卷收录知识产权、行政方面的司法指导性文件共49件。

人民法院出版社

2019年5月

总 目 录

目　录

第一编　知识产权

一、总　类

二、著作权、商标权

三、专利权

四、其　他

第二编　行　　政

一、总　类

二、立案管辖、受案范围

三、审　理

四、法律适用

五、行政强制执行

第三编　国家赔偿

第四编 国家司法救助

第一编　知识产权

一、总　类

最高人民法院
印发《最高人民法院关于全面加强知识产权审判工作为建设创新型国家提供司法保障的意见》的通知

2007年1月11日　　　　法发〔2007〕1号

全国地方各级人民法院、各级军事法院、各铁路运输中级法院和基层法院、各海事法院，新疆生产建设兵团各级法院：

现将《最高人民法院关于全面加强知识产权审判工作为建设创新型国家提供司法保障的意见》印发给你们，请在审判工作中结合实际，认真执行。

附：

最高人民法院
关于全面加强知识产权审判工作为建设创新型国家提供司法保障的意见

以胡锦涛同志为总书记的党中央，从全面建设小康社会、加快推进社会主义现代化事业的战略高度出发，在《中共中央国务院关于实施科技规划纲要增强自主创新能力的决定》和《中共中央关于构建社会主义和谐社会若干重大问题的决定》中明确提出把我国建设成为创新型国家的目标和任务。为充分发挥人民法院的审判职能作用，为建设创新型国家提供强有力的司法保障，现就全面加强人民法院知识产权审判工作，提出如下意见。

一、充分认识全面加强知识产权审判工作的重大意义

1. 全面加强知识产权审判工作必将促进创新型国家建设。人民法院作为国家审判机关对知识产权的司法保护，在国家整体的知识产权执法保护体系中居于基础地位，发挥着主导作用。人民法院在依法调整知识产权关系、维护知识产权权利人合法权益、惩治侵犯知识产权犯罪和维护社会主义市场经济秩序等方面，负有不可替代的法律职责，肩负着重大使命。通过全面加强知识产权审判工作，必将推进人才强国战略的实施，全面贯彻和体现尊重劳动、尊重知识、尊重人才、尊重创造的方针。

2. 全面加强知识产权审判工作必将树立我国良好的国际形象。全面加强知识产权司法保护，不仅是我国参与国际竞争、营造更具吸引力的引进国外资金和先进技术的良好投资软环境的现实需要，也是我国履行对外承诺、树立良好国际形象的客观要求。全面加强知识产权审判工作必将更好地保护和吸引外商投资，保障和提升我国企业国际竞争力，进一步促进扩大对外开放。人民法院通过严格依法制裁知识产权侵权行为，依法严惩商标假冒和盗版等严重违法犯罪行为，依法平等保护中外当事人的合法权益，必将树立中国知识产权司法保护的良好形象。

3. 全面加强知识产权审判工作必将推进社会主义和谐社会建设。通过知识产权审判，可以使有利于社会进步的创造愿望得到尊重、创造活动得到支持、创造能力得到发挥、创造成果得到保护，使社会充满生机与活力；可以促进和保障社会诚信机制的建立，引导人们信守约定、讲求信用、维护良好风尚，促成彼此信任，增加价值认同和凝聚力，实现社会的诚信友爱。

二、知识产权审判工作的指导思想、目标任务和基本原则

4. 为建设创新型国家提供司法保障，必须坚持以邓小平理论和“三个代表”重要思想为指导，全面贯彻落实科学发展观，按照建设创新型国家的要求，坚持“公正司法，一心为民”方针和“公正与效率”工作主题，进一步加大知识产权司法保护力度，依法保护知识产权，维护公平竞争，促进自主创新，服务对外开放，把知识产权司法保护贯穿于知识产权创造、管理和运用的全过程，为实施国家知识产权战略，为建设创新型国家和构建社会主义和谐社会提供强有力的司法保障，努力营造公正高效权威的法治环境。

5. 为建设创新型国家提供司法保障的主要目标和任务是：知识产权审判工作全面加强；知识产权刑事、民事和行政审判职能作用得到充分发挥；知识产权诉讼制度不断完善；知识产权司法保护体系更加健全；知识产权法官队伍素质显著提高；司法公正高效权威、权利人维权积极便捷、侵权人必受惩处、

知识财富有序流转的良好的知识产权司法保护环境基本建立；知识产权司法保障能力和水平显著增强；创新型国家的司法需求得到全面满足。

6. 为建设创新型国家提供司法保障，必须坚持以下原则：一是坚持公正司法。始终把公正司法作为知识产权审判的灵魂和生命，通过依法公正高效权威的知识产权司法，最大限度地维护和实现知识产权领域的公平正义。二是坚持司法统一。严格依法办案，确保法律规范和司法解释在知识产权审判中的统一适用，努力实现司法标准和裁判结果的协调。三是坚持平等保护。依法平等保护中外当事人的合法权益，坚决抵制地方保护和部门本位，克服地方封锁和行业垄断。四是坚持利益平衡。正确处理保护知识产权和维护公众利益的关系、激励科技创新和鼓励科技运用的关系，既要切实保护知识产权，也要制止权利滥用和非法垄断。五是坚持服务大局。牢固树立大局观念和服务意识，克服就案办案的单纯业务观念，实现个案处理的法律效果与社会效果的有机统一。

三、充分发挥知识产权司法保护的职能作用，保障全社会的创造活力和创新能力

7. 依法严惩侵犯知识产权犯罪。充分发挥知识产权刑事司法保护的职能作用，依法运用各种刑事制裁措施，发挥刑罚惩治和预防知识产权犯罪的功能。对假冒、盗版等涉及知识产权的犯罪行为，进一步完善和统一定罪量刑标准，规范缓刑适用，根据犯罪情况和危害后果，依法从严惩处；在依法适用主刑的同时，加大罚金刑的适用与执行力度；注意通过采取追缴违法所得、收缴犯罪工具、销毁侵权产品、责令赔偿损失等措施，从经济上剥夺侵权人的再犯罪能力和条件；依法审理侵犯知识产权刑事自诉案件，切实保障被害人的刑事自诉权利；在行政案件审理过程中发现涉嫌刑事犯罪应当给予刑事制裁而仅受到行政处罚或者行政处理的，应在向行政机关提出司法建议的同时，及时将犯罪线索移送公安机关侦查处理；民事案件审理中发现犯罪嫌疑线索，符合刑事自诉条件的，应当告知权利人可以同时提起刑事自诉；依法应当提起公诉的，应及时将涉嫌犯罪内容移送公安机关侦查处理，移送后不影响民事案件审理的，民事案件可以继续审理。

8. 依法妥善审理知识产权民事案件。注意充分发挥知识产权民事审判在保护知识产权和激励自主创新中的主导作用。依法审理涉及专利、技术秘密、计算机软件、植物新品种、集成电路布图设计等技术性知识产权案件，合理适度保护创新成果，加大对经济增长有重大突破性带动作用、具有自主知识产权的关键核心技术的保护力度；依法审理涉及商标、地理标志等标识性知识产权案件和各类不正当竞争案件，严格规范市场竞争秩序；依法审理涉及作品和录

音录像制品等表达性知识产权案件，促进版权相关产业健康发展；依法审理涉及计算机网络和新技术、新类型知识产权纠纷，促进新兴产业的健康成长；依法审理涉外知识产权案件，平等保护中外当事人的合法权益；积极保护传统知识、遗传资源和民间文艺，保护持有者知情同意和惠益分享的权益；依法科学合理地解释权利范围，正确运用侵权判定方法，严格掌握专利侵权案件认定等同特征的条件；依法慎重认定驰名商标，凡是超出认定范围或者不符合认定条件的案件、原告的侵权指控不能成立的案件，不得认定驰名商标；注意商业秘密案件中对当事人的双向保护，依法平衡择业自由和商业秘密保护的关系；准确认定知识产权合同的效力与责任，严格合同解除条件，充分尊重当事人意思自治。

9. 依法监督和支持行政机关依法行政。切实发挥行政审判对知识产权行政执法行为的司法审查职能，监督和支持行政机关依法行政，保护知识产权行政相对人的合法权益，维护知识产权行政管理秩序，促进知识产权行政保护。依法支持行政机关制裁侵权行为；行政机关申请强制执行行政处理决定，经审查符合执行条件的，应及时裁定并予以强制执行；加大对严重知识产权侵权行为行政不作为的司法监督力度，督促行政执法机关及时依职权制止侵权行为；依法履行对专利、商标等知识产权确权纠纷案件的司法复审职责，在事实认定和法律适用上对行政行为进行全面的合法性审查。

10. 加强知识产权审判监督和案件协调。畅通知识产权案件申请再审渠道，严格依法审查当事人和社会反映强烈的案件，发现确有错误的裁判，及时予以再审改判；确属无理申诉的，要依照法律和政策，切实做好息诉息访工作；加强对知识产权行政授权争议案件的审判监督。对有较大社会影响的关联案件，审理法院之间要注意沟通，统一案件审判标准，保证裁判结果的协调，发现裁判结果可能发生冲突的，及时报请上级法院予以指导和协调解决；建立重大知识产权案件报告制度，对关系全局、有重大影响的案件，以及诉讼标的额巨大的案件、尚无先例的新类型案件，受理法院应及时向上级法院通报审理情况；进一步完善驰名商标认定备案制度。

11. 健全知识产权案件执行制度。建立知识产权案件归口执行制度，受理知识产权案件较多的法院，应在执行部门中指定专门合议庭或者小组负责；被执行人拒不履行停止侵权的生效裁判内容继续其原侵权行为的，除权利人可依法追究其民事责任以外，法院应当依法协调公安、检察机关以拒不执行判决、裁定罪追究其刑事责任。

12. 完善知识产权民事案件管辖和受理制度。知识产权民事案件原则上由中级以上法院一审，案件数量较多审理压力大的地方，可以通过高级法院报请最高法院指定部分基层法院管辖部分知识产权案件；从严掌握对专利、植物新品种和集成电路布图设计案件的指定管辖制度；适当调整知识产权民事案件级别管辖标准，扩大中级法院受理一审案件的范围；具有普遍法律适用意义的知识产权案件，下级法院经审判委员会讨论决定，可以报请上级法院审理，上级法院经审查认为符合条件的，可以直接审理；积极探索知识产权案件审级管辖改革；对于诉前临时措施案件，立案部门在进行登记后应当立即移交负责知识产权审判的业务庭，由专业审判人员进行审查，确保在法定期限内作出裁定，并由审判人员协调立即予以执行。

13. 依法加大侵权赔偿和民事制裁力度。严格知识产权侵权损害赔偿适用规则，贯彻全面赔偿原则，努力降低维权成本，加大民事制裁的威慑力度。依法适当减轻权利人的赔偿举证责任；有证据证明侵权人在不同时间多次实施侵权行为的，推定其存在持续侵权行为，相应确认其赔偿范围；作为自然人的原告因侵权行为受到精神损害的，可以根据其请求依法确定合理的精神损害抚慰金；当事人为诉讼支付的符合规定的律师费，应当根据当事人的请求，综合考虑其必要性、全部诉讼请求的支持程度、请求赔偿额和实际判赔额的比例等因素合理确定，并计入赔偿范围；考虑当事人的主观过错确定相应的赔偿责任；依法运用民事制裁惩处侵权人。

14. 依法正确适用临时措施。对于当事人诉前或者诉中提出的临时禁令或者先予执行、财产保全和证据保全等申请，要积极受理、迅速审查、慎重裁定、立即执行。高度重视诉前临时措施的时效性；准确把握采取临时措施的实质性条件，对于临时禁令要在重点审查侵权可能性的同时，考虑诉讼时效和损害状况；对于证据保全，在考虑侵权可能性的同时，重点考虑证据风险和申请人的取证能力；科学、合理地确定担保要求。

15. 妥善处理专业技术事实认定。注重发挥人民陪审员、专家证人、专家咨询、技术鉴定在解决知识产权审判专业技术事实认定难题中的作用。注意把具有专业技术特长和一定法律知识、普遍公认的专家，通过所在城市的基层法院推荐、提请任命为人民陪审员；支持当事人聘请具有专门知识的人员作为诉讼辅助人员出庭就案件的专门性问题进行说明，不受举证时限的限制；复杂、疑难知识产权案件，可以向相关领域的技术和法律专家咨询；对于采取其他方式仍难以作出认定的专业技术事实问题，可以委托进行技术鉴定。对于域外形成的公开出版物等可以直接初步确认其真实性的证据材料，除非对方当事人对其真实性能够提出有效质疑而举证方又不能有效反驳，无需办理公证认证等证明手续。

16. 禁止知识产权权利滥用。准确界定知识产权权利人和社会公众的权利界限，依法审查和支持当事人的在先权、先用权、公知技术、禁止反悔、合理使用、正当使用等抗辩事由；制止非法垄断技术、妨碍技术进步的行为，依法认定限制研发、强制回授、阻碍实施、搭售、限购和禁止有效性质疑等技术合同无效事由，维护技术市场的公平竞争；防止权利人滥用侵权警告和滥用诉权，完善确认不侵权诉讼和滥诉反赔制度。

17. 加大知识产权案件调解力度。在运用裁判方式审判案件的同时，注重知识产权案件的诉讼调解，坚持“能调则调，当判则判，调判结合，案结事了”的原则，将调解贯穿于案件审理的全过程，提高诉讼的调解率、和解撤诉率；高度重视在诉前临时措施案件中的调解；积极探索和总结知识产权行政案件协调和刑事自诉案件调解的经验；注意发挥行业协会和专业人士等的沟通协商作用，帮助消除对立情绪，协调解决矛盾纠纷。

18. 认真落实司法为民措施。加强诉讼指导和诉讼释明，增进当事人参与诉讼的能力，增强裁判的公信度和执行力。编制知识产权诉讼指南；坚持公开审判制度；全面实行当事人权利义务告知制度；实施诉讼风险提示制度；探索当事人举证指导制度；探索试行调查令制度，对于属于国家有关部门保存而当事人无法自行取得的证据和当事人确因客观原因不能自行收集的其他证据，可以探索由法院授权当事人的代理律师进行调查取证；加大司法救助力度，对经济确有困难的知识分子和特困、濒临破产企业，减免诉讼费；加强对代理人资格的审查，依法规范公民代理知识产权诉讼；依法规范法官和律师的关系，认真审查律师依法提交的诉讼材料，充分听取律师的意见；强化审限意识和效率意识，严格审查决定中止诉讼，避免造成当事人的诉累；提高裁判文书制作水平，做到辨法析理、胜败皆明。

四、采取有力措施，提高知识产权司法保障能力

19. 加强知识产权审判队伍职业化建设。注意从精通法律、外语基础较好、具有理工专业背景和一定审判经验的人员中选拔、培养知识产权法官，进一步完善知识产权审判队伍的专业结构；注意保持知识产权法官队伍的相对稳定；建立科学合理的绩效评价制度，避免简单以案件数量为衡量标准；加大对知识产权法官职业技能的培训力度；注意提高知识产权法官的政治素质和职业道德修养，切实提高廉洁司法意识。

20. 健全知识产权审判组织。最高法院、高级法院、受理知识产权民事案件较多的中级法院和指定受理知识产权民事案件的基层法院要设立独立的知识产权审判庭，其他中级法院要设置统一审理知识产权民事案件的合议庭；立案、刑事审判、行政审判、执行和审判监督等职能部门要指定专门的合议庭或者专业人员负责知识产权案件的审查、审判、执行。

21. 加强知识产权保护职能部门之间的协调与配合。要加强知识产权刑事、民事、行政审判部门之间的业务协调与沟通，加强知识产权审判部门与立案、执行和审判监督部门之间的工作衔接，加强上下级法院之间的信息通报和业务交流。要注意加强与相关知识产权行政执法部门的工作协调，加强与公安、检察机关在知识产权刑事执法中的工作配合与相互制约，加强同外事、商务、科技、信息产业、新闻、宣传等综合部门在知识产权保护工作中的信息沟通与相互协作。

22. 探索建立知识产权审判工作新机制。要从整体提升知识产权司法保护能力出发，以实现方便当事人诉讼和法院审理、优化审判资源配置、简化救济程序、保证司法统一为目标，提出完善知识产权司法保护的组织基础和理顺程序运作机制的科学对策。深入研究和推动完善专利、商标等知识产权确权纠纷解决机制。

23. 加强知识产权司法解释和立法建议。进一步提高司法解释的质量，增强司法解释的可操作性和工作透明度，统一司法尺度，不断完善知识产权诉讼制度；积极参与知识产权立法活动，及时向立法机关和国家有关部门提出立法建议，将实践证明成熟可行的司法经验通过立法形式予以肯定，推动知识产权法律体系的不断健全和完善。

24. 深入开展知识产权司法保护调研。要结合科技、经济、文化发展的特点和审判工作实际，加强对知识产权司法保护新问题的法律适用和诉讼制度建设的研究，适当借鉴国际知识产权保护的有益经验，跟踪国际知识产权研究的新成果，提出科学合理、切实可行的对策建议，推动调研成果的转化。积极参与国际知识产权立法活动。

25. 积极开展知识产权司法建议。针对知识产权案件审理中发现的地方政府和企业、科研机构等在知识产权工作中存在的问题，及时向3行政主管部门、行业协会和企业、科研机构等提出司法建议，督促其健全制度、加强管理、堵塞漏洞、消除隐患，为地方党委、政府制定相关政策提供决策依据。对我国科技经济发展和行业兴衰可能产生重大影响的知识产权动向，应当及时向有关方面发出预警，以便做好应对准备。

26. 加大知识产权司法保护宣传力度。结合人民法院新闻发布制度，适时发布知识产权审判中的重要新闻和典型案例；坚持审判公开和透明原则，严格按照有关规定和要求，将生效知识产权裁判文书及时上网公开；选择有影响的案例，邀请人大代表、政协委员、行业协会和有关部门的代表、外国政府和国际组织驻华机构代表、专家学者等代表性人士和社会公众等旁听庭审，增强知识产权审判的公开性和公信力；加大对外宣传力度，加深世界各国对我国知识产权司法保护制度及保护状况的全面、客观的了解。

为建设创新型国家提供强有力的知识产权司法保障是人民法院的神圣职责。各级人民法院和全体知识产权法官要不断增强做好知识产权审判工作为建设创新型国家提供强有力的司法保障的责任感和使命感，不辱使命，扎实工作，求真务实，开拓创新，努力建设公正高效权威的知识产权司法保护制度，为建设创新型国家创造良好的法治环境。

【链　接】

最高人民法院相关负责人就《关于全面加强知识产权审判工作为建设创新型国家提供司法保障的意见》答记者问

2007年1月11日，最高人民法院发布了《关于全面加强知识产权审判工作为建设创新型国家提供司法保障的意见》（以下简称《意见》）。就此《意见》发布的背景和主要内容，最高人民法院相关负责人接受了记者提问。

一、问：请问制定《意见》的背景是什么？有何意义？

答：走自主创新道路，建设创新型国家，是党中央在我国面对世界经济科技发展大势和日趋激烈的国际竞争，科学分析我国基本国情和全面判断我国战略需求的基础上，审时度势，提出的一项重大国家发展战略。建设创新型国家的核心是把增强自主创新能力作为发展科学技术的战略支点，走出中国特色自主创新道路。这一战略部署体现出国家宏观发展思路的重大变化，是全面落实科学发展观、开创社会主义现代化建设新局面的重大战略举措和长期艰巨任务。党的十六届五中全会提出，要把增强自主创新能力作为国家战略，致力于建设创新型国家。去年初发布的《中共中央国务院关于实施科技规划纲要增强自主创新能力的决定》中进一步明确了建设创新型国家的战略目标，并明确提出，经过15年努力，到2020年使我国进入创新型国家行列。十六届六中全会再次强调，要把增强全社会创造活力，建设创新型国家，作为构建社会主义和谐社会的目标和主要任务之一。

根据建设创新型国家和构建和谐社会对人民法院审判工作提出的新要求，最高人民法院在广泛听取意见和深入研究论证的基础上，起草发布了《关于全面加强知识产权审判工作为建设创新型国家提供司法保障的意见》，就全面加强知识产权审判工作提出了一系列工作意见和具体措施。这是当前和今后一个时期知识产权审判工作的纲领性文件，将有力地指导知识产权审判实践，有利于全面加强和整体推进全国法院知识产权审判工作，有利于进一步加大知识产权司法保护力度，有利于充分发挥保护知识产权、激励自主创新、维护公平竞争的审判职能作用，有利于营造公正、高效、权威的知识产权司法环境，有利于促进全社会的创造活力和创新能力，有利于保障实施国家知识产权战略、建设创新型国家和构建社会主义和谐社会。

二、问：《意见》主要内容有哪些，涉及哪些方面的问题？

答：《意见》是一份关于人民法院知识产权司法保护工作的综合性文件，内容不仅涵盖民事审判、行政审判和刑事审判，也涉及立案、执行和审判监督，不仅包含基本的司法原则和政策，也提出了一系列具体工作措施和保障措施。具体内容涉及知识产权审判工作的指导思想和目标任务以及基本原则、严惩知识产权犯罪、妥善审理民事案件、监督和支持依法行政、加强审判监督、健全执行制度、完善案件管辖和受理、加大赔偿和民事制裁、正确适用临时措施、注意专业技术事实认定、禁止权利滥用、提高审判质量和效率、强化诉讼调解、落实司法为民措施、加强队伍建设、健全审判组织、做好职能部门间协调和配合、探索司法保护新机制、加强司法解释和立法建议、深入开展调研、开展司法建议、加大司法保护宣传等知识产权司法保护各个环节和方方面面。

三、问：审判工作为建设创新型国家提供司法保障的主要目标和任务是什么？

答：为建设创新型国家提供司法保障，必须全面贯彻落实科学发展观，进一步加大知识产权司法保护力度，依法保护知识产权，维护公平竞争，促进自主创新，服务对外开放，为实施国家知识产权战略，为建设创新型国家和构建社会主义和谐社会提供强有力的司法保障，努力营造公正高效权威的法治环境。为此，《意见》提出以下具体工作目标和任务：知识产权审判工作全面加强；知识产权刑事、民事和行政审判职能作用得到充分发挥；知识产权诉讼制度不断完善；知识产权司法保护体系更加健全；知识产权法官队伍素质显著提高；司法公正高效权威、权利人维权积极便捷、侵权人必受惩处、知识财富有序流转的良好的知识产权司法保护环境基本建立；知识产权司法保障能力和水平显著增强；创新型国家的司法需求得到全面满足。

四、问：我们注意到《意见》提出今后一个时期知识产权审判工作的指导思想是进一步加大知识产权司法保护力度，在这个问题上，目前社会上对打击知识产权犯罪和制裁民事侵权问题比较关注，《意见》在两方面有哪些新的举措？同时，在知识产权保护中如何平衡权利人与社会公众的利益？

答：自从2004年底关于知识产权犯罪的司法解释发布以来，全国法院受理的知识产权刑事案件明显大幅增长。《意见》基本的精神是要依法严惩知识产权犯罪。《意见》提出，要充分发挥知识产权刑事司法保护的职能作用，依法运用各种刑事制裁措施，发挥刑罚惩治和预防知识产权犯罪的功能。对假冒、盗版等涉及知识产权的犯罪行为，进一步完善和统一定罪量刑标准，规范缓刑适用，根据犯罪情况和危害后果，依法从严惩处；在依法适用主刑的同时，加大罚金刑的适用与执行力度；注意通过采取追缴违法所得、收缴犯罪工具、销毁侵权产品、责令赔偿损失等措施，从经济上剥夺侵权人的再犯罪能力和条件；切实保障被害人的刑事自诉权利；在民事、行政案件审理过程中发现涉嫌刑事犯罪的，应当依法及时将犯罪线索移送公安机关侦查处理。

总体上看，我国的知识产权纠纷主要还是民事纠纷，其中绝大多数又是侵权纠纷，这类案件近二十年来一直持续增长，反映出知识产权民事审判在保护知识产权和激励自主创新中发挥了主导作用。为了进一步明确各类知识产权民事案件审判的基本定位，《意见》提出，依法审理专利等技术性知识产权案件，合理适度保护创新成果，加大对经济增长有重大突破性带动作用、具有自主知识产权的关键核心技术的保护力度；依法审理商标等标识性知识产权案件和不正当竞争案件，严格规范市场竞争秩序；依法审理作品等表达性知识产权案件，促进版权相关产业健康发展；依法审理网络和新技术等知识产权纠纷，促进新兴产业的健康成长；依法审理涉外知识产权案件，平等保护中外当事人的合法权益；积极保护传统知识、遗传资源和民间文艺，保护持有者知情同意和惠益分享的权益。《意见》还提出了一系列具体措施，以强化知识产权民事司法保护。

知识产权是一把双刃剑，它既能够激励创新，也会限制自由竞争。《意见》也不是只强调对权利人的保护，而是要求在加大对知识产权保护力度的同时，也必须准确界定知识产权权利人和社会公众的权利界限，禁止知识产权权利滥用。

五、问：在司法为民方面，《意见》对知识产权审判提出了哪些要求？

答：知识产权审判直接关系到社会主义和谐社会建设，因此，必须要围绕构建和谐社会的目标和要求，牢固树立社会主义法治理念，贯彻司法为民宗旨，做到公正而不冷漠，中立而不孤立，高效而不草率。全国人大常委会去年专利法执法检查明确要求，要加强诉讼调解、诉讼指导和诉讼释明，努力降低当事人的诉讼成本。为此，《意见》要求，要加大知识产权案件调解力度，坚持“能调则调，当判则判，调判结合，案结事了”的原则，将调解贯穿于案件审理的全过程，高度重视在诉前临时措施案件中的调解。要增进当事人参与诉讼的能力，编制知识产权诉讼指南，坚持公开审判制度，全面实行当事人权利义务告知制度，实施诉讼风险提示制度，探索当事人举证指导制度。要试行调查令制度，对于属于国家有关部门保存而当事人无法自行取得的证据和当事人确因客观原因不能自行收集的其他证据，可以探索由法院授权当事人的代理律师进行调查取证。要加大司法救助力度，对经济确有困难的知识分子和特困、濒临破产企业，减免诉讼费。要强化审限意识和效率意识，严格审查决定中止诉讼，避免造成当事人的诉累。

最高人民法院
印发《关于当前经济形势下知识产权审判服务大局若干问题的意见》的通知

2009 年 4 月 21 日　　　　法发〔2009〕23 号

各省、自治区、直辖市高级人民法院，解放军军事法院，新疆维吾尔自治区高级人民法院生产建设兵团分院：

现将最高人民法院《关于当前经济形势下知识产权审判服务大局若干问题的意见》印发给你们，请结合审判工作实际，认真贯彻执行。

附：

最高人民法院
关于当前经济形势下知识产权审判服务大局若干问题的意见

当前，我国国民经济继续保持平稳较快发展，改革开放深入推进，社会事业加快发展，人民生活进一步改善，但同时也面临着严重的困难和挑战。为深入贯彻全国“两会”精神，落实国家知识产权战略，使知识产权审判更好地服务于有效应对国际金融危机冲击，促进经济平稳较快发展的大局，为“保增长、保民生、保稳定”作出更加积极的贡献，现就当前经济形势下人民法院做好知识产权审判工作的若干问题，提出如下意见：

一、立足实际，突出重点，努力增强知识产权审判服务大局的针对性和有效性

1. 充分认识知识产权保护对于促进经济平稳较快发展的重要性，切实增强服务大局的使命感。知识产权是国家科技创新能力和水平的集中体现，是国家发展的战略性资源，是提高国际竞争力的核心要素。现代经济竞争归根结底也是知识产权的竞争。加强知识产权保护，提高知识产权的创造、运用和管理水平，对于加快经济结构调整、转变发展方式、推进自主创新、深化改革、提高对外开放水平，从而保持经济平稳较快发展，都具有重要意义。历史经验表明，经济危机常常伴随着科技革命，科技革命又成为推动新一轮经济增长和繁荣的重要引擎。在当前经济形势下加强知识产权保护，对于有效推动科技创新和科技革命，为催生新兴产业、创造新的市场需求、培育新的经济增长点和引领经济发展新方向，具有重大作用。

2. 高度关注国际国内经济形势变化对于知识产权审判的新需求，切实增强服务大局的针对性、有效性和主动性。当前经济形势对于知识产权审判提出了更新更高的要求和期待。知识产权司法保护只能加强和提升，不能削弱和放松。各级法院务必要增强危机意识、忧患意识、宏观意识和大局意识，更加注重拓展创新空间，促进培育自主知识产权、自主品牌和新的经济增长点，增强企业的市场竞争力，提高国家的核心竞争力；更加注重营造开放自由的贸易和投资环境，规范市场秩序，维护公平竞争，完善社会主义市场经济体制，大力推动诚信社会的建设，在应对挑战、化危为机中充分发挥知识产权审判的独特职能作用。

二、加大专利权保护力度，着力培育科技创新能力和拓展创新空间，积极推进自主创新

3. 以贯彻新修订的专利法为契机，高度重视专利审判工作，全面提高专利审判水平。以专利为核心的科技创新成果构成了企业和国家的核心竞争力，加强专利权保护对于科技进步和自主创新具有最直接、最重要的促进作用。各有关法院要以提高创新能力和建设创新型国家的责任感和使命感，高度重视专利案件的审理，把提高专利审判水平作为一项重点工作。要深刻领会和正确把握专利法立法宗旨和精神，加强调查研究，及时发现新情况，解决新问题，确保修订后的专利法的正确贯彻实施。

4. 准确把握专利司法政策，切实加强专利权保护。要从我国国情出发，根据我国科技发展阶段和产业知识产权政策，依法确定合理的专利司法保护范围和强度，既要使企业具有投资创新的动力，使个人具有创造热情，使社会富

有创造活力，又不能使专利权成为阻碍技术进步、不正当打击竞争对手的工具；既能够充分调动、配置全社会的资本和技术资源，又能够加速技术信息的传播和利用。要正确适用专利侵权判定原则和方法，进一步总结审判经验，完善权利要求解释规则和侵权对比判定标准。正确解释发明和实用新型专利的权利要求，准确界定专利权保护范围，既不能简单地将专利权保护范围限于权利要求严格的字面含义，也不能将权利要求作为一种可以随意发挥的技术指导，应当从上述两种极端解释的中间立场出发，使权利要求的解释既能够为专利权人提供公平的保护，又能确保给予公众以合理的法律稳定性。凡写入独立权利要求的技术特征，均应纳入技术特征对比之列。对于权利人在专利授权确权程序中所做的实质性的放弃或者限制，在侵权诉讼中应当禁止反悔，不能将有关技术内容再纳入保护范围。严格等同侵权的适用条件，探索完善等同侵权的适用规则，防止不适当地扩张保护范围。依法认真审查各种不侵权抗辩事由和侵权责任抗辩事由，合理认定先用权，依法支持现有技术抗辩。

三、加强商业标识保护，积极推动品牌经济发展，规范市场秩序和维护公平竞争

5. 充分尊重知名品牌的市场价值，依法加强知名品牌保护。知名品牌凝聚了企业的竞争优势，是企业参与国内国际市场竞争的利器，代表着核心的经济竞争力，是企业和国家的战略性资产，也是引领市场消费方向的主要因素。人民法院要通过依法加强商标权保护和制止不正当竞争，为知名品牌的创立和发展提供和谐宽松的法律环境，促进品牌经济发展，刺激和创造消费需求，拉动经济增长，增强我国企业的国内和国际竞争力。

6. 完善商标司法政策，加强商标权保护，促进自主品牌的培育。正确把握商标权的专用权属性，合理界定权利范围，既确保合理利用商标资源，又维护公平竞争；既以核定使用的商品和核准使用的商标为基础，加强商标专用权核心领域的保护，又以市场混淆为指针，合理划定商标权的排斥范围，确保经营者之间在商标的使用上保持清晰的边界，使自主品牌的创立和发展具有足够的法律空间。未经商标注册人许可，在同一种商品上使用与其注册商标相同的商标的，除构成正当合理使用的情形外，认定侵权行为时不需要考虑混淆因素。认定商品类似和商标近似要考虑请求保护的注册商标的显著程度和市场知名度，对于显著性越强和市场知名度越高的注册商标，给予其范围越宽和强度越大的保护，以激励市场竞争的优胜者，净化市场环境，遏制不正当搭车、模仿行为。

7. 妥善处理注册商标实际使用与民事责任承担的关系，使民事责任的承担有利于鼓励商标使用，激活商标资源，防止利用注册商标不正当地投机取巧。请求保护的注册商标未实际投入商业使用的，确定民事责任时可将责令停止侵权行为作为主要方式，在确定赔偿责任时可以酌情考虑未实际使用的事实，除为维权而支出的合理费用外，如果确无实际损失和其他损害，一般不根据被控侵权人的获利确定赔偿；注册人或者受让人并无实际使用意图，仅将注册商标作为索赔工具的，可以不予赔偿；注册商标已构成商标法规定的连续三年停止使用情形的，可以不支持其损害赔偿请求。

8. 加强驰名商标司法认定的审核监督，完善驰名商标司法保护制度，确保司法保护的权威性和公信力。严格把握驰名商标的认定范围和认定条件，严禁扩张认定范围和降低认定条件。凡商标是否驰名不是认定被诉侵权行为要件的情形，均不应认定商标是否驰名。凡能够在认定类似商品的范围内给予保护的注册商标，均无需认定驰名商标。对于确实符合法律要求的驰名商标，要加大保护力度，坚决制止贬损或者淡化驰名商标的侵权行为，依法维护驰名商标的品牌价值。认真贯彻《最高人民法院关于涉及驰名商标认定的民事纠纷案件管辖问题的通知》（法〔2009〕1号），凡通知下发以后不具有管辖权的法院受理的此类案件，均需移送有管辖权的法院审理；通知下发前受理、尚未审结的此类案件，要严格执行判前审核制度。各级法院均应加强已认定驰名商标的案件的评查和审判监督，对于伪造证据骗取驰名商标认定的案件，以及其他违法认定驰名商标的案件，均需通过审判监督程序予以纠正；当事人在涉及驰名商标认定的案件中有妨碍民事诉讼行为的，依法给予制裁。有管辖权的法院均应积极接受各有关方面对于驰名商标司法认定的监督，发现问题务必及时解决。有关驰名商标司法保护的司法解释颁布施行以后，各级法院要认真贯彻落实，使驰名商标司法保护更加规范化。

9. 加强商标授权确权案件的审判工作，正确处理保护商标权与维持市场秩序的关系。既要有效遏制不正当抢注他人在先商标行为，加强对于具有一定知名度的在先商标的保护，又要准确把握商标权的相对权属性，不能轻率地给予非驰名注册商标跨类保护。正确区分撤销注册商标的公权事由和私权事由，防止不适当地扩张撤销注册商标的范围，避免撤销注册商标的随意性。对于注册使用时间较长、已建立较高市场声誉和形成自身的相关公众群体的商标，不能轻率地予以撤销，在依法保护在先权利的同时，尊重相关公众已在客观上将相关商标区别开来的市场实际。要把握商标法有关保护在先权利与维护市场秩序相协调的立法精神，注重维护已经形成和稳定了的市场秩序，防止当事人假商标争议制度不正当地投机取巧和巧取豪夺，避免因轻率撤销已注册商标给企业正常经营造成重大困难。与他人著作权、企业名称权等在先财产权利相冲突的注册商标，因超过商标法规定的争议期限而不可撤销的，在先权利人仍可在诉讼时效期间内对其提起侵权的民事诉讼，但人民法院不再判决承担停止使用该注册商标的民事责任。

10. 妥善处理注册商标、企业名称与在先权利的冲突，依法制止“傍名牌”等不正当竞争行为。除注册商标之间的权利冲突民事纠纷外，对于涉及注册商标、企业名称与在先权利冲突的民事纠纷，包括被告实际使用中改变了注册商标或者超出核定使用的商品范围使用注册商标的纠纷，只要属于民事权益争议并符合民事诉讼法规定的受理条件，人民法院应予受理。凡被诉侵权商标在人民法院受理案件时尚未获得注册的，均不妨碍人民法院依法受理和审理；被诉侵权商标虽为注册商标，但被诉侵权行为是复制、摹仿、翻译在先驰名商标的案件，人民法院应当依法受理。

按照诚实信用、维护公平竞争和保护在先权利等原则，依法审理该类权利冲突案件。有工商登记等的合法形式，但实体上构成商标侵权或者不正当竞争的，依法认定构成商标侵权或者不正当竞争，既不需要以行政处理为前置条件，也不应因行政处理而中止诉讼。在中国境外取得的企业名称等商业标识，即便其取得程序符合境外的法律规定，但在中国境内的使用行为违反我国法律和扰乱我国市场经济秩序的，按照知识产权的独立性和地域性原则，依照我国法律认定其使用行为构成商标侵权或者不正当竞争。企业名称因突出使用而侵犯在先注册商标专用权的，依法按照商标侵权行为处理；企业名称未突出使用但其使用足以产生市场混淆、违反公平竞争的，依法按照不正当竞争处理。对于因历史原因造成的注册商标与企业名称的权利冲突，当事人不具有恶意的，应当视案件具体情况，在考虑历史因素和使用现状的基础上，公平合理地解决冲突，不宜简单地认定构成商标侵权或者不正当竞争；对于权属已经清晰的老字号等商业标识纠纷，要尊重历史和维护已形成的法律秩序。对于具有一定市场知名度、为相关公众所熟知、已实际具有商号作用的企业名称中的字号、企业或者企业名称的简称，视为企业名称并给予制止不正当竞争的保护。因使用企业名称而构成侵犯商标权的，可以根据案件具体情况判令停止使用，或者对该企业名称的使用方式、使用范围作出限制。因企业名称不正当使用他人具有较高知名度的注册商标，不论是否突出使用均难以避免产生市场混淆的，应当根据当事人的请求判决停止使用或者变更该企业名称。判决停止使用而当事人拒不执行的，要加大强制执行和相应的损害赔偿救济力度。

11. 加强不正当竞争和反垄断审判，统筹兼顾自由竞争与公平竞争的关系，积极促进市场结构完善和社会主义市场经济体制的健全。妥善处理专利、商标、著作权等知识产权专门法与反不正当竞争法的关系，反不正当竞争法补充性保护不能抵触专门法的立法政策，凡专门法已作穷尽规定的，原则上不再以反不正当竞争法作扩展保护。凡反不正当竞争法已在特别规定中作穷尽性保护的行为，一般不再按照原则规定扩展其保护范围；对于其未作特别规定的竞争行为，只有按照公认的商业标准和普遍认识能够认定违反原则规定时，才可以认定构成不正当竞争行为，防止因不适当地扩大不正当竞争范围而妨碍自由、公平竞争。妥善处理保护商业秘密与自由择业、涉密者竞业限制和人才合理流动的关系，维护劳动者正当就业、创业的合法权益。高度重视反垄断法的执行，依法审理好各类垄断纠纷案件，遏制垄断行为，维护公平竞争，为企业提供自由宽松的创业和发展环境。

四、完善知识产权诉讼制度，着力改善贸易和投资环境，积极推动对外开放水平的提高

12. 加强诉权保护，畅通诉讼渠道。依法加强诉权保护，凡符合受理条件的起诉均应及时受理；凡经权利人明确授权代为提起诉讼的律师，均可以权利人的名义提起诉讼，并考虑境外当事人维权的实际，不苛求境外权利人在起诉书上签章。结合知识产权审判实际，完善各种诉讼制度，简化救济程序，积极施行各项便民利民措施，增强司法救济的有效性。

13. 完善确认不侵权诉讼制度，遏制知识产权滥用行为，为贸易和投资提供安全宽松的司法环境。继续探索和完善知识产权领域的确认不侵权诉讼制度，充分发挥其维护投资和经营活动安全的作用。除知识产权权利人针对特定主体发出侵权警告且未在合理期限内依法提起诉讼，被警告人可以提起确认不侵权诉讼以外，正在实施或者准备实施投资建厂等经营活动的当事人，受到知识产权权利人以其他方式实施的有关侵犯专利权等的警告或威胁，主动请求该权利人确认其行为不构成侵权，且以合理的方式提供了确认所需的资料和信息，该权利人在合理期限内未作答复或者拒绝确认的，也可以提起确认不侵权诉讼。探索确认不侵犯商业秘密诉讼的审理问题，既保护原告的合法权益和投资安全，又防止原告滥用诉权获取他人商业秘密。

14. 严格把握法律条件，慎用诉前停止侵权措施。采取诉前停止侵权措施既要积极又要慎重，既要合理又要有效，要妥善处理有效制止侵权与维护企业正常经营的关系。诉前停止侵权主要适用于事实比较清楚、侵权易于判断的案件，适度从严掌握认定侵权可能性的标准，应当达到基本确信的程度。在认定是否会对申请人造成难以弥补的损害时，应当重点考虑有关损害是否可以通过金钱赔偿予以弥补以及是否有可执行的合理预期。担保金额的确定既要合理又要有效，主要考虑禁令实施后对被申请人可能造成的损失，也可以参考申请人的索赔数额。严格审查被申请人的社会公共利益抗辩，一般只有在涉及公众健康、环保以及其他重大社会利益的情况下才予考虑。诉前停止侵权涉及当事人的重大经济利益和市场前景，要注意防止和规制当事人滥用有关权利。应考虑被诉企业的生存状态，防止采取措施不当使被诉企业生产经营陷入困境。特别是在专利侵权案件中，如果被申请人的行为不构成字面侵权，其行为还需要经进一步审理进行比较复杂的技术对比才能作出判定时，不宜裁定责令诉前停止侵犯专利权；在被申请人依法已经另案提出确认不侵权诉讼或者已就涉案专利提出无效宣告请求的情况下，要对被申请人主张的事实和理由进行审查，慎重裁定采取有关措施。根据案件进展情况，注意依法适时解除诉前停止侵权裁定。加强在诉前停止侵权措施申请错误时对受害人的救济，申请人未在法定期限内起诉或者已经实际构成申请错误，受害人提起损害赔偿诉讼的，应给予受害人应有的充分赔偿。对于为阻碍他人新产品上市等重大经营活动而恶意申请诉前停止侵权措施，致使他人的市场利益受到严重损害的情形，要注意给予受害人充分保护。

15. 充分发挥停止侵害的救济作用，妥善适用停止侵害责任，有效遏制侵权行为。根据当事人的诉讼请求、案件的具体情况和停止侵害的实际需要，可以明确责令当事人销毁制造侵权产品的专用材料、工具等，但采取销毁措施应当以确有必要为前提，与侵权行为的严重程度相当，且不能造成不必要的损失。如果停止有关行为会造成当事人之间的重大利益失衡，或者有悖社会公共利益，或者实际上无法执行，可以根据案件具体情况进行利益衡量，不判决停止行为，而采取更充分的赔偿或者经济补偿等替代性措施了断纠纷。权利人长期放任侵权、怠于维权，在其请求停止侵害时，倘若责令停止有关行为会在当事人之间造成较大的利益不平衡，可以审慎地考虑不再责令停止行为，但不影响依法给予合理的赔偿。

16. 增强损害赔偿的补偿、惩罚和威慑效果，降低维权成本，提高侵权代价。在确定损害赔偿时要善用证据规则，全面、客观地审核计算赔偿数额的证据，充分运用逻辑推理和日常生活经验，对有关证据的真实性、合法性和证明力进行综合审查判断，采取优势证据标准认定损害赔偿事实。积极引导当事人选用侵权受损或者侵权获利方法计算赔偿，尽可能避免简单适用法定赔偿方法。对于难以证明侵权受损或侵权获利的具体数额，但有证据证明前述数额明显超过法定赔偿最高限额的，应当综合全案的证据情况，在法定最高限额以上合理确定赔偿额。除法律另有规定外，在适用法定赔偿时，合理的维权成本应另行计赔。适用法定赔偿时要尽可能细化和具体说明各种实际考虑的酌定因素，使最终得出的赔偿结果合理可信。根据权利人的主张和被告无正当理由拒不提供所持证据的行为推定侵权获利的数额，要有合理的根据或者理由，所确定的数额要合情合理，具有充分的说服力。注意参照许可费计算赔偿时的可比性，充分考虑正常许可与侵权实施在实施方式、时间和规模等方面的区别，并体现侵权赔偿金适当高于正常许可费的精神。注意发挥审计、会计等专业人员辅助确定损害赔偿的作用，引导当事人借助专业人员帮助计算、说明和质证。

积极探索知识产权损害赔偿专业评估问题，在条件成熟时适当引入由专业机构进行专门评估的损害赔偿认定机制。

17. 注意研究经济领域的知识产权新问题，积极促进科技兴贸基地和服务外包基地建设。加强科技兴贸基地和服务外包基地建设所涉及的知识产权保护问题的调查研究，有针对性地加强相关知识产权的司法保护，为促进科技兴贸基地和服务外包基地建设提供优良的司法环境。加大对信息、软件、医药、新材料、航空航天、精细化工等高新技术领域的知识产权保护力度，积极促进科技兴贸基地建设。引导高技术企业进一步增强自主创新能力，拥有自主知识产权，大力支持具有自主品牌和自主知识产权的高新技术产品出口，进一步提高出口产品国际市场竞争力。深入研究服务外包中的知识产权法律问题，促进服务外包基地建设。通过司法裁判引导服务外包企业树立知识产权保护意识，建立健全企业知识产权保护制度，提高外包服务的竞争力。

18. 完善有关加工贸易的司法政策，促进加工贸易健康发展。认真研究加工贸易中的知识产权保护问题，抓紧总结涉及加工贸易的知识产权案件的审判经验，解决其中存在的突出问题，完善司法保护政策，促进加工贸易的转型升级。妥善处理当前外贸“贴牌加工”中多发的商标侵权纠纷，对于构成商标侵权的情形，应当结合加工方是否尽到必要的审查注意义务，合理确定侵权责任的承担。

19. 坚持平等保护原则，坚决反对任何形式的保护主义。严格依法办案，平等保护本地与外地、本国与外国当事人的合法权益，坚决遏制地方保护和部门保护，促进国内市场的统一开放，完善投资环境和增强投资信心，提高国际声誉和树立良好形象，提高对外开放水平。统筹好国内国际两个大局，妥善处理与贸易有关的重大知识产权纠纷，积极服务于国内国际两个市场、两种资源的统筹利用，既确保遵循相关国际公约和国际惯例，促进国际经贸合作，又始终注意维护国家利益和经济安全，激励和促进自主创新，提升我国的知识产权综合能力和国际竞争力。正确处理对外关系与具体案件审理的关系，无论普通涉外案件还是引起国际关注的敏感性案件，都要严格依法办案，不能为盲目迎合片面的外部舆论而牺牲公正司法。

20. 加强同类案件和关联案件的协调指导，规范司法行为，维护法治统一。加强同类案件的调查研究和业务指导，加大司法解释力度，完善司法政策，积极推行典型案例指导制度，不断明确和完善法律适用标准。强化对法官行使自由裁量权的约束和规范机制，细化正当行使自由裁量权的标准。对于法律问题相同、裁判定性不一的案件，强化审级监督，充分发挥二审和再审的纠错功能。加强关联案件的协调指导力度，完善协调处理机制。对于涉及同一法律事实或者同一法律关系的关联案件，需要移送的，应当依照法律规定移送管辖和合并审理。健全关联案件审理法院之间的相互沟通制度和报请共同上级法院协调指导制度。在后受理的法院，应积极主动加强沟通并及时报请上级法院进行协调，避免作出相互矛盾的判决。

最高人民法院
印发《关于充分发挥知识产权审判职能作用推动社会主义文化大发展大繁荣和促进经济自主协调发展若干问题的意见》的通知

2011 年 12 月 16 日　　法发〔2011〕18 号

各省、自治区、直辖市高级人民法院，解放军军事法院，新疆维吾尔自治区高级人民法院生产建设兵团分院：

现将《最高人民法院关于充分发挥知识产权审判职能作用推动社会主义文化大发展大繁荣和促进经济自主协调发展若干问题的意见》印发给你们，请结合审判工作实际，认真贯彻执行。执行中遇到问题，请随时报告我院。

附：

最高人民法院
关于充分发挥知识产权审判职能作用推动社会主义文化大发展大繁荣和促进经济自主协调发展若干问题的意见

为深入贯彻十七届六中全会、中央经济工作会议精神和“十二五”规划纲要要求，充分发挥知识产权审判在推动社会主义文化大发展大繁荣及促进经济发展方式加快转变和经济自主协调发展中的职能作用，现就有关问题提出如下意见：

一、解放思想，能动司法，切实增强提供知识产权司法保障的责任感和使命感

1. 提高认识，切实增强推动社会主义文化大发展大繁荣和促进经济自主协调发展的积极性和主动性。十七届六中全会通过的《中共中央关于深化文化体制改革推动社会主义文化大发展大繁荣若干重大问题的决定》，确定了中国特色社会主义文化发展道路，确立了建设社会主义文化强国的战略目标，提出了新形势下推动文化改革发展的指导思想、目标任务、重要方针、重大举措，是当前和今后一个时期指导我国社会主义文化建设的纲领性文件。国民经济和社会发展“十二五”规划纲要明确，未来五年我国各项工作必须以科学发展为主题，以加快转变经济发展方式为主线；坚持把经济结构战略性调整作为主攻方向，把科技进步和创新作为重要支撑。中央经济工作会议要求，要牢牢把握发展实体经济这一坚实基础，努力营造鼓励脚踏实地、勤劳创业、实业致富的社会氛围；牢牢把握加快改革创新这一强大动力，抓住时机尽快在一些重点领域和关键环节取得突破，着力提高原始创新能力，不断增强集成创新、引进消化吸收再创新能力；坚持创新驱动，强化知识产权保护；培育发展战略性新兴产业，注重推动重大技术突破，注重增强核心竞争力；加快壮大文化产业，推动文化事业蓬勃发展。文化发展、科技进步和知识创新，是推动经济发展方式转变和经济自主协调发展的根本动力。知识产权保护与促进文化发展繁荣和经济自主协调发展密切相关。各级法院和广大知识产权法官要充分认清形势，切实增强大局意识和责任意识，坚持能动司法，找准结合点和着力点，在知识产权司法保护中，更加注重激励文化发展和科技进步，更加注重推进文化创新和发展新型文化业态，更加注重推动知识产权文化的发展和繁荣；更加注重发挥知识产权对实体经济的促进和引领作用，更加注重培育发展战略性新兴产业和推动经济结构战略性调整，更加注重提高我国的综合国力和国际竞争力，在推动社会主义文化大发展大繁荣和经济自主协调发展中充分发挥建设者和保障者的作用。

2. 更新观念，切实增强服务社会主义文化大发展大繁荣和经济自主协调发展的针对性和有效性。要强化加强保护观念，充分认识加强保护是当前知识产权司法保护的主要矛盾、基本定位和政策取向，统筹好国际国内两个大局，用足用好知识产权法律，加强各类知识产权司法保护，切实降低维权成本和加大制裁力度。要强化分门别类和宽严适度观念，在知识产权司法保护中注意适应各类知识产权的属性和特点，符合各类不同知识产权的功能和保护需求，使知识产权司法保护更加适应我国所处的国际国内发展环境，更加符合我国经济社会文化发展新的阶段性特征，更加符合我国文化发展和科技创新的新要求。

要强化利益平衡观念，把利益平衡作为知识产权司法保护的重要基点，统筹兼顾智力创造者、商业利用者和社会公众的利益，协调好激励创造、促进产业发展和保障基本文化权益之间的关系，使利益各方共同受益、均衡发展。要强化初次裁判正确观念，高度重视提高第一审初次裁判的正确率，使当事人及早获得司法公正，提高服判息诉率和减少上诉率，促进社会和谐稳定。

3. 发挥优势，进一步增强司法保护知识产权的主导性。继续深入落实发挥司法保护知识产权主导作用的国家知识产权战略构想和目标，增强贯彻这一战略目标的坚定性和自觉性，确保贯彻落实的科学性和准确性。要适应中国特色社会主义法律体系形成后的新形势新要求，更加重视司法保护知识产权，确保知识产权法律的贯彻实施，弘扬社会主义法治理念。要更加重视知识产权法律适用的稳定性和可预期性，重视程序保障和过程透明，重视在先典型案例示范作用，最大限度地为利益攸关方提供稳定和可期待的预期，最大限度地使其避免受司法标准不统一的困扰，积极营造良好的法律环境、投资环境和市场环境。要更加重视长效保护机制，重视一以贯之的法律执行，重视营造一种持之以恒的长效保护机制，避免为一时一事改变甚至损害法律的长效执行。要更加重视平等保护，重视知识产权法律的一体执行，坚决遏制地方保护。要更加重视裁判的引领和导向功能，在裁判中重视弘扬社会主义核心价值体系，注意把法律评价与道德评价有机结合起来，引领社会主流价值观，把维护公共道德作为司法保护的重要价值追求，提升全社会尊重知识、崇尚创新、诚信守法的知识产权法治文化。

二、加强涉文化类知识产权案件的审判，促进文化创新和培育新型文化业态，积极推动社会主义文化大发展大繁荣

4. 高度重视涉文化类知识产权案件的审判，依法加强文化类知识产权的保护。我国已形成以著作权法、非物质文化遗产法、计算机软件保护条例、信息网络传播权保护条例等法律、行政法规为主干的文化法律体系，涉文化类知识产权案件的审判已成为知识产权审判的重要方面。要认真贯彻落实中央关于大力发展公益性文化事业、加快发展文化产业的政策措施，制定和完善有关司法解释和司法政策，高度重视涉文化类审判工作，充分发挥知识产权审判对文化建设的规范、引导、促进和保障作用，激励全民族文化创造活力持续迸发，丰富人民社会文化生活，保障人民基本文化权益，推动文化产业跨越式发展，提升我国整体文化实力和国际竞争力。要高度重视涉及文化产业的新类型知识产权保护，积极推动文化产业发展成为国民经济支柱性产业。特别是依法加强出版发行、影视制作、广告、演艺、娱乐、设计等产业领域的著作权保护，推动传统文化产业发展壮大。深入研究和大力加强文化创意、数字出版、移动多

媒体、动漫游戏、软件、数据库等战略性新兴文化产业的著作权保护，培育新型文化业态，扩展文化产业发展新领域，培育国民经济新的增长点，提升我国整体文化实力和竞争力。密切关注电信网、广电网、互联网“三网融合”等信息技术发展带来的新问题，在保护著作权益的同时，注重促进新兴产业的发展，促进我国信息化水平的提高。

5. 加大文化创造者权益保护，保障文化创造源泉充分涌流。要妥善处理作品的独创性与独创高度的关系，既维护给予作品著作权保护的基本标准的统一性，又注意把握各类作品的特点和适应相关保护领域的特殊需求，使保护强度与独创高度相协调。要妥善适用著作权法有关著作权的概括性规定，及时保护创作者的新权益。妥善处理个人作品、职务作品和法人作品的关系，既最大限度保护作者权益和鼓励创作积极性，又依法保护法人或者其他组织的合法权益。妥善运用思想和表达两分法，注意思想与表达区分的相对性，合理界定作品保护范围。高度重视传播者权益保护，充分保护出版者、表演者、录音录像制作者、广播电台、电视台的合法权益，促进作品的传播和利用。积极探索对综艺晚会、体育节目等所涉权益的法律保护，合理平衡相关各方利益。

6. 加强网络环境下的著作权保护，妥善处理保护著作权与促进信息网络产业发展和保障信息传播的关系。要准确把握法律、行政法规和司法解释有关网络环境下著作权保护的精神实质，特别要准确把握权利人、网络服务提供者和社会公众之间的利益平衡，既要加强网络环境下著作权保护，又要注意促进信息网络技术创新和商业模式发展，确保社会公众利益。正确把握作品、表演、录音录像制品提供行为与网络服务提供行为的划分，妥善处理有关网络服务提供者免责与归责、“通知与移除”规则与过错归责、网络服务提供者侵权过错与一般侵权过错的差别等关系。凡网络服务提供行为符合法定免责条件的，网络服务提供者不承担侵权赔偿责任；虽然不完全符合法定的免责条件，但网络服务提供者不具有过错的，也不承担侵权赔偿责任。要根据信息网络环境的特点和实际，准确把握网络服务提供行为的侵权过错认定，既要根据侵权事实明显的过错标准认定过错，不使网络服务提供者承担一般性的事先审查义务和较高的注意义务，又要适当地调动网络服务提供者主动防止侵权和与权利人合作防止侵权的积极性。要维护“通知与移除”规则的基本价值，除根据明显的侵权事实能够认定网络服务提供者具有明知或者应知的情形外，追究网络服务提供者的侵权赔偿责任应当以首先适用“通知与移除”规则为前提，既要防止降低网络服务提供者的过错认定标准，使“通知与移除”规则形同虚设；又要防止网络服务提供者对于第三方利用其网络服务侵权消极懈怠，滥用“通知与移除”规则。

7. 妥善处理好技术中立与侵权行为认定的关系，实现有效保护著作权与促进技术创新、产业发展的和谐统一。既要准确把握技术作为工具手段所具有的价值中立性和多用途性，又要充分认识技术所反映和体现的技术提供者的行为与目的。既不能把技术所带来的侵权后果无条件地归责于技术提供者，窒息技术创新和发展；也不能将技术中立绝对化，简单地把技术中立作为不适当免除侵权责任的挡箭牌。对于具有实质性非侵权商业用途的技术，严格把握技术提供者承担连带责任的条件，不能推定技术提供者应知具体的直接侵权行为的存在，其只在具备其他帮助或者教唆行为的条件下才与直接侵权人承担连带责任；对于除主要用于侵犯著作权外不具有其他实质性商业用途的技术，可以推定技术提供者应知具体的直接侵权行为的存在，其应与直接侵权人承担连带责任。在审理涉及网络著作权、“三网融合”等新兴产业著作权案件时，尤其要准确把握技术中立的精神，既有利于促进科技和商业创新，又防止以技术中立为名行侵权之实。

8. 妥当运用著作权的限制和例外规定，正确判定被诉侵权行为的合法性，促进商业和技术创新，充分保障人民基本文化权益。正确认定合理使用和法定许可行为，依法保护作品的正当利用和传播。在促进技术创新和商业发展确有必要的特殊情形下，考虑作品使用行为的性质和目的、被使用作品的性质、被使用部分的数量和质量、使用对作品潜在市场或价值的影响等因素，如果该使用行为既不与作品的正常使用相冲突，也不至于不合理地损害作者的正当利益，可以认定为合理使用。对设置或者陈列在室外社会公共场所的艺术作品进行临摹、绘画、摄影或者录像，并对其成果以合理的方式和范围再行使用，无论该使用行为是否具有商业目的，均可认定为合理使用。

9. 综合运用多种法律手段，积极推动非物质文化遗产的保护、传承和开发利用，促进我国丰富的文化资源转化为强大的文化竞争力。非物质文化遗产是凝聚民族精神、传承民族文化、维护文化多样性、促进社会和谐和可持续发展的重要基础和纽带，是文化创新的重要源泉。本着传承与创新、保护和利用并重的原则，根据现有法律和立法精神，积极保护民间文学艺术、传统知识、遗传资源等非物质文化遗产，公平合理地协调和平衡在发掘、整理、传承、保护、开发和利用过程中各方主体的利益关系。坚持尊重原则，利用非物质文化遗产应尊重其形式和内涵，不得以歪曲、贬损等方式使用非物质文化遗产。坚持来源披露原则，利用非物质文化遗产应以适当方式说明信息来源。鼓励知情同意和惠益分享，非物质文化遗产利用者应尽可能取得保存者、提供者、持有者或者相关保护部门的知情同意，并以适当方式与其分享使用利益。综合运用著作权法、商标法、专利法、反不正当竞争法等多种手段，积极保护非物质文化遗产的传承和商业开发利用。

10. 充分利用著作权保护手段，依法保护民间文学艺术作品。民间文学艺术作品的著作权保护，既要有利于民间文学艺术的传承，发挥其凝聚民族精神和维系民族精神家园的作用，又要有利于创新和利用，提高中华文化影响力。民间文学艺术作品可由产生和传承该作品的特定民族或者区域群体共同享有著作权，该特定民族或者区域的相关政府部门有权代表行使保护权利。对于民间文学艺术作品的保存人和整理人，应尊重其以适当方式署名的权利。利用民间文学艺术的元素或者素材进行后续创作，无需取得许可或者支付费用；形成具有独创性作品的，作者可依法获得完整的著作权保护，但应说明其作品的素材来源。不当利用民间文学艺术作品给特定民族或者区域群体精神权益造成损害的，人民法院可以判令不当利用人承担相应的民事责任。

11. 有效利用商标法、专利法等法律手段，保护非物质文化遗产的商业价值，促进具有地方特色的自然、人文资源优势转化为现实生产力。将非物质文化遗产的名称、标志等申请商标注册，构成对非物质文化遗产的歪曲、贬损、误导等不正当利用行为，损害特定民族或者区域群体的精神权益的，可以认定为具有其他不良影响，禁止作为商标使用；已经使用并造成不良影响的，人民法院可以根据具体案情，判决使用人承担停止使用、赔礼道歉，消除影响等民事责任。非物质文化遗产的名称、标志等构成地理标志的，可以视具体情况作为在先权利予以保护。非物质文化遗产中的传统知识和遗传资源构成商业秘密的，禁止他人窃取、非法披露和使用。违反法律、法规的规定获取或者利用遗传资源，依赖该遗传资源完成发明创造并获得专利授权，专利权人指控他人侵犯其专利权的，可以不予支持。

三、加大科技成果权保护力度，推动科技进步与创新，提高自主创新能力

12. 依法加强专利、植物新品种、集成电路布图设计等科技类知识产权保护，积极推动科技进步和创新。根据科技进步的新趋势和经济发展的新需求，以提高我国原始创新能力和增强集成创新、引进消化吸收再创新能力为重要目标，准确贯彻专利法立法精神和正确进行侵权判定，加强对关键核心技术、基础前沿领域和战略性新兴产业的知识产权保护，推动技术突破和技术创新，推进传统产业优化升级，加快培育和发展战略性新兴产业，加快形成先导性、支柱性产业，增强企业和国家核心竞争力。加大涉文化领域科技类知识产权保护力度，发挥科技创新对文化发展的引擎作用，推动提高文化产业技术装备水平，增强文化产业核心竞争力，推动中华文化走向世界。

13. 正确把握专利权保护宽严适度的司法政策，大力提高自主创新能力。确定专利权的具体保护范围和强度时要适当考虑不同技术领域专利权的特点和创新实际，符合不同技术领域的创新需求、创新特点和发展实际。坚持发明和实用新型专利权利范围的折衷解释原则，准确界定专利权的保护范围。重视专

利的发明目的对专利权保护范围的限定作用，不应把具有专利所要克服的现有技术缺陷或者不足的技术方案纳入保护范围。对于创新程度高、研发投入大、对经济增长具有突破和带动作用的首创发明，应给予相对较高的保护强度和较宽的等同保护范围；对于创新程度相对较低的改进发明，应适当限制其等同保护范围。

14. 正确运用专利侵权判定方法，加大对专利侵权行为的遏制力度。准确把握发明和实用新型专利侵权判定的全部技术特征对比、禁止反悔、捐献等判断规则，继续探索完善等同侵权适用条件。等同侵权应以手段、功能和效果基本相同并且对所属领域普通技术人员显而易见为必要条件，防止简单机械适用等同侵权或者不适当扩展其适用范围。现有技术抗辩规则在等同侵权和相同侵权中均可适用。准确把握外观设计专利侵权判定的整体观察设计特征、综合判断整体视觉效果的判定方法，以外观设计产品的一般消费者为判断主体，以外观设计的区别设计特征为核心，以产品外观设计整体视觉效果的相同或者近似作为判断侵权成立的根本标准。正确适用现有技术和设计抗辩，被诉侵权人以一份对比文献中记载的一项现有技术方案或者一项现有设计与公知常识或者惯常设计的显而易见组合主张现有技术或者现有设计抗辩的，应当予以支持。被诉侵权人以实施抵触申请中的技术方案或者外观设计主张其不构成专利侵权的，可以参照现有技术或者现有设计抗辩的审查判断标准予以评判。

15. 妥善审理产品制造方法发明专利侵权案件，依法保护方法发明专利权。在适当考虑方法专利权利人维权的实际困难的同时，兼顾被诉侵权人保护其商业秘密的合法权益。依法适用新产品制造方法专利的举证责任倒置规则，使用专利方法获得的产品以及制造该产品的技术方案在专利申请日前不为公众所知的，制造相同产品的被诉侵权人应当承担其产品制造方法不同于专利方法的举证责任。使用专利方法获得的产品不属于新产品，专利权人能够证明被诉侵权人制造了同样产品，经合理努力仍无法证明被诉侵权人确实使用了该专利方法，但根据案件具体情况，结合已知事实以及日常生活经验，能够认定该同样产品经由专利方法制造的可能性很大的，可以根据民事诉讼证据司法解释有关规定，不再要求专利权人提供进一步的证据，而由被诉侵权人提供其制造方法不同于专利方法的证据。要针对方法专利侵权举证困难的实际，依法采取证据保全措施，适当减轻方法专利权利人的举证负担。要注意保护被申请人的利益，防止当事人滥用证据保全制度非法获取他人商业秘密。被诉侵权人提供了其制造方法不同于专利方法的证据，涉及商业秘密的，在审查判断时应注意采取措施予以保护。

16. 妥善处理保护专利权与防止权利滥用的关系，依法规制滥用专利权及滥用诉前禁令制度。在依法保护专利权和保障当事人诉权的同时，注意防止专利权人明显违背法律目的行使权利，不正当地损害竞争对手，妨碍公平竞争和扰乱市场秩序。对于明知其专利权属于现有技术或者现有设计，仍然恶意向正当实施者及其交易对象滥发侵权警告或者滥用诉权，构成侵权的，可以视情支持受害人的损害赔偿请求。适度从严把握法律条件，加强程序保障，依法慎重采取诉前停止侵犯专利权措施。坚持把事实比较清楚、侵权易于判断作为采取诉前停止侵权措施的前提条件。对于需要进行比较复杂的技术对比才能作出侵权可能性判断的行为，不宜裁定采取责令诉前停止侵权措施。在条件允许的情况下，尽可能通过听取申请人与被申请人意见的方式对侵权可能性作出准确判断。宣告涉案专利权无效的无效请求审查决定已经作出的，一般不得裁定采取诉前停止侵害专利权措施。

17. 加强植物新品种权保护，推进农业科技创新，促进农业发展方式加快转变。加大对具有自主知识产权的重大农业科技成果和植物新品种的保护力度，促进提高自主创新能力，推进农业科技进步，提高农业综合生产能力、抗风险能力和市场竞争力。依法严格保障品种权人的利益，大力促进品种的培育和创新成果的转化，发展现代农业。加大对侵犯植物新品种行为的打击力度，对于为商业目的生产、销售或者重复使用授权品种繁殖材料等侵权行为，要及时依法予以制止；对于假冒他人授权品种的行为，也应以侵犯植物新品种权纠纷论处。依法审查品种权人的证据保全申请，积极采取证据保全措施，保障品种权人及时获得司法救济。对被诉侵权繁殖材料采取证据保全措施，应尽量遵守相应的技术规程，保证取样的客观性和代表性，但不得以未邀请有关专业技术人员协助取样为由简单否定证据保全的效力。注意依法保护农民的合法权益，维护农业和农村稳定。正确区分作为品种生产者、管理者的制种大户与以种植为业的普通个人、农村承包经营户，既要依法免除以种植为业的普通个人、农村承包经营户自繁自用授权品种繁殖材料的侵权责任，又要防止实质上成为品种生产者和管理者的制种大户逃避法律制裁。

四、加强商标权保护，培育和维护知名品牌，积极促进社会主义市场经济的竞争性、创新性和包容性增长

18. 依法加强商标权保护。商标权的保护，必须有利于鼓励正当竞争，有利于划清商业标识之间的边界，有利于遏制恶意抢注他人知名商业标识及“傍名牌”行为，有利于为知名品牌的创立和发展提供和谐宽松的法律环境，为培育知名品牌和提升企业综合竞争力提供助力，推动我国从制造大国向品牌强国加快转变。要根据商标的知名度、显著程度等，恰当运用商标近似、商品类似、在先使用并且有一定影响的商标、以欺骗或者其他不正当手段取得商标注册等裁量性法律标准，妥善把握商标注册申请人或者注册人是否有真实使用意

图，以及结合商标使用过程中的“傍名牌”行为认定主观恶意等，用足用好商标法有关规定，加大遏制恶意抢注、“傍名牌”等不正当行为的力度，充分体现商标权保护的法律导向。

19. 妥善处理商标近似与商标构成要素近似的关系，准确把握认定商标近似的法律尺度。认定是否构成近似商标，要根据案件的具体情况。通常情况下，相关商标的构成要素整体上构成近似的，可以认定为近似商标。相关商标构成要素整体上不近似，但主张权利的商标的知名度远高于被诉侵权商标的，可以采取比较主要部分决定其近似与否。要妥善处理最大限度划清商业标识之间的边界与特殊情况下允许构成要素近似商标之间适当共存的关系。相关商标均具有较高知名度，或者相关商标的共存是特殊条件下形成时，认定商标近似还应根据两者的实际使用状况、使用历史、相关公众的认知状态、使用者的主观状态等因素综合判定，注意尊重已经客观形成的市场格局，防止简单地把商标构成要素近似等同于商标近似，实现经营者之间的包容性发展。

20. 充分考虑商标所使用商品的关联性，准确把握商品类似的认定标准。认定商品类似可以参考类似商品区分表，但更应当尊重市场实际。要以相关公众的一般认识为标准，结合商品的功能、用途、生产部门、销售渠道、消费对象等因素，正确认定商标法意义上的商品类似。主张权利的商标已实际使用并具有一定知名度的，认定商品类似要充分考虑商品之间的关联性。相关公众基于对商品的通常认知和一般交易观念认为存在特定关联性的商品，可视情纳入类似商品范围。

21. 规范驰名商标的认定和保护，切实加强驰名商标保护。驰名商标保护的目的在于适当扩张具有较高知名程度的商标的保护范围和保护强度，不是评定或者授予荣誉称号。凡当事人主张驰名商标保护且符合保护条件和确有必要的，应当依法予以认定和保护。对于一般公众广泛知晓的驰名商标，要结合众所周知的驰名事实，减轻商标权人对于商标驰名情况的举证责任。认定驰名商标并不要求具有等同划一的知名程度，但驰名商标的保护范围和强度要与其显著性和知名度相适应，对于显著性越强和知名度越高的驰名商标，要给予其更宽的跨类保护范围和更强的保护力度。要认真执行司法解释的规定，准确把握驰名商标的保护范围，加强对驰名商标事实认定的严格把关，坚持判前审核制度，防止当事人弄虚作假，为骗取驰名商标的认定而进行虚假诉讼。

22. 妥善认定商标侵权抗辩，维护正当经营者的合法权益。商标侵权行为应以在商业标识意义上使用相同或者近似商标为条件，被诉侵权人为描述或者说明其产品或者服务的特点而善意合理地使用相同或者近似标识的，可以依法认定为正当使用。注册商标权人的注册商标属于复制、摹仿或者翻译他人未在中国注册的驰名商标、抢注被代理人或者被代表人的商标或者以不正当手段抢注他人已经使用并有一定影响的商标，被诉侵权的在先商标使用人以此为由提出抗辩的，应当予以支持。

23. 妥善处理实体与程序的关系，强化商标授权确权争议的实质性解决。程序既有其独立的法律价值，又必须以实体问题的解决和实体公正的实现为取向和终极目标。实体公正既是程序运行的目标和指向，又需要以程序公正为支撑和保障。既要高度重视程序公正，防止忽视程序公正片面追求实体公正，又要以实体公正为依归，防止机械司法。当事人因行使程序权利的瑕疵而可能影响其重大实体权益，甚至可能导致其丧失救济机会且没有其他救济途径的，可以根据案件具体情况给予补救机会。要注重商标授权确权争议的实质性解决，避免陷入不必要的程序重复，搁置实体问题和回避矛盾。对于商标是否应予注册、是否应当撤销等能够做出实体性判断的，可以在裁判理由中作出明确的判断，为被诉行政机关重作决定作出明确指引。

五、依法规范竞争秩序，培育自由公平、诚信守法的竞争文化，创造公平有序、充满活力的市场环境

24. 加强不正当竞争案件的审判，维护市场公平竞争。妥善处理好知识产权专门法与反不正当竞争法的关系，在激励创新的同时，又要鼓励公平竞争。反不正当竞争法补充保护作用的发挥不得抵触知识产权专门法的立法政策，凡是知识产权专门法已作穷尽性规定的领域，反不正当竞争法原则上不再提供附加保护，允许自由利用和自由竞争，但在与知识产权专门法的立法政策相兼容的范围内，仍可以从制止不正当竞争的角度给予保护。妥善处理好反不正当竞争法的原则规定与特别规定之间的关系，既要充分利用原则规定的灵活性和适应性，有效制止各种花样翻新、层出不穷的不正当竞争行为，又要防止原则规定适用的随意性，避免妨碍市场自由公平竞争。严格把握反不正当竞争法原则规定的适用条件，凡属反不正当竞争法特别规定已作明文禁止的行为领域，只能依照特别规定规制同类不正当竞争行为，原则上不宜再适用原则规定扩张适用范围。反不正当竞争法未作特别规定予以禁止的行为，如果给其他经营者的合法权益造成损害，确属违反诚实信用原则和公认的商业道德而具有不正当性，不制止不足以维护公平竞争秩序的，可以适用原则规定予以规制。正确把握诚实信用原则和公认的商业道德的评判标准，以特定商业领域普遍认同和接受的经济人伦理标准为尺度，避免把诚实信用原则和公认的商业道德简单等同于个人道德或者社会公德。

25. 依法加强商业秘密保护，有效制止侵犯商业秘密的行为，为企业的创新和投资创造安全和可信赖的法律环境。根据案件具体情况，合理把握秘密性和不正当手段的证明标准，适度减轻商业秘密权利人的维权困难。权利人提供

了证明秘密性的优势证据或者对其主张的商业秘密信息与公有领域信息的区别点作出充分合理的解释或者说明的，可以认定秘密性成立。商业秘密权利人提供证据证明被诉当事人的信息与其商业秘密相同或者实质相同且被诉当事人具有接触或者非法获取该商业秘密的条件，根据案件具体情况或者已知事实以及日常生活经验，能够认定被诉当事人具有采取不正当手段的较大可能性，可以推定被诉当事人采取不正当手段获取商业秘密的事实成立，但被诉当事人能够证明其通过合法手段获得该信息的除外。以符合法定条件的商业秘密信息为依据，准确界定商业秘密的保护范围，每个单独的商业秘密信息单元均构成独立的保护对象。完善商业秘密案件的审理和质证方式，对于涉及商业秘密的证据，要尝试采取仅向代理人展示、分阶段展示、具结保密承诺等措施限制商业秘密的知悉范围和传播渠道，防止在审理过程中二次泄密。妥善处理商业秘密民事侵权诉讼程序与刑事诉讼程序的关系，既注意两种程序的关联性，又注意其相互独立性，在依法保护商业秘密的同时，也要防止经营者恶意启动刑事诉讼程序干扰和打压竞争对手。

26. 妥善处理保护商业秘密与自由择业、涉密者竞业限制和人才合理流动的关系，维护劳动者正当就业、创业的合法权益，依法促进劳动力的合理流动。职工在工作中掌握和积累的知识、经验和技能，除属于单位的商业秘密的情形外，构成其人格的组成部分，职工离职后有自主利用的自由。在既没有违反竞业限制义务，又没有侵犯商业秘密的情况下，劳动者运用自己在原用人单位学习的知识、经验与技能为其他与原单位存在竞争关系的单位服务的，不宜简单地以反不正当竞争法的原则规定认定构成不正当竞争。妥善处理商业秘密保护和竞业限制协议的关系，竞业限制协议以可保护的商业秘密存在为前提，但两者具有不同的法律依据和行为表现，违反竞业限制义务不等于侵犯商业秘密，竞业限制的期限也不等于保密期限。原告以侵犯商业秘密为由提起侵权之诉，不受已存在竞业限制约定的限制。

27. 加强垄断案件的审理工作，及时有效制止垄断行为，增强市场活力，促进市场结构的完善和市场经济的健康发展。要强化反垄断法的效果思维，全面考虑各种相关因素，综合评估涉嫌垄断行为的反竞争和促进竞争的效果，依法认定垄断行为。注意发挥经济学专家和专业机构的作用，探索引进经济分析方法的途径和方式。要根据不同的垄断行为类型，合理分配垄断民事纠纷案件中当事人的证明责任。对于明显具有严重排除、限制竞争效果的垄断协议，可以不再要求受害人举证证明该协议具有排除、限制竞争的效果；对于公用企业以及其他具有独占经营资格的经营者滥用市场支配地位的，可以根据案件具体情况适当减轻受害人的举证责任。

六、加强知识产权诉讼制度建设，完善审判体制和工作机制

28. 深刻把握知识产权案件的特点与规律，建立健全适合知识产权案件特点的纠纷解决机制。正确把握“调解优先、调判结合”的工作原则。要根据知识产权案件专业技术性强的特点，积极引导当事人选择委托调解、专家调解、行业调解等方式解决纠纷。坚持依法自愿调解原则，不得违背当事人意愿强调硬调和以拖促调。对于当事人或者相关行业对判明是非的期待高，或者对明确规则的要求强烈，或者对判决的接受程度高的案件，尽可能选择以判决方式解决纠纷，充分发挥司法裁判的指引和导向功能。要发挥科技专家在解决纠纷中的作用，完善知识产权案件专业技术问题解决机制。

29. 继续完善知识产权审判体制机制，充分发挥知识产权司法保护的综合效能。按照国家知识产权战略的要求，积极推进由知识产权审判庭集中审理知识产权民事、行政和刑事案件的试点工作，建立知识产权民事、行政和刑事审判协调机制，提高司法效率，统一司法标准，发挥整体保护效能，努力构建资源优化、科学运行、高效权威的知识产权审判体系。要加强与公安机关、检察机关以及知识产权行政执法机关的协调配合，形成保护合力。优化知识产权案件管辖布局，适当增加管辖一般知识产权案件的基层法院，鼓励中、基层法院根据工作需要开展跨地区划片集中管辖，合理配置审判资源。

30. 维护法治统一，促进市场统一开放。完善案件管辖制度，加强监督制约，适当采取提级管辖、异地指定管辖等措施，有效遏制地方保护和部门保护现象，保障案件公正审理。决定提级管辖或者异地指定管辖的，原管辖法院要正确对待，及时移交案件。切实加强审判监督，发挥二审和再审的纠错功能，防止为顾及审判绩效考核指标而迁就错误裁判。对于指令再审的案件，有关再审法院要正确理解和认真对待再审指令，依法改正错误。对于无视再审指令，拖延再审或者无正当理由不执行再审指令的，要严肃纪律，情节严重的给予通报批评。进一步完善工作机制，适当加大知识产权关联案件的协调和指导力度，维护裁判标准的统一。

【链　　接】

《关于充分发挥知识产权审判职能作用推动社会主义文化大发展大繁荣和促进经济自主协调发展》的新闻发布稿

（2011年12月20日）

各位记者：

大家上午好！今天新闻发布会的主题是通报《关于充分发挥知识产权审判职能作用推动社会主义文化大发展大繁荣和促进经济自主协调发展若干问题的意见》（以下简称《意见》）的有关情况，并公布两起典型案例。《意见》是我院深入贯彻落实党的十七届六中全会和中央经济工作会议精神的一个重要指导性文件，也是为实施"十二五"规划纲要提供司法保障和服务的又一重要举措。《意见》全文包括6个方面内容，共计30条具体意见。下面我简要介绍一下《意见》的主要内容。

一、顺应形势发展需要确立新的工作思路和司法政策

随着知识产权在国家经济社会发展战略中的核心地位和作用日益增强，知识产权司法保护对文化发展、科技进步和知识创新的规范、引导、促进与保障作用日益明显，知识产权司法保护越来越成为国家发展战略中必不可少的重要组成部分。今年是我国加入世界贸易组织十周年，我国的知识产权司法保护工作取得显著进展。十年来，知识产权案件数量猛增，且增速呈加快趋势。新收知识产权一审民事案件的数量从2001年的5265件持续上升到2010年的42931件，案件数量翻了三番，年均增长超过26%。其中，2007年至2010年新收一审民事案件增长速度连续四年接近或者超过30%，2010年的增速更是达到了40.18%。今年1—10月，全国法院新收知识产权一审民事案件首次突破5万件，达到52708件，同比增长42.2%。涉文化领域案件数量大幅增长，著作权案件约占知识产权全部案件的60%。

在新兴产业领域，知识产权司法裁判往往起到确立业界经营者的重要行为标准和发展导向的作用，进而影响到整个产业的发展方向。结合十年来知识产权司法保护工作积累的丰富经验，根据形势任务的新变化，《意见》对知识产权司法保护工作提出了新的要求。

第一，首次提出“六个更加注重”的工作思路。《意见》结合新形势和新任务，要求各级人民法院切实增强大局意识和责任意识，坚持能动司法，找准结合点和着力点，大力加强知识产权司法保护。为此，《意见》提出了“六个更加注重”的工作思路，即更加注重激励文化发展和科技进步、更加注重推进文化创新和发展新型文化业态、更加注重推动知识产权文化的发展和繁荣、更加注重发挥知识产权对实体经济的促进和引领作用、更加注重培育发展战略性新兴产业和推动经济结构战略性调整、更加注重提高我国的综合国力和国际竞争力。

第二，首次确立“加强保护、分门别类、宽严适度”的知识产权司法政策。为进一步增强服务社会主义文化大发展大繁荣和经济自主协调发展的针对性和有效性，《意见》要求“强化四个观念”，即强化加强保护观念、强化分门别类和宽严适度观念、强化利益平衡观念、强化初次裁判正确观念。这是最高人民法院在分析研判我国知识产权保护阶段性特征、国内外需求、法律裁量空间、价值和效果取向以及总结实践经验的基础上，首次提出“加强保护、分门别类、宽严适度”的知识产权司法政策，标志着人民法院对知识产权司法保护政策、理念的认识和把握达到了一个新阶段和新高度。

第三，首次提出“五个更加重视”的工作要求。为进一步增强司法保护知识产权的主导性，《意见》提出“五个更加重视”，即更加重视司法保护知识产权、更加重视知识产权法律适用的稳定性和可预期性、更加重视长效保护机制、更加重视平等保护、更加重视裁判的引领和导向功能，在裁判中重视弘扬社会主义核心价值体系，提升全社会尊重知识、崇尚创新、诚信守法的知识产权法治文化。

二、加强涉文化类知识产权案件审判工作

第一，进一步明确网络环境下的著作权侵权判定规则。《意见》提出，要准确把握法律、行政法规和司法解释有关网络环境下著作权保护的精神实质，特别要准确把握权利人、网络服务提供者和社会公众之间的利益平衡，既要加强网络环境下著作权保护，又要注意促进信息网络技术创新和商业模式发展，确保社会公众利益。要根据信息网络环境的特点和实际，准确把握网络服务提供行为的侵权过错认定，既要根据侵权事实明显的过错标准认定过错，不使网络服务提供者承担一般性的事先审查义务和较高的注意义务，又要适当地调动网络服务提供者主动防止侵权和与权利人合作防止侵权的积极性。

第二，首次提出针对非物质文化遗产的司法保护政策。《意见》要求，本着传承与创新、保护和利用并重的原则，根据现有法律和立法精神，积极保护民间文学艺术、传统知识、遗传资源等非物质文化遗产，公平合理地协调和平

衡在发掘、整理、传承、保护、开发和利用过程中各方主体的利益关系；坚持尊重原则，利用非物质文化遗产应尊重其形式和内涵，不得以歪曲、贬损等方式使用非物质文化遗产；坚持来源披露原则，利用非物质文化遗产应以适当方式说明信息来源。鼓励知情同意和惠益分享，非物质文化遗产利用者应尽可能取得保存者、提供者、持有者或者相关保护部门的知情同意，并以适当方式与其分享使用利益。这是最高人民法院第一次提出针对非物质文化遗产的司法保护政策和标准，将对加强和探索非物质文化遗产的法律保护，促进我国丰富的文化资源转化为强大的文化竞争力发挥重要的推动和指引作用。

三、加大科技成果权保护力度

第一，进一步明确加强专利权保护、实行宽严适度的司法政策。《意见》提出，根据科技进步的新趋势和经济发展的新需求，以提高我国原始创新能力和增强集成创新、引进消化吸收再创新能力为重要目标，准确贯彻专利法立法精神和正确进行侵权判定，加强对关键核心技术、基础前沿领域和战略性新兴产业的知识产权保护，推动技术突破和技术创新，推进传统产业优化升级，加快培育和发展战略性新兴产业，加快形成先导性、支柱性产业，增强企业和国家核心竞争力。《意见》同时提出，确定专利权的具体保护范围和强度时要适当考虑不同技术领域专利权的特点和创新实际，符合不同技术领域的创新需求、创新特点和发展实际。对于创新程度高、研发投入大、对经济增长具有突破和带动作用的首创发明，应给予相对较高的保护强度和较宽的等同保护范围。

第二，进一步明确新产品制造方法之外的方法专利权侵权案件的举证责任。针对方法专利权利人维权的实际困难，《意见》提出，依法适用新产品制造方法专利的举证责任倒置规则，使用专利方法获得的产品以及制造该产品的技术方案在专利申请日前不为公众所知的，制造相同产品的被诉侵权人应当承担其产品制造方法不同于专利方法的举证责任。使用专利方法获得的产品不属于新产品，专利权人能够证明被诉侵权人制造了同样产品，经合理努力仍无法证明被诉侵权人确实使用了该专利方法，但根据案件具体情况，结合已知事实以及日常生活经验，能够认定该同样产品经由专利方法制造的可能性很大的，可以根据民事诉讼证据司法解释有关规定，不再要求专利权人提供进一步的证据，而由被诉侵权人提供其制造方法不同于专利方法的证据。针对方法专利侵权举证困难的实际，依法采取证据保全措施，适当减轻方法专利权利人的举证负担。

四、加强商标权司法保护

第一，进一步明确商标权保护的司法政策。商标权的保护，必须有利于鼓励正当竞争，有利于划清商业标识之间的边界，有利于遏制恶意抢注他人知名商业标识及“傍名牌”行为，有利于为知名品牌的创立和发展提供和谐宽松的法律环境，为培育知名品牌和提升企业综合竞争力提供助力，推动我国从制造大国向品牌强国加快转变。《意见》提出，要根据商标的知名度、显著程度等，恰当运用商标近似、商品类似、在先使用并且有一定影响的商标、以欺骗或者其他不正当手段取得商标注册等裁量性法律标准，妥善把握商标注册申请人或者注册人是否有真实使用意图，以及结合商标使用过程中的“傍名牌”行为认定主观恶意等，用足用好商标法有关规定，加大遏制恶意抢注、“傍名牌”等不正当行为的力度，充分体现商标权保护的法律导向。

第二，准确把握认定商标近似的法律尺度。《意见》首次提出，要区分商标近似与商标构成要素近似，妥善处理最大限度划清商业标识之间的边界与特殊情况下允许构成要素近似商标之间适当共存的关系。相关商标均具有较高知名度，或者相关商标的共存是特殊条件下形成时，认定商标近似还应根据两者的实际使用状况、使用历史、相关公众的认知状态、使用者的主观状态等因素综合判定，注意尊重已经客观形成的市场格局，防止简单地把商标构成要素近似等同于商标近似。

此外，《意见》还提出要加强不正当竞争案件和反垄断案件的审判，培育自由公平、诚信守法的竞争文化，创造公平有序、充满活力的市场环境，并对反不正当竞争法原则条款的适用、商业秘密保护等问题提出了具体指导意见。关于加强知识产权诉讼制度建设，《意见》从建立健全适合知识产权案件特点的纠纷解决机制、完善知识产权审判体制机制、完善案件管辖制度和加强审判监督等方面，提出了具体工作措施。

大力加强知识产权司法保护，推动社会主义文化大发展大繁荣和促进经济发展方式加快转变，不仅需要人民法院积极发挥审判职能作用，更需要社会各界的关心、支持和共同努力。希望大家继续关心、支持知识产权司法保护工作，共同推动人民法院知识产权司法保护工作再上一个新台阶。

谢谢大家。

最高人民法院
印发《关于充分发挥审判职能作用为深化科技体制改革和加快国家创新体系建设提供司法保障的意见》的通知

2012年7月19日　　法发〔2012〕15号

各省、自治区、直辖市高级人民法院，解放军军事法院，新疆维吾尔自治区高级人民法院生产建设兵团分院：

现将《最高人民法院关于充分发挥审判职能作用为深化科技体制改革和加快国家创新体系建设提供司法保障的意见》印发给你们，请结合审判工作实际，认真贯彻执行。

附：

最高人民法院
关于充分发挥审判职能作用
为深化科技体制改革和加快国家创新体系
建设提供司法保障的意见

为深入贯彻全国科技创新会议精神和党中央、国务院《关于深化科技体制改革加快国家创新体系建设的意见》，充分发挥人民法院在深化科技体制改革和加快国家创新体系建设中的审判职能作用，制定本意见。

一、进一步提高认识，切实增强为深化科技体制改革和加快国家创新体系建设提供司法保障的责任感和使命感

（一）深刻认识深化科技体制改革和加快国家创新体系建设的重要性和紧迫性。科学技术是第一生产力，是经济社会发展的重要动力源泉。党和国家历来高度重视科技工作，改革开放30多年来，我国整体科技实力和科技竞争力

明显提升，在促进经济社会发展和保障国家安全中发挥了重要支撑引领作用。当前，我国正处在全面建设小康社会的关键时期和深化改革开放、加快转变经济发展方式的攻坚时期。科技在经济社会发展中的作用日益凸显，国际科技竞争与合作不断加强，新科技革命和全球产业变革步伐加快，我国科技发展面临重要战略机遇和严峻挑战。抓住机遇大幅提升自主创新能力，激发社会创造活力，真正实现创新驱动发展，迫切需要进一步深化科技体制改革，加快国家创新体系建设。深化科技体制改革和加快国家创新体系建设与人民法院知识产权审判及其他有关审判工作关系密切，各级人民法院要牢固树立机遇意识、忧患意识、责任意识，立足审判职能，找准人民法院服务大局的结合点和切入点，进一步增强工作的针对性和有效性，能动司法，积极作为，切实增强服务深化科技体制改革和加快国家创新体系建设的责任感和使命感。

（二）充分发挥各项审判职能作用，推动科技事业又好又快发展。深化科技体制改革和加快国家创新体系建设，要求突出企业技术创新主体作用，强化产学研用紧密结合，促进科技资源开放共享，各类创新主体协同合作。面对新形势新要求，人民法院要以激励创新源泉、增强创新活力、发展创新文化为导向，高度重视与科技成果孕育、创造相关的案件审理，遏制侵犯科技成果权的违法犯罪行为，有效激励自主创新和技术跨越；高度重视与科技成果流转、转化相关的案件审理，规范和引导技术创新活动，积极推动科技与经济社会发展紧密结合；高度重视综合采取各种有力措施，积极营造有利于科技创新的司法环境，促进智力成果创造、运用和管理水平的提高，为深化科技体制改革和加快国家创新体系建设提供有力的司法保障。

二、加大智力成果保护力度，有效激励自主创新和技术跨越

（三）切实贯彻加强保护、分门别类和宽严适度的知识产权司法政策，合理界定专利权保护范围和强度。根据原始创新、集成创新和引进消化吸收再创新的实际和特点，进一步完善专利等科技成果司法保护体系和裁判标准，积极促进关键领域的原创性重大突破以及战略性高技术领域跨越式发展，不断适应科技领域日益活跃的创新实际，不断强化法律适用标准的与时俱进。结合专利创新程度和产业政策，进一步强化司法裁判对科技创新活动的导向作用，有针对性地加大对关键领域和核心技术的保护力度。对于创新程度高、对技术革新具有突破和带动作用的首创发明，给予相对较高的保护强度和较宽的保护范围，促进原始创新能力明显提高。适度从严把握等同侵权的适用条件，避免不适当地扩张专利权保护范围，防止压缩创新空间和损害公共利益，促进集成创新、引进消化吸收再创新能力大幅增强。进一步完善权利要求解释规则，合理划定民事权利与公有领域的法律界限，既保护权利人的正当权益，鼓励发明创

造，又防止其不适当地侵入公有领域，妨碍科技创新。

（四）合理调整专利授权确权司法审查标准，积极鼓励发明创造。妥善审理专利授权确权纠纷案件，依法履行对专利授权确权行为的司法审查职责，强化对实质性授权条件的审查判断，为科技创新营造良好的司法环境。根据不同技术领域的特点、具体产业政策的要求和我国科技发展的实际，细化和完善专利授权确权司法审查标准，促使专利审查规则和授权行为的规范化、科学化，不断提高专利授权质量。完善司法审查程序和证据规则，改进裁判方式，尽可能避免循环诉讼和程序往复，促进行政争议的实质性解决，尽快稳定权利状态，提高司法审查、授权确权的质量和效率。充分考虑专利文件撰写的客观局限，在专利申请文件公开的范围内，尽可能保证确有创造性的发明创造取得专利权，实现专利申请人所获得的权利与其技术贡献相匹配，最大限度地提升科技支撑引领经济社会发展的能力。

（五）加强工业设计司法保护，推动经济和产业格局优化。依法审理涉及发明、实用新型、外观设计、集成电路布图设计等各类科技成果权的纠纷案件，积极推进我国工业设计和制造水平的深刻变革。综合利用各种法律手段，加大工业设计保护力度，激发设计人员的创作热情，促进实用与美感兼具、创新与文化融合的工业设计不断涌现，提升我国在国际分工和产业链中的地位。贯彻新专利法提高外观设计授权标准的立法精神，根据一般消费者的知识水平和认知能力，适当考虑外观设计的设计空间，细化和完善司法审查标准，提高外观设计授权质量，推动产品设计多样化。加强对具有独创性的集成电路布图设计的保护，依法打击非法复制和商业利用集成电路布图设计的行为，鼓励集成电路技术创新。

（六）依法明晰技术成果归属，激发创造热情。依法审理技术成果权属、发明人资格纠纷案件，准确界定职务成果与非职务成果的法律界限，既要根据意思自治原则，依法支持发明人依合同约定取得技术成果权，又要准确把握职务技术成果的认定标准，防止职务成果非职务化。依法审理职务发明人奖励、报酬纠纷案件，结合科技创新质量和实际贡献，保障发明人获得相应奖励和报酬的权利，既要激励企业职工从事技术创新的积极性，又要鼓励企业加大研发投入，增强社会创造活力。

（七）妥善处理专利与标准的关系，合理平衡各方利益。对于涉及国家、行业或者地方标准的专利侵权纠纷案件，要结合行业特点、标准性质、制定程序等，根据公平合理无歧视的原则，合理确定当事人的法律责任，推动专利信息事先披露、许可费支付等标准制定程序和规则的完善。合理规范和平衡专利权人与社会公众之间的利益关系，规范公众可以获得实施许可的方式、条件和程序，既要鼓励专利的标准化，发挥标准对技术创新的推动作用，又要防止标准对技术创新的阻碍，实现标准和技术创新的互相促进和良性循环，共同提高创新主体的核心竞争力。

（八）依法制止科技领域的不正当竞争和垄断行为，营造公平有序的创新环境。针对高新技术领域市场竞争激烈、新类型不正当竞争行为频发的新情况新特点，妥善运用反不正当竞争法的原则条款，以诚实信用原则和公认的商业道德为基本标准，有效遏制各种搭车模仿、阻碍创新的新类型不正当竞争行为，为形成公平诚信的竞争秩序提供及时有力的司法规范和引导。加强高科技领域垄断纠纷案件的审理，积极探索和总结法律适用的新问题，有效遏制垄断行为，打破行业壁垒和部门分割，保障各类企业公平获得创新资源，实现创新资源的合理配置和高效利用，促进技术创新和产业发展。

（九）加强商业秘密司法保护，维护合法正当的创新秩序。结合商业秘密保护的实际，针对商业秘密纠纷案件举证难、保密难等特点，尽可能降低商业秘密权利人的维权难度，合理分配当事人的举证责任，有效遏制侵犯商业秘密行为。依法认定商业秘密的构成要件，促使企业增强对商业秘密的保护意识，规范和完善保密措施。妥善处理商业秘密保护与科技人才合理流动的关系，既要保护企业的商业秘密，又要保障科技人才的合理流动，鼓励科研院所、高等院校与企业创新人才双向交流。

（十）加大农业科技成果保护力度，促进农业科技创新。依法审理各类涉农科技纠纷案件，严厉打击制售假冒伪劣品种、侵犯植物新品种权等侵犯农业科技成果的行为，最大程度地激励农业技术创新，促进农业生物技术、先进制造技术、精准农业技术等方面重大自主创新成果的创造，积极推动突破农业技术瓶颈和抢占现代农业科技制高点。切实从我国农业科技整体水平出发，依法确认育种者免责、农民免责，合理平衡权利人与社会公众的利益关系，加快农业技术转移和成果转化，推动现代农业经营方式转变，促进涉农新型产业的发展。

（十一）加强科技领域的商标权司法保护，促进企业提高品牌战略的创新能力。依法审理商标权纠纷案件，增强科技型企业的商标意识，支持和引导科技型企业实施商标品牌战略，促使其在经营中积极、规范使用自主商标，提高企业的市场竞争力和创新能力。严厉制裁商标假冒、恶意模仿等侵权行为，维护知名品牌市场价值，发挥知名品牌凝聚创新要素和整合创新资源的品牌效应，促使拥有知名品牌的企业发挥骨干创新主体的引领作用。

（十二）加大涉科技领域和商业领域的著作权保护力度，推进科技创新、文化创新和新兴产业发展。针对科技创新带来的著作权保护领域和保护需求的新变化，根据文化创新的需要和商业领域著作权保护的新特点，加强相关著作权保护力度，积极促进文化创新、商业模式创新和文化创意产业发展，推进文化与科技、产业相互激励和深度融合。大力加强软件、数据库、动漫、网络、文化创意等新兴文化产业和高新科技领域的著作权保护，准确把握新科技环境下著作权司法标准，实现激励创作、促进产业发展和保障创新成果惠及民生的协调统一。积极应对数字化、网络化、智能化带来的著作权保护新问题，在保护著作权益的同时，注重促进工业化和信息化的融合，提高科技对文化事业和文化产业发展的支撑能力。

（十三）充分发挥涉科技领域的司法审查职能，积极营造促进科技创新的执法环境。依法审理涉科技领域的行政案件，支持和监督行政机关依法制裁侵犯科技成果权的行为，促进行政执法的法治化和规范化。依法受理行政机关申请的强制执行案件，经审查符合执行条件的，应及时裁定并予以执行，促进行政机关营造有利于知识产权保护和国家创新体系建设的行政管理秩序。

（十四）充分发挥刑罚功能，严惩侵犯知识产权犯罪。对侵犯商标权、著作权、商业秘密及假冒专利等知识产权犯罪行为，进一步完善定罪量刑标准，规范缓刑适用，根据犯罪情况和危害后果，依法从严惩处。在依法判处主刑的同时，加大罚金刑的适用与执行力度，并通过采取销毁侵权产品以及追缴、退赔违法所得等措施，剥夺侵权人的再犯罪能力和条件。

三、依法促进创新要素合理配置，积极推动科技与经济社会发展紧密结合

（十五）妥善处理技术合同纠纷，促进科技成果转化。依法审理科技创新中产生的各类技术合同纠纷案件，认真贯彻合同法，尊重当事人意思自治，审慎把握合同无效和合同解除的事由，加强保护守约方合法权益，合理认定技术成果开发、转让、许可、质押、技术咨询和中介等环节形成的利益分配及责任承担，引导和支持企业加强技术研发能力建设，推动产学研用紧密结合，培育和规范知识产权服务市场，促进技术成果迅速转化为现实生产力和市场竞争力。

（十六）妥善处理科技领域的劳动、人事纠纷，保障科技人才合理流动。坚持依法保障劳动者合法权益与用人单位生存发展并重理念，依法审理科研人才与用人单位的劳动、人事纠纷案件，切实保障科研院所、高等院校等单位的科研人才在订立、履行、变更、解除或者终止劳动、聘用合同过程中的合法权益，保障科研人才向企业研发机构的合理流动，推动建立开放、竞争、流动的单位用人机制。

（十七）妥善处理科技领域的企业改制、破产纠纷，优化创新主体运作机制。依法审理科技型企业纠纷案件，促进技术开发类科研机构向企业化转制，引导科技型企业不断完善公司治理结构和建立现代企业制度。依法审理涉及以技术成果投资的股权、期权纠纷案件，合理平衡创业投资机构与企业等创新主

体的利益关系，引导创业投资机构投资科技型中小企业，促进社会投资主体多元化。依法受理企业破产案件和强制清算案件，妥善处理淘汰落后技术和过剩产能中的企业破产纠纷，保障市场主体依法有序退出市场。

（十八）妥善处理科技领域的金融纠纷，促进对科技创新的金融支持。依法审理借款纠纷案件，保护合法的民间借贷和企业融资行为，拓宽金融为企业科技创新融资的渠道，引导银行等金融机构加大对科技型中小企业的金融支持。依法审理担保物权纠纷案件，依法认定企业以知识产权和股权质押等方式作出的担保，促进解决科技型中小企业融资难的问题。

（十九）妥善处理科技领域的涉外纠纷，促进科技国际合作与交流。依法平等保护中外当事人的合法权益，积极营造更加公平、透明、稳定、可预期的贸易投资环境和发展环境，积极促进创新主体充分利用国际国内创新资源，提高科技发展的科学化水平和国际化程度。依法审理企业在参股并购、联合开发、专利交叉许可以及外商来华设立研发机构中的纠纷案件，促进对国际科技资源的引进，推动全方位、多层次、高水平的科技国际合作。

四、加强统筹协调，完善工作措施，进一步提高司法保障能力

（二十）加大调解力度，不断完善多元纠纷解决机制。坚持以“调解优先、调判结合”为原则，以“案结事了”为目标，根据科技创新的特点和实际，积极引导当事人选择委托调解、专家调解、行业调解等方式解决科技领域的各类纠纷。从有利于科技成果转化出发，着眼于当事人市场利益的包容共存，努力促成当事人和解。对于相关科技行业亟需明确行为规则的典型案件，依法及时裁判，明确法律标准，充分发挥司法裁判的指引和导向功能。

（二十一）积极完善知识产权审判体制和工作机制，不断满足科技创新对知识产权司法保护的新需求。适应科技体制改革和国家创新体系建设对于知识产权审判专业化程度要求越来越高的新形势，进一步推进由知识产权审判庭集中审理知识产权民事、行政和刑事案件的试点工作，加强对试点工作的指导和总结，不断推动试点工作规范化。根据科技创新对知识产权司法保护的新需求，统筹规划知识产权审判管辖布局。在科技成果司法保护需求强烈的国家自主创新示范区、国家高新技术产业开发区、国家高技术产业基地等区域，适当增加具有审理专利、植物新品种、集成电路布图设计等技术类案件管辖权的第一审法院，在具有特色创新资源的区域适当增加具有审理一般知识产权案件管辖权的基层法院，保障创新资源密集的区域率先实现创新驱动发展。

（二十二）加强能动司法，积极促进智力成果创造、运用和管理水平提高。在加强知识产权司法保护的同时，积极推动知识产权创造、运用和管理。密切关注科技体制改革和国家创新体系建设带来的新情况新问题，及时发布司法解

释和司法政策，增强司法服务的针对性和前瞻性。及时总结成熟可行的司法经验，向立法机关和国家有关部门提出立法建议，推动激励创新的法律体系不断完善。高度重视通过审判工作发现影响和制约科技创新的普遍性、苗头性问题，及时向政府、企业、科研机构等有关方面提出司法建议，促进加强管理、健全制度。大力加强对关键技术领域科技创新可能产生重大影响的诉讼态势分析，及时向有关方面发出工作预警，形成保护创新的合力。加强宣传和舆论引导，充分发挥人民法院的法制宣传教育职能，不断增强全社会的创新意识，进一步形成尊重劳动、尊重知识、尊重人才、尊重创造的创新文化氛围。

最高人民法院
关于认真学习和贯彻《国家知识产权战略纲要》的通知

2008 年 8 月 1 日　　　　法发〔2008〕24 号

各省、自治区、直辖市高级人民法院，解放军军事法院，新疆维吾尔自治区高级人民法院生产建设兵团分院：

2008 年 6 月 5 日，国务院印发了《国家知识产权战略纲要》（以下简称《纲要》），决定实施国家知识产权战略。这是在改革开放新时期，党中央、国务院根据国内外新形势作出的一项重大战略部署，是关系国家前途和民族未来的大事，也是摆在全国法院面前的一项长期而紧迫的重大任务。各级人民法院要以高度的政治责任感和历史使命感，紧密结合人民法院工作实际，切实抓好国家知识产权战略的贯彻落实。现就学习和贯彻《纲要》的有关问题通知如下：

一、充分认识实施国家知识产权战略的重大意义，认真领会《纲要》精神

党的十七大报告将提高自主创新能力、建设创新型国家提到了前所未有的高度，明确将此作为促进国民经济又好又快发展的首要任务，将其定位为国家发展战略的核心和提高综合国力的关键。为此，明确提出要实施知识产权战略。《纲要》的发布实施，是落实党的十七大精神的具体体现，是建设创新型国家的重大战略抉择。

学习和贯彻好《纲要》是当前人民法院服务党和国家工作大局和中心工作的一项重要政治任务。各级人民法院要从我国经济社会文化自身发展需求和知识经济发展迅速及经济全球化进程加快的角度，深刻领会知识产权战略是我国主动运用知识产权制度促进经济发展和社会进步的重要国家战略；要从有利于增强我国自主创新能力，有利于完善我国社会主义市场经济体制，有利于增强我国企业市场竞争力和提高国家核心竞争力，有利于扩大对外开放等方面，深刻领会实施知识产权战略是建设创新型国家的迫切需要，是转变经济发展方式的必由之路，是提高国家核心竞争力的关键举措；要从激励创造、有效运用、依法保护、科学管理四个方面，深刻领会《纲要》的指导思想和基本精神。

各级人民法院领导干部要带头学习和组织落实，各级人民法院知识产权审判部门和广大知识产权法官必须深入学习、准确把握和深刻理解《纲要》的基本内容和精神实质，切实把《纲要》精神贯彻到人民法院知识产权审判工作中去。各级人民法院要加强组织领导，加大投入力度，扎实工作，开拓进取，确保国家知识产权战略有关人民法院工作要求的贯彻落实和各项战略措施的顺利实施。要积极争取各级党委和政府的支持，加大工作协调力度，做到统筹安排，重点考虑，不断强化。

二、积极完善审判体制和工作机制，充分发挥司法保护知识产权的主导作用

《纲要》将健全知识产权执法体制作为国家知识产权战略的重点之一，明确要求“加强司法保护体系建设，发挥司法保护知识产权的主导作用，提高执法效率和水平”。发挥司法保护知识产权的主导作用，是《纲要》根据形势任务的要求和知识产权保护的实际，从全局和战略高度对知识产权司法保护作出的全新定位，表明党和国家对司法保护知识产权寄予了厚望。人民法院在实施国家知识产权战略进程中作用特殊，地位重要，责任重大。

根据“发挥司法保护知识产权的主导作用”这一战略要求，《纲要》提出了一系列战略措施，从多方面对涉及人民法院的工作作出了具体部署。有关措施主要有：“完善知识产权审判体制，优化审判资源配置，简化救济程序。研究设置统一受理知识产权民事、行政和刑事案件的专门知识产权法庭。研究适当集中专利等技术性较强案件的审理管辖权问题，探索建立知识产权上诉法院。进一步健全知识产权审判机构，充实知识产权司法队伍，提高审判和执行能力”；“加强知识产权司法解释工作。针对知识产权案件专业性强等特点，建立和完善司法鉴定、专家证人、技术调查等诉讼制度，完善知识产权诉前临时措施制度。改革专利和商标确权、授权程序，研究专利无效审理和商标评审机构向准司法机构转变的问题”；“提高知识产权执法队伍素质，合理配置执法资源，提高执法效率。……加大行政执法机关向刑事司法机关移送知识产权刑事

案件和刑事司法机关受理知识产权刑事案件的力度”等。

各级人民法院要以完善审判体制和工作机制为重点，统筹兼顾和妥善安排，把《纲要》中涉及人民法院工作的部署按计划和分步骤地落到实处，使人民法院名副其实地发挥保护知识产权的主导作用。要加强对知识产权审判工作的调查研究，强化审判决策的科学性、前瞻性和主动性，着重对《纲要》提出的有关人民法院工作的战略措施开展研究。当前要特别注意做好以下三项工作：一是积极配合有关部门做好专利法、商标法等知识产权法律的修订工作；二是积极配合最高人民法院进一步加强知识产权司法解释工作，建立和完善有关工作制度；三是对《纲要》中提出的其他各项措施，要进一步深入调研，最高人民法院决定在近期开展专题调研，将在全面深入调研和听取各方面意见的基础上，提出人民法院全面贯彻落实《纲要》的具体工作措施和实施意见。

三、全面加强各项知识产权审判工作，高度重视知识产权审判队伍建设

知识产权司法保护工作受到党中央、全国人大和国务院的高度重视。《纲要》的颁布施行，对人民法院的知识产权司法保护，既是重要的发展机遇，又是重大挑战。各级人民法院必须从贯彻落实党的十七大精神、服务国内国际两个工作大局以及促进人民司法事业发展的高度，从贯彻落实《纲要》要求和实施国家知识产权战略需要出发，高度重视并切实加强知识产权司法保护工作。

各级人民法院要认真贯彻《纲要》关于“加强知识产权保护”、“加大司法惩处力度”，“降低维权成本，提高侵权代价，有效遏制侵权行为”的要求，按照今年6月全国高级法院院长会议提出的“积极支持国家创新体系建设，加大知识产权保护力度，为技术创新和科技成果产业化提供司法保障”的工作思路，以依法审理好案件为中心，以正确适用法律责任和慎重采取临时措施为重点，依法加大知识产权保护力度，强化知识产权司法救济。要全面加强各项知识产权审判工作，充分发挥知识产权司法保护的整体效能。要依法运用各种刑事制裁措施，严惩侵犯知识产权犯罪，大力发挥刑罚惩治和预防知识产权犯罪的功能；要依法界定民事责任，积极采取救济措施，妥善处理知识产权民事纠纷，充分发挥民事审判在保护知识产权和激励自主创新中的主导作用；要依法保护行政相对人的合法权益，监督和支持依法行政，保障行政主管机关依法履行知识产权行政执法和管理职能。

各级人民法院要切实采取有效措施，落实《纲要》关于“进一步健全知识产权审判机构，充实知识产权司法队伍，提高审判和执行能力”的要求，做到机构设置和审判力量与大局要求、职能定位、责任和地位相适应，建立和健全知识产权审判组织，调整和充实知识产权审判人才，为知识产权审判工作提供可靠的组织和人才保障。各级人民法院要根据担负的知识产权审判职责和任务

的客观需要，本着立足现实、兼顾长远的原则精神，加强知识产权审判庭的机构设置、人员编制和内设机构配置。要切实加强知识产权审判人才队伍建设，要以“三个至上”和社会主义法治理念为指导，高度重视知识产权法官队伍思想政治建设，加大知识产权审判技能和专业知识培训力度，下大力气培养和拥有一大批高水平的知识产权审判人才。要充分考虑知识产权审判和知识产权法官培养的规律，在工作量、业务考核等方面采用科学合理的业绩评价指标。

以上通知，请遵照执行。在学习和贯彻《纲要》中有何问题和建议，望及时报告最高人民法院。

最高人民法院
印发《关于贯彻实施国家知识产权战略若干问题的意见》的通知

2009 年 3 月 23 日　　　　法发〔2009〕16 号

各省、自治区、直辖市高级人民法院，解放军军事法院，新疆维吾尔自治区高级人民法院生产建设兵团分院：

现将最高人民法院《关于贯彻实施国家知识产权战略若干问题的意见》印发给你们，请结合审判工作实际，认真贯彻执行。

附：

关于贯彻实施国家知识产权战略若干问题的意见

党的十七大明确提出“实施知识产权战略”的要求。国务院于 2008 年 6 月 5 日发布了《国家知识产权战略纲要》（以下简称《纲要》），决定实施国家知识产权战略。贯彻落实国家知识产权战略，是摆在全国法院面前的一项长期而紧迫的重要任务。各级人民法院必须以邓小平理论和“三个代表”重要思想为指导，深入学习实践科学发展观，始终坚持“三个至上”指导思想，紧紧围绕“为大局服务、为人民司法”工作主题，全面加强知识产权司法保护体系建设，充分发挥司法保护知识产权的主导作用，为建设创新型国家和全面建设小康社会提供强有力的司法保障。现根据国家知识产权战略要求，结合人民法院知识产权司法保护工作实际，制定如下意见。

一、充分认识实施国家知识产权战略的重大意义，切实增强人民法院知识产权司法保护的责任感和使命感

1. 实施知识产权战略，是提高自主创新能力，建设创新型国家，促进国民经济又好又快发展，实现全面建成小康社会奋斗目标的重大战略抉择。提高自主创新能力，建设创新型国家，这是国家发展战略的核心，是提高综合国力的关键。实施知识产权战略，这是在改革开放新时期，党中央、国务院根据提高自主创新能力和建设创新型国家的需要作出的一项重大战略部署，是关系国家前途和民族未来的大事。当前正在向实体经济蔓延的国际金融危机，更加凸显了加强知识产权保护，提高自主创新能力，建设创新型国家的重要性。各级人民法院要从深入贯彻落实科学发展观的高度，从我国经济社会文化自身发展需求和知识经济发展迅速及经济全球化进程加快的角度，深刻领会知识产权战略是我国主动运用知识产权制度促进经济发展和社会进步的重要国家战略；要从有利于增强我国自主创新能力，有利于完善我国社会主义市场经济体制，有利于增强我国企业市场竞争力和提高国家核心竞争力，有利于扩大对外开放等方面，深刻领会实施知识产权战略是建设创新型国家的迫切需要，是转变经济发展方式的必由之路，是提高国家核心竞争力的关键举措；要从激励创造、有效运用、依法保护、科学管理四个方面，深刻领会实施国家知识产权战略的指导思想和基本精神。

2. 贯彻实施好国家知识产权战略，是人民法院服务大局的重要使命。为党和国家工作大局服务，是人民法院知识产权司法保护的重要出发点和立足点。各级人民法院要认清形势和明确任务，以高度的政治责任感和历史使命感，切实增强贯彻实施国家知识产权战略的自觉性和坚定性，紧紧依靠党委领导、人大监督、政府支持、政协以及社会各界的关心，抓住机遇、迎难而上，积极主动、开拓进取，加强组织领导、加大投入力度，有计划、分步骤，确保国家知识产权战略有关人民法院工作要求的贯彻落实和各项战略措施的顺利实施，使人民法院在实施国家知识产权战略进程中更加积极主动地发挥作用。

二、充分发挥司法保护知识产权的主导作用，切实保障创新型国家建设

3. 大力加强人民法院知识产权司法保护体系建设，切实发挥司法保护知识产权的主导作用。根据新形势新任务和我国知识产权保护的实际情况，《纲

要》将“加强司法保护体系建设”、“发挥司法保护知识产权的主导作用”纳入国家知识产权战略重点。这是对我国司法在知识产权保护中职能作用的基本定位，也是从全局和国家发展战略的高度对我国知识产权司法保护工作提出的殷切期望和全新要求。人民法院贯彻实施国家知识产权战略，必须增强发挥司法保护知识产权主导作用的自觉性和主动性，以保障和促进创新型国家建设为基本目标，高度重视并全面加强知识产权审判工作，充分发挥各项知识产权审判的职能作用，切实加大知识产权司法保护力度，不断提高人民法院知识产权司法保护的整体效能，努力营造鼓励和引导创新的知识产权司法环境；必须大力解决影响和制约科学发展的突出问题，不断提高司法水平和司法效率，及时出台司法解释和司法政策，建立健全知识产权相关诉讼制度，大力完善知识产权司法保护制度；必须着力构建有利于科学发展、符合知识产权案件特点的审判体制和工作机制，全面优化知识产权审判资源配置，整体提升知识产权审判队伍素质，大幅度提升人民法院知识产权司法保护能力。

4. 充分发挥各项知识产权审判的职能作用，全面加强对各种知识产权的司法保护。以执法办案为第一要务，不断提高知识产权审判质量和效率，努力确保每一起案件都能够依法公正及时裁判并得到有效执行，增强知识产权司法保护的公信力和权威性，切实体现法院司法定纷止争的终局作用，最大限度地维护人民群众的创新权益，实现知识产权领域的公平正义。充分运用刑事、民事和行政三种审判职能，大力发挥知识产权审判整体效能，对各种知识产权提供全面有效的司法保护。依法严惩各类侵犯知识产权犯罪，综合运用各种刑事制裁措施，充分发挥刑事审判惩治和预防知识产权犯罪的功能；依法调整涉及各种知识产权的民事法律关系，合理界定当事人权利义务，积极采取民事救济措施，充分发挥民事审判解决各种知识产权纠纷的主渠道作用；依法保护行政相对人的合法权益，监督和维护各相关行政主管机关依法履行各自职权范围内的知识产权行政执法和行政管理职责，充分发挥行政审判监督和支持知识产权行政执法保护的职能。

5. 综合运用知识产权司法救济手段，不断增强知识产权司法保护的有效性。依法确定当事人应当承担的各种法律责任，积极采取各种救济手段，对知识产权进行全方位的有效保护。通过判决赔偿经济损失和责令停止侵权、消除影响和赔礼道歉等，对权利人予以物质的与精神的、金钱的与非金钱的综合救济；通过终审判决和诉前或诉中临时措施裁定等，对权利人予以现实的和临时的司法救济；通过判处罚金、没收财产和采取民事制裁措施等，剥夺侵权人再侵权的能力和消除再侵权危险。特别是要突出发挥损害赔偿在制裁侵权和救济权利中的作用，坚持全面赔偿原则，依法加大赔偿力度，加重恶意侵权、重复侵权、规模化侵权等严重侵权行为的赔偿责任，努力确保权利人获得足够的充分的损害赔偿，切实保障当事人合法权益的实现。

6. 及时明晰知识产权法律适用标准，有效发挥司法保护知识产权的导向作用。根据知识产权司法保护中的法律适用需求，认真总结审判实践经验，及时发布司法解释，统一司法尺度，为确保法律正确适用和有效保护知识产权及时提供操作性规范依据。深入调查研究，找准司法保护服务经济社会发展的结合点和着力点，通过各种行之有效的形式，明确司法政策，加强司法指导，积极引导经济社会文化发展。加快构建符合中国国情的知识产权司法案例指导制度，充分发挥指导性案例在规范自由裁量权行使、统一法律适用标准中的作用，减少裁量过程中的随意性。依法受理并妥善裁决各种复杂疑难和新类型知识产权纠纷，及时为企业和社会提供价值判断和行为指引，规范和促进新兴产业发展。强化知识产权裁判的说理性，充分公开裁判文书，实现审判全过程的公开，发挥司法裁判的教育和导向作用，促使当事人息诉止争，引导案外人自行解决类似矛盾纠纷。

7. 努力加强人民法院与其他司法机关和知识产权行政执法机关之间的协作配合，推动形成知识产权保护的整体合力。加强与公安、检察机关在知识产权刑事司法程序中的配合，依法受理和裁判知识产权刑事案件，切实加大刑事保护力度。加强与工商、版权、专利等行政主管部门在知识产权行政执法程序上的衔接，实现司法保护与行政保护的优势互补和良性互动。加强与知识产权、外事、商务、科技、信息产业、新闻、宣传等综合部门在知识产权保护工作中的沟通协调，扩大我国知识产权保护的影响力。

三、依法审理好各类知识产权案件，切实加大知识产权司法保护力度

8. 统筹兼顾各种重大关系，确保《纲要》提出的各项专项任务在人民法院系统的贯彻落实，实现知识产权审判全面协调可持续发展。一是处理好执行法律与服务大局的关系，既要坚持宪法和法律至上，履行法定职责，遵循司法规律、司法途径和司法方式，严格依法办案，做到公正司法，维护法律权威；又要强化大局意识和宏观思维，正确处理局部利益与全局利益的关系，努力实现办案法律效果与社会效果的有机统一，确保正确政治方向。二是处理好保护私权与维护公共利益的关系，既要强化私权保护意识和尊重私权保护规律，依法保护当事人的合法权益，通过保护私权实现激励创新的知识产权制度目标；又要合理界定知识产权的界限，服从法律为保护公共利益所设定的强制性规范，确保私权与公共利益的平衡，维护公共秩序。三是处理好依法保护与适度保护的关系，充分考虑和把握我国经济社会和科技文化发展状况，善于利用司法政策、自由裁量权和法律适用技术，使司法保护既合法，又适度；既能激励科技创新和经济发展，又有利于促进知识传播和运用；既能切实保护创新成果

和创新权益，又能促进企业提高自主创新能力。四是处理好保护权利与防止滥用的关系，既要加大知识产权司法保护力度，严厉打击假冒、盗版等严重侵权行为，大力降低维权成本，大幅提高侵权代价，有效遏制侵权行为，切实保护权利人和消费者的合法权益，维护公平竞争的市场秩序；又要防止知识产权滥用，依法审查和支持在先权、先用权、现有技术、禁止反悔、合理使用等抗辩事由，制止垄断行为，依法受理和审查确认不侵权之诉和滥诉反赔之诉，规制滥用知识产权和诉讼程序打击竞争对手、排除和限制竞争、阻碍创新的行为，维护社会公众的合法权益。

9. 加强专利权司法保护，保障技术创新权益，促进自主创新。从我国国情出发，以国家战略需求为导向，依法保护专利权，根据我国科技发展阶段和产业知识产权政策，确定合理的权利保护范围和强度，平衡好权利人、使用者和社会公众之间的利益格局，强化科技创新活动中的知识产权司法政策导向作用。加大对经济增长有重大突破性带动作用、具有自主知识产权的关键核心技术的保护力度，促进高技术产业与新兴产业发展，提升我国自主创新能力和增强国家核心竞争力。不断完善专利侵权判定标准，准确确定专利权保护范围，正确认定专利侵权行为，在依法保护专利权的同时，防止不适当地扩张专利权保护范围、压缩创新空间、损害创新能力和公共利益。严格专利权利要求的解释，充分尊重权利要求的公示和划界作用，妥善处理相同侵权与等同侵权的关系，适度从严把握等同侵权的适用条件，合理确定等同侵权的适用范围，防止等同侵权的过度适用。注重发挥人民陪审员、专家证人和专家咨询、技术鉴定的作用，通过多种途径和渠道有效解决专业技术事实认定问题。

10. 加强商标权司法保护，维护商标信誉，推动形成自主品牌。通过商标案件的审判，支持和引导企业实施商标战略，促使其在经营中积极、规范使用自主商标，促进自主品牌的形成和品牌经济的发展。严厉制裁商标假冒、恶意模仿等侵权行为，严格适用侵权法律责任，切实保障商标权人和消费者的利益，维护公平竞争的市场秩序。正确把握商标权的法律属性，根据商标用于区别商品或服务来源的核心功能，合理界定商标权的范围，根据商标的显著性程度、知名度大小等确定保护强度和范围，准确认定商标侵权判定中的商品类似、商标近似和误导性后果。正确把握驰名商标司法认定和保护的法律定位，坚持事实认定、个案认定、被动认定、因需认定等司法原则，依法慎重认定驰名商标，合理适度确定驰名商标跨类保护范围，强化有关案件的审判监督和业务指导。妥善处理商标权保护与特定产业发展的关系，既注重保护商标权，又有利于促进相关产业的升级和发展。依法受理并及时处理好涉及地理标志和奥林匹克标志、世界博览会标志、特殊标志等案件。

11. 加强著作权司法保护，维护著作权人合法权利，提升国家文化软实力。严厉制裁盗版、抄袭等侵犯著作权行为，加大侵权赔偿力度，提高全社会的版权保护意识。依法合理界定著作权保护与合理使用、法定许可的关系，平衡处理创作者、传播者和利用者之间的利益关系，确保私人权利与公共利益的平衡，保障人民基本文化权益。加强对新闻出版、广播影视、文学艺术、文化娱乐、广告设计、工艺美术、计算机软件、信息网络等领域的著作权案件审判，推动版权相关产业健康有序发展，推进文化创新，增强文化发展活力，繁荣文化市场。有效应对互联网等新技术发展对著作权保护的挑战，准确把握网络环境下著作权司法保护的尺度，妥善处理保护著作权与保障信息传播的关系，既要有利于网络新技术和新商业模式的开发和运用，促进信息传播，又要充分考虑网络侵权的特点和维权的困难，完善网络环境下的证据规则，有效保障著作权。加大对计算机软件的司法保护力度，帮助企业开拓市场，促进相关服务外包产业成长。

12. 加强商业秘密司法保护，保护企业权益和职工择业自由，保障商业信息安全与人才合理流动。依法制裁窃取和非法披露、使用他人商业秘密的行为，保护企业商业秘密权益，引导市场主体依法建立健全商业秘密管理制度。妥善处理保护商业秘密与自由择业、涉密者竞业限制与人才合理流动的关系，维护职工合法权益。根据商业秘密案件特点，合理分配当事人的举证责任，合理确定当事人和诉讼参与人的保密义务。注意保护被控侵权人对自己商业秘密的正当权益，防止原告滥用诉权获取他人商业秘密。

13. 加强植物新品种权司法保护，激励农业科技创新，促进农业发展。强化农业知识产权保护，依法保护植物新品种权和育种技术，加大对具有自主知识产权的重大农业科技成果和植物新品种的保护力度，合理调节资源提供者、育种者、生产者和经营者之间的利益关系，激励农业科技创新，推动现代农业经营方式的转变，促进农业发展，保护农民利益，维护农村稳定，保障社会主义新农村建设。准确掌握植物新品种侵权判定标准，以繁殖材料承载的性状特征确定品种权的保护范围，以生产、销售或者重复使用授权品种的繁殖材料为侵权行为方式。依法判定民事责任，保障权利人利益的实现，注重对农民合法权益的保护，通过育种者免责、农民免责等权利限制，合理平衡权利人与社会公众的利益关系；本着既要及时制止侵权和防止侵权物再扩散，又要避免资源浪费的原则，慎重适用销毁侵权物的民事责任。针对种子生产和销售的季节性特点，注意运用证据保全措施及时固定相关证据。

14. 加强特定领域知识产权司法保护，有效保护特种资源，维护我国特色优势。根据现有法律规则和立法精神，积极保护遗传资源、传统知识、民间文艺和其他一切非物质文化遗产，根据历史和现实，公平合理地协调和平衡在发掘、整理、传承、保护、开发和利用过程中各方主体的利益关系，保护提供者、持有者知情同意和惠益分享的正当权益，合理利用相关信息。加强对传统医药和传统工艺的保护，促进传统知识和民间文艺的发展，推动传统资源转化为现实生产力和市场竞争力，弘扬民族产业优势和地区特色经济优势。依法保护集成电路布图设计专有权，及时予以司法救济，促进集成电路产业发展。

15. 依法制止不正当竞争，规范市场竞争秩序，推动形成统一开放竞争有序的现代市场体系。审理好仿冒知名商品特有名称、包装、装潢和虚假宣传、商业诋毁等不正当竞争案件，积极受理涉及企业名称（商号）、商业外观、计算机网络域名等新类型知识产权案件，制止一切非诚信的仿冒搭车行为，避免市场混淆和误导公众，切实维护权利人和消费者的合法权益，确保诚信竞争和有序竞争，促进社会信用体系建设。依法积极受理涉及注册商标、企业名称等与在先权利冲突的民事纠纷，按照遵循诚实信用、维护公平竞争和保护在先权利等原则，妥善予以裁决。准确把握反不正当竞争法的立法精神和适用条件，既要与时俱进，对市场上新出现的竞争行为，适用反不正当竞争法的原则规定予以规范和调整；又要严格依法，对于法律未作特别规定的竞争行为，只有按照公认的商业标准和普遍认识能够认定违反反不正当竞争法的原则规定时，才可以认定为不正当竞争行为，防止因不适当扩大不正当竞争行为方式范围而妨碍自由、公平竞争。对于既不存在商业秘密，又不存在法定和约定竞业限制的竞争领域，不能简单地以利用或损害特定竞争优势为由，适用反不正当竞争法的原则规定认定构成不正当竞争。

16. 积极开展反垄断审判，保护市场公平竞争，维护消费者利益与社会公共利益。根据民事诉讼法和反垄断法规定的受理条件，依法受理当事人因垄断行为提起的民事诉讼。切实履行审判职责，妥善处理竞争政策与产业政策的关系，审理好涉及滥用知识产权的垄断案件以及其他各类垄断案件，制止垄断行为，鼓励公平竞争，提高引进外资质量，促进经济结构调整，维护国家经济运行健康有序。加强反垄断审判调查研究工作，认真总结审判经验，及时明确司法原则、裁判标准和操作程序。

17. 妥善处理知识产权合同纠纷，维护交易安全，促进智力成果创造运用。尊重当事人意思自治，维护合同的严肃性和有效性，严格合同解除条件，依法制裁违约行为。依法合理掌握权属纠纷诉讼时效，准确界定职务成果与非职务成果，既要有利于激发研发创作人创新积极性，又要有利于促进成果的转化实施。本着尽可能降低交易风险和减少交易成本的精神，依法界定在知识产权委托或合作创造、转让、许可、质押等环节形成的法律关系和利益分配及责任承担，促进自主创新成果的知识产权化、商品化、产业化、市场化。积极受理特许经营合同纠纷，妥善处理知识产权代理合同纠纷。

18. 认真审查知识产权诉前临时措施申请，及时慎重裁定，有效制止侵权。发挥诉前临时措施的及时救济功能，确保在法定时限内作出裁定并立即予以执行。对于商标和著作权侵权案件，尤其是假冒和盗版等显性侵权和故意侵权案件，注意积极采取诉前责令停止侵权措施。适度从严掌握认定侵权可能性的标准，原则上应当达到基本确信的程度，在专利案件尤其是发明和实用新型专利案件中，要审慎决定采取诉前责令停止侵权措施。对于当事人起诉时或诉讼中提出的临时措施申请，要迅速审查并及时裁定和执行。对于证据保全申请，重点考虑证据风险和申请人的取证能力，及时作出裁定。

19. 强化对知识产权授权确权行为的司法复审，依法审查授权条件，统一和完善授权审查标准。在事实认定和法律适用上对专利和商标等知识产权授权确权行政行为进行全面的合法性审查，既要给予行政主管机关对专业技术事实评判的适当尊重，又要对相关的实质性授权条件进行独立审查判断，切实依法全面履行司法复审的基本职责。加强与行政主管机关的工作协调与业务交流，促进审理和审查标准的统一与完善，提高相关案件的执法水平。努力提高审判效率，及时依法确认权利的有效性，保障权利维护和利益实现的时效性。

20. 加强知识产权行政司法保护，依法监督行政行为，支持依法行政。依法审理各类知识产权行政案件，在合法性审查中既要保护知识产权行政相对人的合法权益，又要维护知识产权行政管理秩序，依法支持行政机关制裁侵权行为，促进知识产权行政保护。行政机关申请强制执行行政处理决定，经审查符合执行条件的，应及时裁定并予以强制执行。

21. 加大知识产权刑事司法保护力度，依法严厉制裁侵犯知识产权犯罪行为，充分体现惩罚和震慑犯罪功能。依法受理知识产权刑事案件并及时作出裁判，切实加大对假冒注册商标和侵犯著作权犯罪行为的打击力度，在依法适用主刑的同时，加大罚金刑的适用与执行力度，并注意通过采取追缴违法所得、收缴犯罪工具、销毁侵权产品等措施，从经济上剥夺侵权人的再犯罪能力和条件。配合有关部门，针对反复侵权、群体性侵权以及大规模假冒、盗版等行为，有计划、有重点地开展知识产权保护专项行动，遏制假冒盗版现象。统一和规范侵犯知识产权犯罪案件适用刑罚的条件和标准，准确把握宽严相济的刑事政策。依法审理侵犯知识产权的刑事自诉案件，切实保障被害人的刑事自诉权利。

22. 加强知识产权审判监督，保障当事人申诉权，维护知识产权司法公正。既要充分维护正确生效裁判的既判力，又要让符合法定条件的案件及时进入再审，确保公正司法和维护法制统一。统一裁定再审的标准，以生效裁判确有错误作为上级法院和本院依职权启动再审的标准，以符合法定再审事由作为依当事人申请裁定再审的标准。通过及时、规范的听证程序和耐心细致的审查说服工作，尽可能使当事人服判息诉，尽可能降低多次申诉的比率。努力提高审查的质量和效率，对于经审查申请书、答辩意见等足以确定再审事由是否成立的，可以径行裁定。

23. 加大知识产权案件执行力度，保障裁判权益及时实现，树立司法保护权威。健全知识产权案件强制执行机制，充分运用执行工作联动威慑机制，完善提级执行、指定执行、委托执行等措施，保证知识产权案件的切实执行，强化对诉前临时措施裁定的及时执行。对被执行人拒不履行停止侵权的生效裁判内容继续其原侵权行为的，除支持权利人依法追究其民事责任以外，积极协调公安、检察机关以拒不执行判决、裁定罪追究其刑事责任。

24. 依法开展涉外知识产权司法保护，保障对外开放，促进国际经贸合作。正确处理本国利益与他国利益的关系、对外关系与具体案件审理的关系、本国当事人与外国当事人的利益关系，始终坚持依法公正审判和平等保护原则，维护和提升我国司法良好的国际形象，优化经济发展外部环境。统筹国内国际两个大局，妥善处理与贸易有关的重大知识产权纠纷，既确保遵循相关国际公约及国际惯例，也始终维护国家利益和经济安全。注意从个案中发现知识产权工作的薄弱环节和管理漏洞，通过司法建议和裁判说明等形式，对行政管理提出改进建议，为行业和产业提供行为预警，提高企业应对知识产权纠纷的能力，延伸知识产权司法保护效果。

四、完善知识产权审判体制和工作机制，优化审判资源配置

25. 积极探索符合知识产权特点的审判组织模式。按照《纲要》要求，研究设置统一受理知识产权民事、行政和刑事案件的专门知识产权审判庭，尽快统一专利和商标等知识产权授权确权案件的审理分工，优化知识产权审判资源配置，实现知识产权司法的统一高效。认真总结近年来一些地方法院开展的由一个审判庭统一受理知识产权民事、行政和刑事案件试点工作，以及采用扩大合议庭组成或知识产权民事法官参与知识产权刑事、行政案件审判的探索工作，深入调查研究，认真解决试点和探索工作中出现的问题，加强统一协调和工作指导，积极稳妥地加以推进。

26. 探索建立知识产权上诉法院。按照《纲要》要求，加强与相关部门的沟通、协调和配合，根据完善知识产权案件上诉机制的要求，深入研究建立知识产权上诉法院的可行性和必要性，积极探索有关改革路径和模式，努力实现知识产权确权程序与侵权诉讼程序的有效衔接，简化司法救济程序，提高裁判效率，保证司法统一。

27. 推动改革专利和商标确权授权程序。积极配合国家有关部门，以简化救济程序为目标，研究专利无效审理和商标评审机构向准司法机构转变的问题，积极推动相关法律规定的修订。

28. 健全知识产权多元纠纷解决机制。坚持“调解优先、调判结合”原则和“定分止争、案结事了”要求，加大知识产权案件调解力度，将调解贯穿于案件审理的全过程。高度重视在诉前临时措施案件和刑事自诉案件中的调解以及在知识产权行政案件中的协调，加强审判工作与人民调解、行政调解、仲裁等纠纷解决方式的衔接，积极支持调解和仲裁机构以及知识产权援助中心等发挥处理知识产权纠纷的作用，注意发挥行业协会、专业部门和专业人士等的沟通协商、参与调解的作用，扩大邀请协助调解的案件范围，努力提高诉讼调解率、和解撤诉率。

29. 加强知识产权司法保护宣传。采取各种形式大力宣传知识产权司法保护，提高全社会知识产权意识，推进知识产权文化建设。结合人民法院新闻发布制度，适时发布知识产权审判中的重要新闻和典型案例，努力做到“4·26”世界知识产权日司法保护宣传常态化。坚持审判公开和透明原则，严格按照有关规定和要求，将生效知识产权裁判文书及时上网公开。定期选择有影响的案例，邀请人大代表、政协委员、专家学者、行业协会和有关部门的代表、外国政府和国际组织驻华机构代表等代表性人士和社会公众等旁听庭审，增进司法公开，接受群众监督，扩大社会影响。

30. 扩大知识产权对外司法交流合作。建立和完善知识产权司法保护对外信息沟通交流机制，积极参与国际和区域知识产权交流与合作，拓展交流深度，加大宣传力度，加深世界各国对我国知识产权司法保护制度及保护状况的全面、客观了解。既要根据我国国情和发展需求开展知识产权司法保护，又要有针对性地学习借鉴吸收国外有益司法经验。

五、加强知识产权司法解释工作，完善知识产权诉讼制度

31. 及时制定知识产权司法解释。按照《纲要》要求，增强司法解释的针对性和及时性，针对审判实践存在的比较普遍和突出的法律适用问题，及时制定司法解释，明确司法原则和政策，统一司法标准，规范并细化自由裁量权的行使，完善知识产权诉讼制度。强化司法解释的科学性和实效性，深入开展调查研究，广泛听取和征求各方面的意见，注意发挥学术团体、研究机构以及中介组织的参与作用，共同为完善知识产权司法保护制度提供智力支持。近期发布关于驰名商标司法保护的司法解释，尽快出台关于专利侵权判断标准和反垄断民事诉讼程序的司法解释。

32. 建立健全知识产权相关诉讼制度。按照《纲要》要求，与有关部门协调配合，针对知识产权案件专业性强等特点，建立和完善司法鉴定、专家证人、技术调查等诉讼制度，鼓励有条件的法院在专利等技术性案件审判中积极探索开展技术调查的有效方式和具体做法。完善知识产权诉前临时措施制度，

适时启动相关司法解释的起草工作。配合有关部门明确知识产权代理人的诉讼执业资质问题，推动有关部门研究建立相关律师代理制度。

33. 调整完善知识产权案件管辖制度。按照既方便法院审理和当事人诉讼，又充分满足科技创新和经济社会发展对知识产权审判新需求的原则，统筹规划知识产权审判管辖体制。继续坚持对专利、植物新品种和集成电路布图设计案件的指定管辖制度，严格控制新增专利案件管辖权的中级人民法院的数量；适度集中垄断案件和涉及驰名商标认定等特殊类型知识产权案件的管辖权；适当增加受理著作权、商标、不正当竞争和知识产权合同等一般知识产权案件的基层法院；经上级人民法院依法指定，具有一般知识产权案件管辖权的基层法院可以跨区域管辖同一上级人民法院辖区内的一般知识产权案件。

六、加强知识产权审判队伍建设，提高知识产权司法保护能力

34. 进一步健全知识产权审判机构。各级人民法院要根据担负的知识产权审判职责和任务的客观需要，本着立足现实、兼顾长远的原则精神，加强知识产权审判庭的机构设置、人员编制和内设机构配置。在中级以上法院和具有案件管辖权的基层法院普遍建立知识产权审判庭，暂不具备独立设庭的中级人民法院，也应当建立或指定专门负责审理知识产权案件的合议庭。

35. 大力充实知识产权审判队伍。采取切实有效措施，调整和充实知识产权法官队伍，提高知识产权法官队伍素质，强化审判和执行能力。注意从精通法律、外语基础较好、具有理工专业背景和一定审判经验的人员中选拔、培养知识产权法官，有效缓解案件持续增长与专业审判力量相对不足的矛盾。保持知识产权法官队伍的基本稳定，完善知识产权审判人才的专业结构，对于专业性和技术性较强的知识产权案件，尽可能由相对固定的合议庭和专业法官负责审理，重点培养一批社会认可度高的专业型、专家型知识产权法官。充分考虑知识产权审判和知识产权法官培养的规律，在工作量、业务考核等方面采用科学合理的业绩评价指标。积极开展与专利复审委员会等知识产权专业部门的人员和业务交流，鼓励东中西部法院之间开展各种形式的业务和人才交流。加大知识产权审判技能和专业知识培训力度，最高人民法院和各高级人民法院要制定长期培训规划，及时更新培训大纲，保证培训时间和质量，重点加大对中、基层法院和中西部地区法院知识产权审判人员的培训力度。

36. 高度重视知识产权法官队伍思想政治建设和廉政建设。强化知识产权审判人员的政治纪律和工作责任，进一步加强社会主义法治理念教育，使全体审判人员牢固树立“三个至上”指导思想，切实做到为民、务实、清廉。严格执行有关反腐倡廉的制度和要求，认真落实“五个严禁”的规定，每一位审判人员要时刻保持警惕，各级领导要切实负起责任，加强对关键环节的监督检

查，规范司法行为，严惩违规行为，确保知识产权司法的公正和廉洁。积极发掘并大力宣传知识产权司法保护工作中的好经验、好做法、好人物、好事迹，树立人民法院和知识产权法官的良好形象。

最高人民法院
关于调整地方各级人民法院管辖第一审知识产权民事案件标准的通知

2010年1月28日　　法发〔2010〕5号

各省、自治区、直辖市高级人民法院，解放军军事法院，新疆维吾尔自治区高级人民法院生产建设兵团分院：

为进一步加强最高人民法院和高级人民法院的知识产权审判监督和业务指导职能，合理均衡各级人民法院的工作负担，根据人民法院在知识产权民事审判工作中贯彻执行修改后的民事诉讼法的实际情况，现就调整地方各级人民法院管辖第一审知识产权民事案件标准问题，通知如下：

一、高级人民法院管辖诉讼标的额在2亿元以上的第一审知识产权民事案件，以及诉讼标的额在1亿元以上且当事人一方住所地不在其辖区或者涉外、涉港澳台的第一审知识产权民事案件。

二、对于本通知第一项标准以下的第一审知识产权民事案件，除应当由经最高人民法院指定具有一般知识产权民事案件管辖权的基层人民法院管辖的以外，均由中级人民法院管辖。

三、经最高人民法院指定具有一般知识产权民事案件管辖权的基层人民法院，可以管辖诉讼标的额在500万元以下的第一审一般知识产权民事案件，以及诉讼标的额在500万元以上1000万元以下且当事人住所地均在其所属高级或中级人民法院辖区的第一审一般知识产权民事案件，具体标准由有关高级人民法院自行确定并报最高人民法院批准。

四、对重大疑难、新类型和在适用法律上有普遍意义的知识产权民事案件，可以依照民事诉讼法第三十九条的规定，由上级人民法院自行决定由其审理，或者根据下级人民法院报请决定由其审理。

五、对专利、植物新品种、集成电路布图设计纠纷案件和涉及驰名商标认定的纠纷案件以及垄断纠纷案件等特殊类型的第一审知识产权民事案件，确定管辖时还应当符合最高人民法院有关上述案件管辖的特别规定。

六、军事法院管辖军内第一审知识产权民事案件的标准，参照当地同级地方人民法院的标准执行。

七、本通知下发后，需要新增指定具有一般知识产权民事案件管辖权的基层人民法院的，有关高级人民法院应将该基层人民法院管辖第一审一般知识产权民事案件的标准一并报最高人民法院批准。

八、本通知所称“以上”包括本数，“以下”不包括本数。

九、本通知自2010年2月1日起执行。之前已经受理的案件，仍按照各地原标准执行。

本通知执行过程中遇到的问题，请及时报告最高人民法院。

最高人民法院
关于知识产权法院案件管辖等有关问题的通知

2014年12月24日　　　　法〔2014〕338号

各省、自治区、直辖市高级人民法院，解放军军事法院，新疆维吾尔自治区高级人民法院生产建设兵团分院：

为进一步明确知识产权法院案件管辖等有关问题，依法及时受理知识产权案件，保障当事人诉讼权利，根据《中华人民共和国民事诉讼法》、《中华人民共和国行政诉讼法》、《全国人民代表大会常务委员会关于在北京、上海、广州设立知识产权法院的决定》、《最高人民法院关于北京、上海、广州知识产权法院案件管辖的规定》等规定，结合审判实际，现就有关问题通知如下：

一、知识产权法院所在市辖区内的第一审知识产权民事案件，除法律和司法解释规定应由知识产权法院管辖外，由基层人民法院管辖，不受诉讼标的额的限制。

不具有知识产权民事案件管辖权的基层人民法院辖区内前款所述案件，由所在地高级人民法院报请最高人民法院指定具有知识产权民事案件管辖权的基层人民法院跨区域管辖。

二、知识产权法院对所在市的基层人民法院管辖的重大涉外或者有重大影响的第一审知识产权案件，可以根据民事诉讼法第三十八条的规定提级审理。

知识产权法院所在市的基层人民法院对其所管辖的第一审知识产权案件，认为需要由知识产权法院审理的，可以报请知识产权法院审理。

三、知识产权法院管辖所在市辖区内的第一审垄断民事纠纷案件。

广州知识产权法院对广东省内的第一审垄断民事纠纷实行跨区域管辖。

四、对知识产权法院所在市的基层人民法院已经发生法律效力的知识产权民事和行政判决、裁定、调解书，当事人依法可以向该基层人民法院或者知识产权法院申请再审。

对知识产权法院已经发生法律效力的民事和行政判决、裁定、调解书，当事人依法可以向该知识产权法院或者其所在地的高级人民法院申请再审；当事人依法向知识产权法院所在地的高级人民法院申请再审的，由该高级人民法院知识产权审判庭审理。

五、利害关系人或者当事人向知识产权法院申请证据保全、行为保全、财产保全的，知识产权法院应当依法及时受理；裁定采取相关措施的，应当立即执行。

六、知识产权法院审理的第一审案件，生效判决、裁定、调解书需要强制执行的，知识产权法院所在地的高级人民法院可指定辖区内其他中级人民法院执行。

七、本通知自2015年1月1日起施行。

施行中如有新情况，请及时层报最高人民法院。

最高人民法院
关于印发基层人民法院管辖第一审知识产权民事案件标准的通知

2010年1月28日　　　　法发〔2010〕6号

各省、自治区、直辖市高级人民法院，解放军军事法院，新疆维吾尔自治区高级人民法院生产建设兵团分院：

根据各有关高级人民法院的报请，现将经最高人民法院批准的目前具有一般知识产权民事案件管辖权的基层人民法院管辖第一审知识产权民事案件的标准（见附件）统一予以印发，自 2010 年 2 月 1 日起施行。之前已经受理的案件，仍按照各地原标准执行。

特此通知。

附：基层人民法院管辖第一审知识产权民事案件标准

附：

基层人民法院管辖第一审知识产权民事案件标准

<table>
<tr><th>地区</th><th colspan="2">基层人民法院</th><th>管辖第一审知识产权民事案件的标准</th></tr>
<tr><td rowspan="9">北京市</td><td colspan="2">东城区人民法院</td><td rowspan="9">诉讼标的额在 500 万元以下的第一审一般知识产权民事案件以及诉讼标的额在 500 万元以上 100 万元以下且当事人住所地均在北京市高级人民法院辖区的第一审一般知识产权民事案件</td></tr>
<tr><td colspan="2">西城区人民法院</td></tr>
<tr><td colspan="2">崇文区人民法院</td></tr>
<tr><td colspan="2">宣武区人民法院</td></tr>
<tr><td colspan="2">朝阳区人民法院</td></tr>
<tr><td colspan="2">海淀区人民法院</td></tr>
<tr><td colspan="2">丰台区人民法院</td></tr>
<tr><td colspan="2">石景山区人民法院</td></tr>
<tr><td colspan="2">昌平区人民法院</td></tr>
<tr><td rowspan="2">天津市</td><td colspan="2">和平区人民法院</td><td>诉讼标的额在 100 万元以下的第一审一般知识产权民事案件</td></tr>
<tr><td colspan="2">经济技术开发区人民法院</td><td>诉讼标的额在 50 万元以下的第一审一般知识产权民事案件</td></tr>
<tr><td>辽宁省</td><td>大连市</td><td>西岗区人民法院</td><td>诉讼标的额在 500 万元以下的第一审一般知识产权民事案件</td></tr>
<tr><td rowspan="4">上海市</td><td colspan="2">浦东新区人民法院</td><td rowspan="4">诉讼标的额在 200 万元以下的第一审一般知识产权民事案件</td></tr>
<tr><td colspan="2">卢湾区人民法院</td></tr>
<tr><td colspan="2">杨浦区人民法院</td></tr>
<tr><td colspan="2">黄浦区人民法院</td></tr>
</table>

<table>
<tr><th>地区</th><th colspan="2">基层人民法院</th><th>管辖第一审知识产权民事案件的标准</th></tr>
<tr><td rowspan="19">江苏省</td><td rowspan="3">南京市</td><td>宣武区人民法院</td><td rowspan="11">诉讼标的额在 200 万元以下第一审一般知识产权民事案件</td></tr>
<tr><td>鼓楼区人民法院</td></tr>
<tr><td>江宁区人民法院</td></tr>
<tr><td rowspan="5">苏州市</td><td>虎丘区人民法院</td></tr>
<tr><td>昆山市人民法院</td></tr>
<tr><td>太仓市人民法院</td></tr>
<tr><td>常熟市人民法院</td></tr>
<tr><td>工业园区人民法院</td></tr>
<tr><td rowspan="3">无锡市</td><td>滨湖区人民法院</td></tr>
<tr><td>江阴市人民法院</td></tr>
<tr><td>宜兴市人民法院</td></tr>
<tr><td rowspan="3">常州市</td><td>武进区人民法院</td><td rowspan="8">诉讼标的额在 100 万元以下的第一审一般知识产权民事案件</td></tr>
<tr><td>天宁区人民法院</td></tr>
<tr><td>常州高新技术产业开发区人民法院</td></tr>
<tr><td>镇江市</td><td>镇江经济开发区人民法院</td></tr>
<tr><td>南通市</td><td>通州区人民法院西湖区人民法院</td></tr>
</table>

<table>
<tr><td rowspan="8">浙江省</td><td rowspan="4">杭州市</td><td>西湖区人民法院</td><td rowspan="8">诉讼标的额在 500 万元以下的第一审一般知识产权民事案件（义乌市人民法院同时管辖诉讼标的额在 500 万元以下的第一审实用新型和外观设计专利纠纷案件）</td></tr>
<tr><td>滨江区人民法院</td></tr>
<tr><td>余杭区人民法院</td></tr>
<tr><td>萧山区人民法院</td></tr>
<tr><td rowspan="4">宁波市</td><td>北仑区人民法院</td></tr>
<tr><td>鄞州区人民法</td></tr>
<tr><td>余姚市人民法院</td></tr>
<tr><td>慈溪市人民法院</td></tr>
</table>

<table>
<tr><th>地区</th><th colspan="2">基层人民法院</th><th>管辖第一审知识产权民事案件的标准</th></tr>
<tr><td rowspan="11">浙江省</td><td rowspan="4">温州市</td><td>鹿城区人民法院</td><td rowspan="11"></td></tr>
<tr><td>瓯海区人民法院</td></tr>
<tr><td>乐清市人民法院</td></tr>
<tr><td>瑞安市人民法院</td></tr>
<tr><td rowspan="2">嘉兴市</td><td>南湖湖区人民法院</td></tr>
<tr><td>海宁市人民法院</td></tr>
<tr><td>绍兴市</td><td>绍兴县人民法院</td></tr>
<tr><td rowspan="2">金华市</td><td>婺城区人民法院</td></tr>
<tr><td>义乌市人民法院</td></tr>
<tr><td>台州市</td><td>玉环县人民法院</td></tr>
<tr><td>安徽省</td><td>合肥市</td><td>高新技术产业开发区人民法院</td><td>诉讼标的额在 5 万元以下的第一审一般知识产权民事案件</td></tr>
<tr><td rowspan="3">福建省</td><td>福州市</td><td>鼓楼区人民法院</td><td rowspan="3">讼标的额在 50 万元以下的第一审一般知识产权民事案件</td></tr>
<tr><td>厦门市</td><td>思明区人民法院</td></tr>
<tr><td>泉州市</td><td>晋江市人民法院</td></tr>
<tr><td rowspan="2">江西省</td><td rowspan="2">南昌市</td><td>南昌高新技术产业开发区人民法院</td><td rowspan="2">诉讼标标的额在 100 万元以下的第一审一般知识产权民事案件</td></tr>
<tr><td>南昌经济技术开发区人民法院</td></tr>
<tr><td rowspan="2">山东省</td><td>济南市</td><td>历下区人民法院</td><td rowspan="2">讼标的额在 50 万元以下的第一审一般知识产权民事案件以及诉讼标的额在 50 万元以上 100 万元以下且当事人住所地均在其所属中级人民法院辖区的第一审一般知识产权民事案件</td></tr>
<tr><td>青岛市</td><td>市南区人民法院</td></tr>
<tr><td>湖北省</td><td>武汉市</td><td>江岸区人民法院</td><td>诉讼标的额在 300 万元以下的第一审一般知识产权民事案件以及诉讼标的额在 300 万元以上 800 万元以下且当事人住所地均在武汉市中级人民法院辖区的第一审一般知识产权民事案件</td></tr>
<tr><td rowspan="3">湖南省</td><td rowspan="2">长沙市</td><td>天心区人民法院</td><td rowspan="3">讼标的额在 300 万元以下的第一审一般知识产权民事案件</td></tr>
<tr><td>岳麓区人民法院</td></tr>
<tr><td>株洲市</td><td>天元区人民法院</td></tr>
</table>

地区	基层人民法院		管辖第一审知识产权民事案件的标准
广东省	广州市	越秀区人民法院	诉讼标的额在 200 万元以下的第一审一般知识产权民事案件
		海珠区人民法院	
		天河区人民法院	
		白云区人民法院	
		萝岗区人民法院	
		南沙区人民法院	
	深圳市	罗湖区人民法院	
		福田区人民法院	
		南山区人民法院	
		盐田区人民法院	
		龙岗区人民法院	
		宝安区人民法院	
	佛山市	南海区人民法院	
		禅城区人民法院	
		顺德区人民法院	
	汕头市	龙湖区人民法院	
	江门市	莲江区人民法院	
		新会区人民法院	
	东莞市	东莞市第一人民法院	
	中山市	中山市人民法院	
广西壮族	南宁市	青秀区人民法院	诉讼标的额在 80 万元以下的第一审一般知识产权民事案件以及诉讼标的额在 80 万元以上 150 万元以下且当事人住所地均在南宁市中级人民法院辖区的第一审一般知识产权民事案件
四川省	成都市	高新区人民法院	讼标的额在 50 万元以下的第一审一般知识产权民事案件
		武侯区人民法院	
		江区人民法院	
重庆市	渝中区人民法院		诉讼标的额在 300 万元以下的第一审一般知识产权民事案件
	沙坪坝区人民法院		

地区	基层人民法院		管辖第一审知识产权民事案件的标准
甘肃省	兰州市	城关区人民法院	诉讼标的额在30万元以下的第审一般知识产权民事案件
	天水市	秦州区人民法院	
新疆生产建设兵团	农十二师	乌鲁木齐垦区人民法院	诉讼标的额在100万元以下的第一审一般知识产权民事案件以及诉讼标的额在100万元以上300万元以下且当事人住所地均在农十二师中级人民法院辖区的第一审一般知识产权民事案件
	农六师	五家渠市人民法院	诉讼标的额在100万元以下的第一审一般知识产权民事案件以及诉讼标的额在100万元以上20万元以下且当事人住所地均在农六师中级人民法院辖区的第一审一般知识产权民事案件

注：本附件所称“以上”包括本数，“以下”不包括本数。

最高人民法院
关于在全国法院推进知识产权民事、行政和刑事案件审判“三合一”工作的意见

2016年7月5日　　　　法发〔2016〕17号

为贯彻落实党的十八届四中全会确定的司法体制改革任务以及《国家知识产权战略纲要》《关于深化体制机制改革加快实施创新驱动发展战略的若干意见》《深化科技体制改革实施方案》提出的具体要求，统一法律适用标准，优化审判资源配置，提高审判质量和效率，充分发挥知识产权司法保护的主导作用，推进知识产权审判体制和工作机制改革，加快创新驱动发展战略的实施，建立公正、高效、权威的社会主义知识产权司法制度，根据《中华人民共和国民事诉讼法》《中华人民共和国行政诉讼法》和《中华人民共和国刑事诉讼法》以及有关法律法规的规定，结合审判工作实际，制定本意见。

一、统一思想，深刻认识推进知识产权民事、行政和刑事案件审判“三合一”工作的重大意义

1. 知识产权民事、行政和刑事案件审判“三合一”是指由知识产权审判庭统一审理知识产权民事、行政和刑事案件。

推进“三合一”工作，是人民法院贯彻落实党的十八届四中全会关于司法体制改革任务的重要举措，是落实国家知识产权战略和创新驱动发展战略的重要措施。推进“三合一”工作的目的是要构建符合知识产权司法特点和规律的工作机制和审判体制，不断提高知识产权司法保护的整体效能。

2. 推进“三合一”工作，有利于增强司法机关和行政机关执法合力，实现知识产权的全方位救济和司法公正；有利于统一司法标准，提高审判质量，完善知识产权司法保护制度；有利于合理调配审判力量，优化审判资源配置，提高知识产权司法保护的效益和效率；有利于知识产权专门审判队伍建设，提高知识产权审判队伍素质。各级人民法院要把思想和行动统一到中央精神和部署上来，以勇于担当的精神全面推进“三合一”工作。

二、积极落实，大力推进知识产权民事、行政和刑事案件审判“三合一”工作

3. 最高人民法院成立推进“三合一”工作协调小组，统一协调指导全国法院的“三合一”工作。高、中级人民法院要成立相应的协调机构，组织协调辖区内的“三合一”工作，具体负责辖区内知识产权案件的管辖布局和指导监督，上传下达，内外协调，及时解决工作中出现的问题。

4. 各级人民法院要根据最高人民法院会同最高人民检察院、公安部联合制定下发的有关办理知识产权刑事案件适用法律相关问题的意见，做好知识产权刑事案件的审理工作。

5. 各级人民法院的知识产权审判部门，不再称为民事审判第×庭，更名为知识产权审判庭。

6. 各级人民法院知识产权审判庭应当根据审判任务需要配备审判力量，并根据情况配备专门从事行政审判和刑事审判的法官，也可以由行政审判庭或刑事审判庭法官与知识产权审判庭法官共同组成合议庭，审理知识产权行政或刑事案件。

7. 知识产权民事案件是指涉及著作权、商标权、专利权、技术合同、商业秘密、植物新品种和集成电路布图设计等知识产权以及不正当竞争、垄断、特许经营合同的民事纠纷案件。

一般知识产权民事纠纷案件是指除专利、植物新品种、集成电路布图设

计、技术秘密、计算机软件、驰名商标认定以及垄断纠纷案件之外的知识产权民事纠纷案件。

知识产权行政案件是指当事人对行政机关就著作权、商标权、专利权等知识产权以及不正当竞争等所作出的行政行为不服，向人民法院提起的行政纠纷案件。

知识产权刑事案件是指《中华人民共和国刑法》分则第三章“破坏社会主义市场经济秩序罪”第七节规定的侵犯知识产权犯罪案件等。

知识产权刑事自诉案件，人民法院仍然可以按照刑事诉讼法所确定的地域管辖原则管辖。

8. 知识产权民事案件的受理继续依照人民法院有关地域管辖、级别管辖和指定管辖的规定和批复进行。除此之外：

中级人民法院辖区内没有基层人民法院具有一般知识产权民事纠纷案件管辖权的，可以层报最高人民法院指定基层人民法院统一管辖，也可以由中级人民法院提级管辖本辖区内的知识产权行政、刑事案件。

中级人民法院辖区内有多个具有一般知识产权民事纠纷案件管辖权的基层人民法院的，经层报最高人民法院批准后，可以根据辖区内的案件数量、审判力量等情况对每个基层法院的辖区范围进行划分和调整。

具有一般知识产权民事纠纷案件管辖权的基层人民法院审理中级人民法院指定区域的第一审知识产权刑事、行政案件。不具有一般知识产权民事纠纷案件管辖权的基层人民法院发现所审理案件属于知识产权行政、刑事案件的，应当及时移送中级人民法院指定的有一般知识产权民事纠纷案件管辖权的基层人民法院管辖。

中级人民法院知识产权审判庭审理本辖区内基层人民法院审结的知识产权行政、刑事上诉案件以及同级人民检察院抗诉的知识产权刑事案件。

高级人民法院知识产权审判庭审理本辖区内中级人民法院审结的知识产权行政、刑事上诉案件，知识产权行政、刑事申请再审案件以及同级人民检察院抗诉的知识产权刑事案件。

最高人民法院知识产权审判庭审理各高级人民法院审结的知识产权行政、刑事上诉案件，知识产权行政、刑事申请再审案件、最高人民检察院抗诉的知识产权刑事案件。

9. 知识产权案件案号编制、使用与管理依照《最高人民法院关于人民法院案号的若干规定》执行。案号中的类型代字为知民/知行/知刑。

三、加大力度，保障知识产权民事、行政和刑事案件审判“三合一”工作顺利推进

10. 高、中级人民法院要统筹规划本辖区内的“三合一”工作，在人员编

制、经费保障、物质装备等方面大力支持“三合一”工作。要建立人民法院与公安机关、检察机关以及知识产权行政执法机关的沟通联络机制，协调公安机关、检察机关做好刑事案件的侦查和移送起诉工作。

11. 要加强审判管理，确保案件质量。加快推进和不断完善知识产权案例指导制度，确保裁判标准统一。要做好案件审理各个环节的衔接工作。要大力提高知识产权案件裁判文书质量。要对知识产权案件进行分类统计，充分利用信息化手段，加强对相关数据的分析研判。上级法院要及时开展调查研究，加强对开展“三合一”工作法院的指导和监督。

四、加强培训，加快建设一支复合型、专门化的知识产权审判队伍

12. 各级人民法院要本着立足长远的原则，以培养一支适应知识产权审判发展趋势的专门化法官队伍为目标，严格选拔审判业务骨干，确保参与知识产权审判的法官具有相应的审判业务能力和经验。

13. 最高人民法院和高级人民法院每年要适时组织针对知识产权审判“三合一”工作的专门培训，同时要注重通过网络方式加大培训覆盖面，不断提高知识产权法官的综合素质。

五、其　他

14. 地方各级人民法院要及时总结交流“三合一”工作取得的经验，查找存在的问题，对带有普遍性的问题要及时层报最高人民法院。

15. 地方各级人民法院要从实际情况出发，从方便当事人诉讼、有利于知识产权司法保护的角度，综合考量本辖区内经济发展水平、交通便利条件以及各类知识产权案件数量等因素，积极稳妥的推进“三合一”工作。

北京、上海、广州知识产权法院暂不实施“三合一”工作。

16. 此前有关规定与本意见不一致的，以本意见为准。

最高人民法院
印发《中国知识产权司法保护纲要（2016～2020）》的通知

2017 年 4 月 20 日　　　　　　法发〔2017〕13 号

各省、自治区、直辖市高级人民法院，解放军军事法院，新疆维吾尔自治区高级人民法院生产建设兵团分院：

现将《中国知识产权司法保护纲要（2016～2020）》印发给你们，请认真贯彻执行。

附：

中国知识产权司法保护纲要（2016～2020）

实现中华民族伟大复兴的中国梦，极大地激发了大众创业、万众创新。创业者创新者依法获得的产权，应当受到法律的保护。知识产权作为重要的产权类型，通过转化应用，可以形成先进的生产力，这是当前和今后一个时期推动我国供给侧结构性改革，淘汰落后产能，提升国际竞争力的必然选择。因此，必须加强知识产权司法保护，充分实现知识产权价值，促进创新性成果的创造和转化应用，为建设知识产权强国和世界科技强国提供有力的司法保障。

我国知识产权司法保护制度在改革开放的大潮中起步和发展，伴随着我国商标法、专利法、著作权法等法律的实施以及加入世界贸易组织而不断完善，逐步建立起了以司法保护为主导，民事审判为基础，行政审判和刑事审判并行发展的知识产权司法保护体制机制。这一模式，凝聚着知识产权保护的“中国智慧”和“中国经验”，反映了知识产权司法规律，是我国社会主义法律体系的重要组成部分，符合国际知识产权保护的通行规则和惯例。

一、发展状况

我国知识产权司法保护用了 30 余年的时间，不断追赶西方发达国家近

300 年走过的路，走出了一条融合与创新、自主发展与自我完善的“中国道路”。

历经 30 年，我国知识产权案件数量显著增长。1985 年 2 月，人民法院受理第一宗专利权纠纷案件。1985 年至 2016 年，人民法院受理知识产权民事一审案件 792851 件，审结 766101 件。知识产权行政案件从 2002 年开始单列统计，至 2016 年，人民法院受理知识产权行政一审案件 44401 件，审结 39113 件。知识产权刑事案件从 1998 年开始单列统计，至 2016 年，人民法院受理知识产权刑事一审案件 77116 件，审结 76174 件。知识产权保护的范围涵盖了《与贸易有关的知识产权协议》所规定的各类知识产权以及不正当竞争行为。在中华老字号、中医药、中国民间文学艺术、中文字库等方面的知识产权司法保护，令古老的中华文明生机盎然。

历经 30 年，我国知识产权审判机制逐步健全。1995 年 10 月，最高人民法院成立知识产权审判庭。2014 年 11 月起，北京、广州、上海知识产权法院相继成立。2017 年初，南京、苏州、成都和武汉知识产权专门审判机构先后设立。2016 年 7 月，知识产权民事、行政和刑事案件审判“三合一”在全国法院推行。技术调查官以及司法鉴定、专家辅助人、专家咨询等技术事实查明多元化机制初步形成。由北京知识产权法院依法管辖专利、商标授权确权行政案件，部分中级人民法院集中管辖专利等技术类民事案件，部分基层人民法院管辖一般知识产权案件的格局更趋合理。截至 2016 年底，经最高人民法院指定或者依法享有专利、植物新品种、集成电路布图设计、垄断和涉及驰名商标认定民事纠纷案件专门管辖权的中级人民法院共有 224 个。此外，最高人民法院还批准了 167 个基层人民法院管辖一般知识产权民事案件。

历经 30 年，我国知识产权司法政策不断完善。最高人民法院通过制定司法政策指导审判实践，确保不同时期、不同地区、不同领域知识产权创造、运用和交易纠纷解决的法律适用标准统一透明，切实有效；确保在知识产权审判工作中坚持党的领导、人民当家作主与依法治国有机统一。1985 年至 2016 年，共制定涉知识产权司法解释 34 个，司法政策性文件 40 多件，有效发挥知识产权司法保护的主导作用。特别是党的十八大以来，最高人民法院坚决贯彻习近平总书记系列重要讲话精神和治国理政新理念新思想新战略，加大司法改革力度，不断破解制约知识产权保护的体制机制性障碍，提出当前和今后一个时期坚持“司法主导、严格保护、分类施策、比例协调”知识产权司法保护基本政策。

过去 30 年的实践和经验证明，知识产权司法保护事关创新驱动发展战略实施，事关经济社会文化发展繁荣，事关国际国内两个大局，越来越受到社会各界和国际社会的广泛关注。为此，最高人民法院设立了“最高人民法院知识产权司法保护研究中心”、“最高人民法院知识产权案例指导研究（北京）基地”、“中国法院知识产权司法保护国际交流（上海）基地”、“最高人民法院知识产权司法保护与市场价值研究（广东）基地”，定期发布《中国法院知识产权司法保护状况》《最高人民法院知识产权案件年度报告》《中国知识产权司法保护年鉴》，及时总结、权威展现中国知识产权司法保护的新成果、新经验，努力让人民群众在每一个司法案件中感受到公平正义。

过去 30 年的实践和经验证明，知识产权司法保护必须立足我国仍处于社会主义发展初级阶段这一基本国情，紧紧围绕实现国家治理体系和治理能力现代化目标，坚持开放思维，坚持世界眼光，严格遵守国际公约，积极参与国际知识产权治理实践，及时发出中国声音，充分彰显中国知识产权司法保护的国际影响力。

过去 30 年的实践和经验证明，要充分发挥知识产权司法保护的主导作用，必须打造一支司法为民、公正司法的审判队伍，始终坚持做到信念坚定、业务精通、作风优良、清正廉洁、勇于创新、敢于担当。目前，全国法院共有知识产权法官及法官助理、技术调查官、书记员等 5000 余人。他们传承知识产权司法保护的先进理念，推动中国知识产权司法保护的发展进步，是一支让党和人民可以信赖的队伍。

党的十八大以来，“创新、协调、绿色、开放、共享”的经济发展新理念对知识产权司法保护工作提出了更高的要求。同时，全球迎来了新一轮科技革命与产业变革，发达国家纷纷将知识产权作为抢占全球经济、科技制高点的有力武器，在国际贸易中实行高标准的知识产权保护规则，知识产权越来越成为国际竞争力的核心要素。面对新的国内和国际形势，按照《中华人民共和国国民经济和社会发展第十三个五年规划纲要》《中共中央国务院关于完善产权保护制度依法保护产权的意见》《中共中央国务院关于深化体制机制改革加快实施创新驱动发展战略的若干意见》《国家知识产权战略纲要》等决策部署，结合人民法院知识产权司法保护工作实际，特制定《中国知识产权司法保护纲要（2016～2020）》。力争通过五年的努力，知识产权司法保护体系更加完善，司法保护能力更大提升，司法保护的主导作用更加突出，同时为国际知识产权司法保护提供更多的“中国智慧”和“中国经验”。

二、指导思想

坚持以马克思列宁主义、毛泽东思想、邓小平理论、“三个代表”重要思想和科学发展观为指导，全面贯彻党的十八大和十八届三中、四中、五中、六中全会精神，深入贯彻习近平总书记系列重要讲话精神和治国理政新理念新思想新战略，牢固树立“四个意识”，按照“五位一体”总体布局和“四个全面”

战略布局要求，紧紧围绕“努力让人民群众在每一个司法案件中感受到公平正义”的目标，坚持司法为民、公正司法，不断深化司法改革，充分发挥知识产权司法保护主导作用，树立保护知识产权就是保护创新的理念，为实施国家知识产权战略和创新驱动发展战略提供有效司法服务，为实现“两个一百年”奋斗目标和建设知识产权强国、世界科技强国提供有力司法保障。

三、基本原则

（一）坚持服务大局。服务大局是人民法院审判工作的根本使命，是知识产权审判的重要职责。必须切实增强大局意识，增强历史责任感和使命感，紧紧围绕党和国家发展大局，积极适应国际形势新变化，找准知识产权审判工作着力点。

（二）坚持改革创新。改革创新是知识产权审判持续健康发展的动力源泉，是实现审判体系和审判能力现代化的必由之路。对于影响和制约知识产权审判发展的关键领域和薄弱环节，必须以创新的理念和方法破解难题、补齐短板，不断完善审判体制机制，加快推进知识产权司法体系和司法能力向现代化迈进。

（三）坚持司法主导。发挥知识产权司法保护的主导作用是司法的本质属性和知识产权保护规律的内在要求，是全面推进依法治国的重要体现。必须强化司法主导理念，充分发挥司法保护的体制机制性优势，妥善处理司法保护和行政保护之间的关系，强化对行政执法行为的程序审查和执法标准的实体审查，在依法支持行政执法行为的同时，加强监督，严格规范。

（四）坚持平等保护。要平等保护不同所有制经济主体和不同国别当事人之间知识产权的合法权益。必须坚持权利平等、机会平等和规则平等，无论是公有制经济，还是非公有制经济，无论是本国当事人，还是外国当事人，都要切实保障当事人在知识产权诉讼中享有平等的程序权利和实体权利。

（五）坚持严格保护。严格保护知识产权是实施创新驱动发展战略的必然要求，是我国当前和今后一个时期知识产权司法保护的基本方向。必须以充分实现知识产权价值为导向，以有利于激励创新为出发点，严格执行法律，切实提高知识产权司法保护的针对性和有效性。

（六）坚持分类施策。正确把握技术成果类、经营标记类等不同类型知识产权的保护需求和特点，妥善界定不正当竞争和垄断行为的判断标准，不断加强对关键环节、特殊领域以及特定问题的研究和解决。根据知识产权的不同类型和领域分类施策，使保护方式、手段、标准与知识产权特质、需求相适应。

（七）坚持比例协调。统筹兼顾保护权利和激励创新，坚持知识产权保护范围和强度与其创新和贡献程度相协调，侵权人的侵权代价与其主观恶性和行为危害性相适应，知识产权保护与发展规律、国情实际和发展需求相匹配，依法合理平衡权利人利益、他人合法权益和社会公共利益、国家利益，实现保护知识产权与促进技术创新、推动产业发展和谐统一。

（八）坚持开放发展。提高我国知识产权司法保护的国际影响力是建成中国特色、世界水平的知识产权强国的必然要求。必须坚持国际视野和世界眼光，既立足现实和国情，又尊重国际规则和主流做法，大胆吸收和借鉴知识产权司法保护的国际经验，认真总结和积极宣传知识产权司法保护的中国经验，不断增强我国在知识产权国际治理规则中的引领力。

四、主要目标

（一）建立协调开放的知识产权司法保护政策体系。建立统领法律适用标准、裁判思路以及裁判价值导向，协调开放的司法政策体系。

（二）建立明确统一的知识产权裁判标准规则体系。建立在权利范围认定、侵权行为认定、损害赔偿认定、证据效力采信等方面明确统一的规则体系。

（三）建立均衡发展的知识产权法院体系。建立区域布局、横向关系、纵向关系、“三合一”机制均衡发展的知识产权法院体系。

（四）建立布局合理的知识产权案件管辖制度体系。建立地域管辖、级别管辖、专属管辖以及跨区域集中管辖的案件管辖制度体系。

（五）建立符合知识产权案件特点的证据规则体系。建立当事人提供证据与法院依职权调查取证及保全证据，证据披露与排除证据妨碍等统筹协调的证据规则体系。

（六）建立科学合理的知识产权损害赔偿制度体系。建立权利人被侵权所遭受的损失、侵权人获得的利益、许可费用、法定赔偿以及维权成本与知识产权价值相适应的损害赔偿制度体系。

（七）建设高素质的知识产权法官队伍。建设公正司法、司法为民，能够优质高效审理知识产权民事、行政和刑事案件，具有国际视野的知识产权法官队伍。

（八）建立知识产权国际司法交流合作长效机制。积极推动我国“一带一路”和“走出去”战略、“中国制造 2025”战略的实施，创造公平公正、竞争有序的国际环境。

五、重点措施

（一）公正高效审理各类知识产权案件

积极改进民行交叉案件的审判机制，避免循环诉讼，加快纠纷的实质性解决。推进案件繁简分流，根据不同审级和案件类型性质，实现案件审理程序和裁判文书的繁简有度，做到简案快审、繁案精审。适当扩大简易程序的适用范围，对于事实清楚、权利义务明确、争议不大的简单的知识产权案件，可以简化审理程序。充分发挥审判委员会总结审判经验和加强审判指导的职能作用，提高审判质量和效率。

（二）建立有效机制确保法律正确实施

认真总结专利、商标授权确权行政纠纷案件、商标民事纠纷案件和诉前行为保全中的法律适用问题，适时制定相关司法解释，统一裁判标准和尺度。推进植物新品种司法解释修订工作，加强植物新品种权的司法保护。积极开展对涉及标准必要专利、新商业模式、著作权集体管理、信息网络环境下的知识产权保护等前沿法律适用问题的调研。加强对中医药、民间文学艺术以及涉及非物质文化遗产的知识产权保护，及时制定司法政策，明确裁判原则和要求。加强对自由贸易区建设中涉平行进口、转运过境、定牌加工等知识产权纠纷问题的研究，妥善予以解决。积极参与专利法、著作权法、反不正当竞争法等法律的修订工作，力争将司法解释、司法政策中的相关规则上升为法律，推动解决知识产权司法保护和行政保护“双轨制”实际运行中存在的问题。

（三）全面推进知识产权民事、行政和刑事审判“三合一”

遵循知识产权司法规律，构建符合实际情况的“三级联动、三审合一、三位一体”的集中型立体审判模式，重点解决知识产权刑事案件侦查、批捕、公诉、审判等各个环节的协调配合问题。高级人民法院要建立辖区内人民法院与检察机关、公安机关以及知识产权行政执法机关的沟通联络机制，协调公安、检察机关做好刑事案件的侦查和移送起诉工作。高、中级人民法院成立相应的协调组织，负责指导监督辖区内的“三合一”工作。根据工作需要适当调配审判力量，加大培训力度，努力造就一支能够驾驭三大诉讼的复合型法官队伍。知识产权法院要根据全国人民代表大会常务委员会作出的相关决定适时开展“三合一”审判。

（四）不断完善知识产权案件管辖制度

按照知识产权案件适当集中、布局合理、审判模式“三合一”的原则，统筹确定知识产权案件的地域管辖、级别管辖和专门管辖。在中级人民法院辖区内的一般知识产权民事、行政和刑事案件原则上指定一个基层人民法院跨区划集中管辖，案件数量多的地区可以适当增加指定基层人民法院管辖，案件数量少的地区可以由中级人民法院提级管辖。级别管辖主要按照案件类型划分，逐步实现技术类案件集中管辖。要明确案件管辖权移转的条件、范围和程序，重大、疑难复杂、社会关注度高的案件可由上级人民法院提级管辖。知识产权法院及法庭实行跨行政区划专门管辖专利等技术类民事、行政和刑事案件。

（五）适时制定知识产权诉讼证据规则

根据知识产权自身的无形性、时间性和地域性等特点，借鉴发达国家和地区经验，制定与之相适应的诉讼证据规则，引导当事人诚信诉讼。通过明确举证责任倒置等方式合理分配举证责任，完善诉前诉中证据保全制度，支持当事人积极寻找证据，主动提供证据。探索建立证据披露、证据妨碍排除等规则，明确不同诉讼程序中证据相互采信、司法鉴定效力和证明力等问题，发挥专家辅助人的作用，适当减轻当事人的举证负担，着力破解当事人举证难、司法认定难等问题。

（六）不断完善技术事实查明机制

明确技术调查官、技术咨询专家、技术鉴定人员等司法辅助人员参与技术事实调查的方式，充分运用技术调查的各种力量资源，构建有机协调的技术事实调查认定体系，提高技术事实查明的科学性、专业性和中立性，规范技术调查报告的撰写格式和采信机制。对于辅助法官形成心证并与裁判结果有重要关联性的技术调查意见，可以通过释明等方式向当事人适度公开。强化法官在查明技术事实中的主导作用，规范技术调查主体提供的各种技术审查意见的法律定位。

（七）构建以充分实现知识产权价值为导向的侵权赔偿制度

大力弘扬尊重知识，尊重人才的理念。坚持知识产权创造价值，权利人理应享有利益回报，侵害知识产权就是侵害他人人身权和财产权的价值导向。建立公平合理、比例协调的知识产权损害赔偿制度，以补偿性为主，以惩罚性为辅，让权利人利益得到赔偿，侵权人无利可图，败诉方承担维权成本。推动在著作权法、专利法和反不正当竞争法等法律中规定惩罚性赔偿制度，提高知识产权侵权的法定赔偿额。按照《中共中央国务院关于深化体制机制改革加快实施创新驱动发展战略的若干意见》《中共中央国务院关于完善产权保护制度依法保护产权的意见》等的决策要求，实现对知识产权实行严格保护的历史性转变。

（八）开展知识产权诉讼特别程序法问题研究

为适应知识产权审判“三合一”需要，积极开展知识产权诉讼特别程序法专题调研，以适当方式适时推动制定符合知识产权审判特点的特别程序法。通过特别程序法确立知识产权民事、行政和刑事案件的地域管辖、级别管辖和专属管辖制度、知识产权诉讼证据规则和证据保全制度，进一步明确在专利和商标民事诉讼中人民法院对专利和注册商标效力进行审查的职能，明确技术调查官、专家辅助人、技术咨询专家等的诉讼权利义务与责任。

（九）推动健全知识产权审判专门机构

积极贯彻落实《京津冀协同发展纲要》精神，最高人民法院负责统筹协调京津冀技术类案件跨区域管辖工作。探索由北京知识产权法院在天津市和河北省设立派出法庭，集中管辖京津冀技术类案件，并以此为基础推动其他知识产权法院在更大范围内跨区划集中管辖技术类案件。认真总结重庆、南京、苏州、武汉和成都知识产权专门审判机构设立以来的工作情况和经验，根据审判工作实际需要，依法适当增设知识产权法院，完善知识产权专门审判机构合理布局。

（十）研究构建知识产权案件上诉机制

按照2008年《国家知识产权战略纲要》提出的“探索建立知识产权上诉法院”的要求，从国家长远发展战略的高度以及适应国际发展趋势的宽广视野，深入研究建立国家层面知识产权案件上诉机制，努力从体制上解决全国技术类案件由于二审管辖分散导致终审判决法律适用标准不统一，从而影响司法公信力的问题。

（十一）积极推行知识产权案例指导制度

最高人民法院发布的知识产权指导性案例、公报案例、最高人民法院知识产权审判庭发布的典型案例、“最高人民法院知识产权案例指导研究（北京）基地”发布的案例以及最高人民法院司法案例研究院发布的知识产权典型案例要形成科学合理的案例群，明确各自案例的遴选机制、效力层级、发布主体和发布方式。构建指导性案例和参考性案例并存的案例体系，实现各种案例严格规范生成和不断编纂更新替代的互动机制。建立覆盖全国的知识产权案例数据库，打造智能化案例信息管理和应用系统。

（十二）推动建立知识产权多元化纠纷解决机制

有效发挥仲裁和其他纠纷解决方式在知识产权纠纷解决中的积极作用，鼓励当事人通过非诉讼方式化解纠纷。加强与仲裁机构、行业协会、调解组织的沟通，推动知识产权民事纠纷解决第三方平台建设，畅通诉讼与仲裁、调解的对接机制，统一相关流程和法律文书。支持仲裁机构、调解组织在证据保全、财产保全、强制执行等方面依法履职，形成知识产权纠纷非诉讼解决便捷机制。

（十三）全面推进知识产权司法公开

积极探索移动互联环境下司法公开的新途径，强化知识产权审判对中国裁判文书网、中国审判流程信息网、中国庭审公开网等平台的广泛应用，推进知识产权司法公开的信息化、数据化、精细化。加强科技法庭建设，运用视频、音频等技术公开庭审过程，大力推进庭审同步录音录像和庭审网络直播，创新庭审公开形式，拓展庭审公开的范围。引入数据分析机构、互联网新媒体等第三方专业机构分析研发司法数据，加强司法公开的成果应用，提升司法公开的智能化。做好《中国法院知识产权司法保护状况》《最高人民法院知识产权案件年度报告》以及“十大案件和五十个典型案例”等撰写发布工作。

（十四）继续加强国际交流与合作

依托“中国法院知识产权司法保护国际交流（上海）基地”，建设具有国际水平的知识产权智库，积极开展具有国际影响力的知识产权研讨交流活动，宣传中国知识产权司法保护成就。进一步拓展国际交流合作空间，通过派员参加国际会议、出国培训、举办国际论坛、邀请外国法官和学者来华交流等方式，及时了解掌握国际知识产权保护动态，促进相互沟通与合作。通过各种对话平台，积极参与和引导国际知识产权治理规则创设和修订，推动构建更加公平公正开放透明的国际规则。

（十五）建设高素质知识产权审判队伍

加强思想政治建设，改进司法作风，确保司法廉洁。通过挂职、任职等多种方式，建立知识产权法院之间、知识产权专门审判机构之间、上下级法院之间形式多样的人员交流制度，逐步实现全国法院知识产权法官队伍建设一体化。着力培养一批顾全大局、精通法律、了解技术并具有国际视野的知识产权法官。推进人员分类管理，明确法官、法官助理、技术调查官、书记员的职责及管理要求。规范技术调查官的选任条件、任职类型、回避制度和培养机制。

最高人民法院负责本纲要的具体组织实施工作，根据工作需要成立相应的协调指导机构，确定本纲要各项重点措施实施的时间表和路线图。建立情况通报制度，及时总结经验，加强监督指导，推动地方各级人民法院按期完成各项工作任务。各级人民法院要积极做好舆论宣传工作，为知识产权司法保护营造良好的外部环境。

二、著作权、商标权

最高人民法院
关于做好涉及网吧著作权纠纷案件审判工作的通知

2010年11月25日　　　　法发〔2010〕50号

各省、自治区、直辖市高级人民法院，新疆维吾尔自治区高级人民法院生产建设兵团分院：

近年来，各级法院审理的网吧因提供影视作品被诉侵权的相关案件大幅增加，出现了一些新情况和新问题，引起了有关方面的高度关注。为解决当前审理涉及网吧著作权纠纷案件中存在的突出问题，依法妥善审理好此类案件，现就有关事项通知如下：

一、各级法院要认真研究分析当前涉及网吧著作权纠纷案件急剧上升的成因和现状，在此类案件的审理中，在积极支持当事人依法维权的同时，也要注意防止滥用权利情形的发生。要注意处理好依法保护与适度保护的关系，既要依法保护当事人的著作权，有效制止侵权行为，又要正确确定网吧经营者和相关影视作品提供者的责任承担，注意把握司法导向和利益平衡，积极促进信息传播和规范传播秩序，推动相关互联网文化产业健康发展。

二、要积极探索有效解决纠纷的途径，认真贯彻“调解优先，调判结合”的工作原则。在加强诉讼调解的同时，积极推动建立诉讼与非诉讼相衔接的矛盾纠纷解决机制，发挥行业主管部门和行业协会的作用，采取各种措施引导网吧经营者规范经营行为，以减少诉讼，维护社会和谐稳定。

三、网吧经营者未经许可，通过网吧自行提供他人享有著作权的影视作品，侵犯他人信息网络传播权等权利的，应当根据原告的诉讼请求判决其停止侵权和赔偿损失。赔偿数额的确定要合理和适度，要符合网吧经营活动的特点和实际，除应考虑涉案影视作品的市场影响、知名度、上映档期、合理的许可使用费外，还应重点考虑网吧的服务价格、规模、主观过错程度以及侵权行为的性质、持续时间、对侵权作品的点击或下载数量、当地经济文化发展状况等因素。

法律、行政法规对网吧经营者承担侵权责任的情形另有规定的，按其规定执行。

四、网吧经营者不知道也没有合理理由应当知道涉案影视作品侵犯他人信息网络传播权等权利，且能证明涉案影视作品是从有经营资质的影视作品提供者合法取得的，不承担赔偿损失的民事责任。但网吧经营者经权利人通知后，未及时采取必要措施的，应对损害的扩大部分承担相应的民事责任。

五、网吧经营者请求追加涉案影视作品提供者为共同被告的，可根据案件的具体情况决定是否追加其参加诉讼。

本通知自下发之日起执行。执行中如有问题和新情况，请及时层报最高人民法院。

最高人民法院
关于加强“红色经典”和英雄烈士合法权益司法保护弘扬社会主义核心价值观的通知

2018 年 5 月 11 日　　　　法〔2018〕68 号

各省、自治区、直辖市高级人民法院，解放军军事法院，新疆维吾尔自治区高级人民法院生产建设兵团分院：

为全面贯彻落实习近平新时代中国特色社会主义思想和党的十九大以及十九届二中、三中全会精神，深入贯彻落实《中共中央关于培育和践行社会主义核心价值观的意见》，依法保护红色经典传承和英雄烈士合法权益，倡导讲品位、讲格调、讲责任，教育和引导社会公众尤其是广大青少年自觉抵制“低俗、庸俗、媚俗”，抵制历史虚无主义，规范不良传播行为，维护社会公共利益，指导地方各级人民法院正确审理涉及保护红色经典传承和英雄烈士合法权益纠纷案件，弘扬社会主义核心价值观，根据《中华人民共和国民法总则》《中华人民共和国英雄烈士保护法》以及知识产权法律等相关规定，现通知如下。

一、要充分认识保护红色经典和英雄烈士合法权益的重大意义

在中国共产党领导下，在长期的革命战争年代、社会主义建设时期和改革开放过程中诞生了大量的红色经典，涌现出了无数的英雄烈士，他们是我们党和国家的宝贵精神财富，是中华儿女的杰出代表，其所承载的精神价值，是中华民族共同的历史记忆，是全体中国人民共同的价值追求，是社会主义核心价值观的重要源泉。依法保护红色经典和英雄烈士合法权益，就是维护最广大人民群众的根本利益，就是弘扬社会主义核心价值观，这是人民法院审判工作肩负的神圣使命和重大职责，是全面贯彻落实习近平总书记提出的“更好构筑中国精神、中国价值、中国力量，为人民提供精神指引”的必然要求，必须旗帜鲜明毫不动摇地依法保护红色经典传承和英雄烈士合法权益。要正确处理好保护红色经典和英雄烈士合法权益与推动社会主义文化繁荣发展之间的关系，尊重历史，尊重经典，崇尚英雄烈士。通过审判工作，激发广大人民群众的民族

自豪感，坚定“四个自信”，为建设富强民主文明和谐美丽的社会主义现代化强国，实现中华民族伟大复兴的中国梦提供强大的精神动力。

二、要依法妥善审理好使用红色经典作品报酬纠纷和英雄烈士合法权益纠纷案件

要深刻认识使用红色经典作品报酬纠纷和英雄烈士合法权益纠纷案件的特殊性，在侵权认定、报酬计算和判令停止行为时，应当秉承尊重历史、尊重法律、尊重权利的原则，坚持红色经典和英雄烈士合法权益司法保护的利益衡平。为维护党和国家利益、社会公共利益，对因使用红色经典作品产生的报酬纠纷案件，不得判令红色经典作品停止表演或者演出。在确定红色经典作品报酬时，要与其他商品化作品主要由市场决定交易价格和报酬的计算方法相区别，要综合考量红色经典作品的类型、实际表演或者演出情形以及演绎作品对红色经典作品使用比例等因素，同时充分考量创作红色经典时的特殊时代背景，从有利于传承红色经典和宣传英雄烈士光辉事迹的导向作用，酌情确定合理的报酬数额，防止简单化计算金钱给付。

三、要切实保障红色经典和英雄烈士相关利益主体的诉讼权利

根据著作权法规定，红色经典作品的作者对原作品享有署名权、修改权、保护作品完整权，上述人身权的保护期不受时间限制，其他人未经明确授权不得行使。权利人或者利害关系人依法向人民法院提起诉讼的，人民法院应当受理。

如果被侵权的红色经典作品的作者已经死亡而其利害关系人未提起诉讼，或者英雄烈士的姓名、肖像、名誉、荣誉被侵害而没有近亲属或者近亲属未提起诉讼，检察机关或者法律规定的其他机关和有关组织向人民法院提起诉讼的，人民法院可以参照《中华人民共和国民事诉讼法》第五十五条的规定予以受理。

为保护红色经典和英雄烈士合法权益提起诉讼的当事人，缴纳诉讼费用确有困难申请减、缓、免交诉讼费用的，人民法院应当予以支持。

四、要依法正确界定红色经典诉讼双方的权利义务和英雄烈士合法权益

要依法正确界定受著作权法保护的红色经典作品类型，并在此基础上准确认定不同的权利属性和类别。侵害著作权的，应当明确侵害人身权或者财产权的具体权利范围，如署名权、修改权、保护作品完整权以及获得报酬权等；侵害著作权相关权利的，应当明确侵害表演者权、录音录像制作者权、广播组织权等具体权利范围；对于违反商标法和反不正当竞争法的，应当明确相应的权益内容。

要充分发挥知识产权民事、行政和刑事审判“三合一”的机制优势，正确把握民事法律责任、行政法律责任以及刑事法律责任在法律适用上的差异，准确确定侵害相关权利所应当承担的民事、行政和刑事责任，不断提高对红色经典和英雄烈士合法权益司法保护的整体效能。

五、要积极协同推进对红色经典和英雄烈士合法权益的司法保护工作

保护红色经典和英雄烈士合法权益需要全社会协同努力。对案件审理中遇到的重大疑难敏感问题，地方各级人民法院要深入调查研究，充分发挥人民陪审员制度作用，广泛听取文化宣传和著作权等行政管理部门在内的各界意见，上级法院要加强对下级法院的业务指导，确保案件认定事实清楚，适用法律正确，裁判结果既尊重历史、符合法律，又符合国情社情民意，充分彰显社会主义法治与德治相结合，努力实现办案的法律效果和社会效果的统一。

地方各级人民法院要加强组织领导，按照“三同步”要求，积极做好舆论引导工作，发现新情况新问题要及时层报最高人民法院。

特此通知。

三、专利权

最高人民法院
关于学习贯彻修改后的专利法的通知

2009 年 9 月 27 日　　　　法发〔2009〕49 号

各省、自治区、直辖市高级人民法院，解放军军事法院，新疆维吾尔自治区高级人民法院生产建设兵团分院：

全国人民代表大会常务委员会《关于修改〈中华人民共和国专利法〉的决定》于 2008 年 12 月 27 日经第十一届全国人民代表大会常务委员会第六次会议审议通过，自 2009 年 10 月 1 日起施行。为了保证修改后的专利法的贯彻实施，现就有关问题通知如下：

一、认真做好修改后的专利法的学习、贯彻工作。修改后的专利法，适度调整了专利授权条件，赋予外观设计专利权人许诺销售权，强化专利侵权损害赔偿责任，明确规定诉前证据保全措施、现有技术和现有设计抗辩事由等，对激励自主创新、促进科学技术进步和经济社会发展具有十分重要的意义，是我国专利制度发展历程中又一里程碑。各级人民法院要充分认识专利法修改的重要意义，高度重视修改后的专利法的学习、贯彻工作，结合人民法院的实际情况，制定学习、贯彻的具体计划和措施，学习好、领会好新的立法精神，为贯彻实施修改后的专利法打下良好的基础。

二、人民法院审理侵犯专利权纠纷案件，对于 2009 年 10 月 1 日以前的被诉侵犯专利权行为，适用修改前的专利法；对于 2009 年 10 月 1 日以后的被诉侵犯专利权行为，适用修改后的专利法；对于发生在 2009 年 10 月 1 日以前且持续到 2009 年 10 月 1 日以后的被诉侵犯专利权行为，依据修改前和修改后的专利法侵权人均应承担赔偿责任的，适用修改后的专利法确定赔偿数额。

三、被诉侵犯专利权行为发生在 2009 年 10 月 1 日以前，当事人在 2009 年 10 月 1 日以后向人民法院申请采取责令停止有关行为的措施、申请保全证据的，适用修改后的专利法。

四、人民法院适用修改后的专利法审理专利纠纷案件时，最高人民法院《关于对诉前停止侵犯专利权行为适用法律问题的若干规定》、最高人民法院《关于审理专利纠纷案件适用法律问题的若干规定》与修改后的专利法相抵触的内容，不再适用。

五、各级人民法院在适用修改后的专利法的过程中，要不断总结经验。对遇到的问题，要认真研究并提出意见，及时向最高人民法院请示报告，以保证修改后的专利法正确贯彻实施。

特此通知。

最高人民法院
印发《关于专利、商标等授权确权类知识产权行政案件审理分工的规定》的通知

2009 年 6 月 26 日　　　　　　　　　法发〔2009〕39 号

各省、自治区、直辖市高级人民法院，解放军军事法院，新疆维吾尔自治区高级人民法院生产建设兵团分院：

现将最高人民法院《关于专利、商标等授权确权类知识产权行政案件审理分工的规定》印发给你们，请认真贯彻执行。

附：

关于专利、商标等授权确权类知识产权行政案件审理分工的规定

（2009 年 6 月 22 日最高人民法院审判委员会第 1469 次会议讨论通过）

为贯彻落实《国家知识产权战略纲要》，完善知识产权审判体制，确保司法标准的统一，现就专利、商标等授权确权类知识产权行政案件的审理分工作如下规定：

第一条　下列一、二审案件由北京市有关中级人民法院、北京市高级人民法院和最高人民法院知识产权审判庭审理：

（一）不服国务院专利行政部门专利复审委员会作出的专利复审决定和无效决定的案件；

（二）不服国务院专利行政部门作出的实施专利强制许可决定和实施专利强制许可的使用费裁决的案件；

（三）不服国务院工商行政管理部门商标评审委员会作出的商标复审决定和裁定的案件；

（四）不服国务院知识产权行政部门作出的集成电路布图设计复审决定和撤销决定的案件；

（五）不服国务院知识产权行政部门作出的使用集成电路布图设计非自愿许可决定的案件和使用集成电路布图设计非自愿许可的报酬裁决的案件；

（六）不服国务院农业、林业行政部门植物新品种复审委员会作出的植物新品种复审决定、无效决定和更名决定的案件；

（七）不服国务院农业、林业行政部门作出的实施植物新品种强制许可决定和实施植物新品种强制许可的使用费裁决的案件。

第二条 当事人对于人民法院就第一条所列案件作出的生效判决或者裁定不服，向上级人民法院申请再审的案件，由上级人民法院知识产权审判庭负责再审审查和审理。

第三条 由最高人民法院、北京市高级人民法院和北京市有关中级人民法院知识产权审判庭审理的上述案件，立案时统一使用“知行”字编号。

第四条 本规定自2009年7月1日起施行，最高人民法院于2002年5月21日作出的《关于专利法、商标法修改后专利、商标相关案件分工问题的批复》（法〔2002〕117号）同时废止。

最高人民法院
关于新修订的《中华人民共和国行政诉讼法》实施后专利代理人能否继续代理专利行政诉讼案件的批复

2015年8月25日 法〔2015〕243号

北京市高级人民法院：

你院《关于新修订的〈中华人民共和国行政诉讼法〉施行后专利代理人能否继续代理专利行政诉讼的请示》（京高法〔2015〕120号）收悉。经研究，批复如下：

《中华人民共和国行政诉讼法》（2014年修正）第三十一条规定，当事人、法定代理人，可以委托一至二人作为诉讼代理人。下列人员可以被委托为诉讼代理人：（一）律师、基层法律服务工作者；（二）当事人的近亲属或者工作人员；（三）当事人所在社区、单位以及有关社会团体推荐的公民。经中华全国专利代理人协会推荐的专利代理人，可以接受当事人委托，在专利行政诉讼案件中担任诉讼代理人。

此复。

最高人民法院
关于专利代理人担任诉讼代理人参加知识产权纠纷案件有关问题的通知

2016 年 2 月 24 日　　法〔2016〕64 号

各省、自治区、直辖市高级人民法院，解放军军事法院，新疆维吾尔自治区高级人民法院生产建设兵团分院：

根据《最高人民法院关于适用〈中华人民共和国民事诉讼法〉的解释》第八十七条第二款规定，专利代理人经中华全国专利代理人协会推荐，可以在专利纠纷案件中担任诉讼代理人。《最高人民法院关于新修订的〈中华人民共和国行政诉讼法〉实施后专利代理人能否继续代理专利行政诉讼案件的批复》（法〔2015〕243 号）规定，经中华全国专利代理人协会推荐的专利代理人，可以接受当事人委托，在专利行政诉讼案件中担任诉讼代理人。各级人民法院应按照上述司法解释的规定审查当事人委托的代理人以及委托事项是否合法有效。

为推动中华全国专利代理人协会加强行业管理和自律，现就诉讼代理人名单确认方式进行相应的调整，即由中华全国专利代理人协会自行审查考核代理人资格，并对外公布，同时定期更新代理人名单，不再采取由最高人民法院审核中华全国专利代理人协会集中推荐代理人名单并予以公布的方式。《最高人民法院关于在知识产权审判中贯彻落实〈全国人民代表大会常务委员会关于《中华人民共和国民事诉讼法》的决定〉有关问题的通知》（法〔2012〕317 号）所涉关于民事诉讼专利代理人的相关内容不再适用。

《中华全国专利代理人协会诉讼代理管理办法》就专利代理人的执业行为规定了与司法机关进行监督沟通的机制，明确了规范专利代理人诉讼行为的具体惩戒机制。各级人民法院可根据专利代理人担任诉讼代理人参加诉讼的具体情况，对其执业行为进行监督。

本通知执行中如有问题和新情况，请及时层报最高人民法院。

四、其　　他

最高人民法院
关于认真学习和贯彻《中华人民共和国反垄断法》的通知

2008 年 7 月 28 日　　　　法发〔2008〕23 号

各省、自治区、直辖市高级人民法院，解放军军事法院，新疆维吾尔自治区高级人民法院生产建设兵团分院：

《中华人民共和国反垄断法》（以下简称反垄断法）已由第十届全国人民代表大会常务委员会第二十九次会议于 2007 年 8 月 30 日通过，将自 2008 年 8 月 1 日起施行。为正确适用反垄断法，审理好与反垄断法相关的案件，现就学习和贯彻反垄断法的有关问题通知如下：

一、充分认识反垄断法实施的重大意义

反垄断法是制止垄断行为、保护市场竞争和维护市场秩序的基本法律，也是完善市场结构、保障经济安全和确保市场配置资源基础性作用的重要法律。反垄断法对于维护经营者和消费者合法权益，促进技术创新和技术进步，提高企业竞争力，保证国民经济的健康、持续、协调发展，具有极为重要的作用。各级人民法院要认真学习和贯彻执行反垄断法，正确领会反垄断法的立法意图，充分发挥审判职能作用，通过依法审理反垄断案件，制止非法垄断行为，保护经营者和消费者的合法权益，维护公平竞争的市场秩序。

二、依法审理好各类反垄断案件

反垄断法第五十条规定：“经营者实施垄断行为，给他人造成损失的，依法承担民事责任。”当事人因垄断行为提起民事诉讼的，只要符合民事诉讼法

第一百零八条和反垄断法规定的受理条件，人民法院应当依法受理，并依法审判。反垄断法与制止知识产权滥用行为和保护知识产权紧密相关，也与反不正当竞争法同属于竞争法范畴。今年 4 月 1 日起施行的《最高人民法院民事案件案由规定》将垄断纠纷与各种不正当竞争纠纷集中规定，统一纳入了知识产权纠纷范围。据此，各级人民法院负责知识产权案件审判业务的审判庭，要依法履行好审判职责，切实审理好涉及滥用知识产权的反垄断民事案件以及其他各类反垄断民事案件。

反垄断执法机构依据反垄断法作出的具体行政行为，公民、法人或者其他组织不服提起行政诉讼的，应根据行政诉讼法和反垄断法第五十三条的规定，确定是否需要经过行政复议。对于应由人民法院受理的案件，只要符合行政诉讼法规定的起诉条件的，人民法院应当依法受理，并依法审判。

三、加强调查研究工作，认真总结反垄断审判经验

反垄断案件高度疑难复杂，经济与法律问题相互交织，专业性很强，对企业和行业均有重大影响，有些案件还涉及国家的经济安全。反垄断法的一些规定具有较强的原则性和抽象性，涉及人民法院的操作条款相对比较简单。因此，在审理反垄断案件中将会遇到许多新情况新问题，各级人民法院要未雨绸缪，早作部署和应对，切实搞好调查研究，及时总结审判经验。特别是，对于案件管辖、原告资格、适格被告、垄断行为的认定、民事责任的承担和反垄断具体行政行为合法性的标准等问题，要加强调研。对于适用反垄断法中遇到的新情况新问题和调研成果，要及时层报最高人民法院。对于重大反垄断案件，要认真执行大要案件层报制度。

以上各项，请遵照执行。

最高人民法院
关于开展涉及集成电路布图设计案件审判工作的通知

2001 年 11 月 16 日　　　　法发〔2001〕24 号

各省、自治区、直辖市高级人民法院，解放军军事法院，新疆维吾尔自治区高级人民法院生产建设兵团分院：

国务院《集成电路布图设计保护条例》自 2001 年 10 月 1 日起施行。对集成电路布图设计专有权进行司法保护，是人民法院的一项新的审判任务。做好这项审判工作，将对保护集成电路布图设计权利人的合法权益，鼓励集成电路技术的创新，促进科学技术的发展具有重要意义。

为确保人民法院依法受理和公正审判涉及集成电路布图设计（以下简称布图设计）的案件，根据《中华人民共和国民事诉讼法》、《中华人民共和国行政诉讼法》及《集成电路布图设计保护条例》的有关规定，现就涉及布图设计案件审判工作的有关问题通知如下：

一、关于受理案件的范围

人民法院受理符合《中华人民共和国民事诉讼法》第一百零八条、《中华人民共和国行政诉讼法》第四十一条规定的起诉条件的下列涉及布图设计的案件：

（一）布图设计专有权权属纠纷案件；

（二）布图设计专有权转让合同纠纷案件；

（三）侵犯布图设计专有权纠纷案件；

（四）诉前申请停止侵权、财产保全案件；

（五）不服国务院知识产权行政部门驳回布图设计登记申请的复审决定的案件；

（六）不服国务院知识产权行政部门撤销布图设计登记申请决定的案件；

（七）不服国务院知识产权行政部门关于使用布图设计非自愿许可决定的案件；

（八）不服国务院知识产权行政部门关于使用布图设计非自愿许可的报酬的裁决的案件；

（九）不服国务院知识产权行政部门对侵犯布图设计专有权行为处理决定的案件；

（十）不服国务院知识产权行政部门行政复议决定的案件；

（十一）其他涉及布图设计的案件。

二、关于案件的管辖

本通知第一条所列第（五）至（十）类案件，由北京市第一中级人民法院作为第一审人民法院审理；其余各类案件，由各省、自治区、直辖市人民政府所在地，经济特区所在地和大连、青岛、温州、佛山、烟台市的中级人民法院作为第一审人民法院审理。

三、关于诉前申请采取责令停止有关行为措施的适用

对于申请人民法院采取诉前责令停止侵犯布图设计专有权行为措施的，应当参照《最高人民法院关于对诉前停止侵犯专利权行为适用法律问题的若干规定》执行。

四、关于中止诉讼

人民法院受理的侵犯布图设计专有权纠纷案件，被告以原告的布图设计专有权不具有足够的稳定性为由要求中止诉讼的，人民法院一般不中止诉讼。

各高、中级人民法院要组织有关审判人员认真学习、研究集成电路布图设计条例，熟悉掌握相关的法学理论和专业知识，努力提高审判人员的业务素质和司法水平。要积极开展涉及布图设计案件的调研工作，及时总结审判经验。对涉及布图设计案件终审裁决的法律文书，要及时报送最高人民法院。

第二编　行　　政

一、总　　类

最高人民法院
印发《关于加强和改进行政审判工作的意见》的通知

2007年4月24日　　　　法发〔2007〕19号

各省、自治区、直辖市高级人民法院，解放军军事法院，新疆维吾尔自治区高级人民法院生产建设兵团分院：

现将《最高人民法院关于加强和改进行政审判工作的意见》印发给你们，请结合行政审判工作实际执行。

附：

最高人民法院
关于加强和改进行政审判工作的意见

为切实贯彻党的十六届六中全会精神，落实中共中央办公厅、国务院办公厅《关于预防和化解行政争议健全行政争议解决机制的意见》及第五次全国行政审判工作会议精神，适应新时期我国社会发展的需要，加强和改进行政审判工作，充分发挥行政审判的职能作用，为构建社会主义和谐社会提供更加有力的司法保障，特提出如下意见。

一、全面加强行政审判工作的重要性和紧迫性

1. 实现构建社会主义和谐社会的目标和任务，要求行政审判工作提供更加有力的司法保障。充分发挥行政审判的职能作用，对于妥善处理人民内部矛盾，维护行政管理秩序和社会和谐稳定，都具有极其重要的意义。特别是在当前行政争议数量日益增多，群体性行政争议较为突出的新形势下，行政审判化解行政争议、保护公民权益、维护社会稳定和促进社会和谐的任务更加艰巨。

2. 人民群众日益增长的司法需求，要求行政审判更加注重公正与效率。行政争议呈现增多的趋势，不仅反映社会利益格局日益多元化和复杂化，也反映了人民群众依法维权意识的不断提高和对司法救济期待的不断增强。随着形势的发展和法治建设步伐的加快，人民群众通过诉讼渠道解决行政争议的情况将会越来越多，对人民法院依法提供有效司法救济的要求也将越来越高。人民法院必须坚持“公正司法，一心为民”的指导方针，通过依法审理行政案件，妥善化解行政争议，以及时的救济保护民权，以优质的服务减轻民负，以快捷的审判解除民忧，以公正的裁判保障民利，以有力的执行实现民愿，切实解决行政诉讼“告状难”的问题，为人民群众提供公正及时的司法保护。

3. 加强党的执政能力建设，要求进一步提高行政审判能力。《中共中央关于加强党的执政能力建设的决定》，把科学执政、民主执政、依法执政作为加强党的执政能力建设的总体目标之一。党依法执政的方式，主要是通过立法、行政和司法活动加以实现。重视加强行政审判工作，是提高党的执政能力的必然要求，也是提高党的执政能力的重要保障。各级人民法院和全体行政审判人员，必须从加强党的执政能力建设的战略高度，不断增强行政审判能力，以适应新时期化解行政争议、解决人民内部矛盾的迫切需要。

4. 推进法治政府建设，要求进一步发挥行政审判监督、维护和促进依法行政的积极作用。依法治国、建设社会主义法治国家，不仅是党领导人民治理国家的基本方略，也是一项重要的宪法原则。依法行政是依法治国的核心内容，实现依法治国，必须首先实现依法行政。在建设法治政府，实现政府职能转变和管理方式创新过程中，人民法院通过依法审理行政案件，监督、促进行政机关遵守法律程序，纠正越权和滥用职权行为，对于落实“有权必有责、用权受监督、侵权要赔偿”的依法行政要求，具有积极的、不可替代的重要作用。同时，人民法院对于合法适当的行政行为依法予以维持，通过司法程序确认行政行为的效力，也是对行政机关各项经济社会管理职能得以有效发挥的司法保障。

5. 加入世界贸易组织，要求人民法院承担司法审查的新职责。世贸组织协定对成员方的司法审查制度提出了明确要求，我国加入世贸组织议定书也将司法审查作为确保贸易制度实施的重要措施，作出了明确承诺，并且按照世贸组织规则的要求，修改和制定了大量的法律法规。最高人民法院也制定发布了相应的司法解释，建立和完善了相应的司法审查制度。近年来，涉及执行世贸组织规则的行政案件已经开始出现，特别是涉外知识产权行政案件大幅增加。

新形势和新任务不仅扩展了行政审判的领域，还对我国行政审判的司法观念、司法水平提出了更高的要求。

6. 按照新形势和新任务的要求，当前行政审判工作还存在一些不相适应的问题和薄弱环节：一是有些法院的领导对行政审判工作重要性的认识还不够高，没有摆到应有的工作议事日程上来，导致少数法院行政审判机构不健全，审判力量不足，队伍不够稳定，审判人员整体素质不高；二是有的认为行政审判难度大、风险大，怕得罪政府或有关行政机关，不敢行使司法监督权，或是明知行政行为违法，却违心裁判，矛盾上交。也有些法院热衷于办理非诉行政执行案件，不愿受理和审理行政诉讼案件；三是有些行政案件的质量还不高，个别案件久拖不结，影响了当事人合法权益的实现；四是非法干预行政审判的现象在一些地方还不同程度地存在，对当事人诉权加以限制的“土政策”还没有彻底清除；五是对行政审判领域出现的新情况、新问题调查研究不够，等等。这些问题影响了行政诉讼法的贯彻实施，损害了司法权威和公正形象，制约了行政审判职能作用的发挥，必须引起高度重视，切实加以解决。

二、行政审判工作的基本经验和主要任务

7. 多年来，各级人民法院总结积累了许多行政审判方面的宝贵经验，主要是：依法保护行政相对人合法权益，是行政审判的首要任务；正确处理监督与维护的关系，是全面发挥行政审判职能的重要原则；坚持公正与效率相结合，是行政审判工作健康发展的重要保障；坚持法律效果与社会效果的统一，是开展行政审判工作的基本要求；不断改善和优化司法环境，是行政审判健康发展的必要条件；积极探索妥善处理行政争议的新方法，是行政审判工作不断取得新成绩、新发展的重要保证；坚持党的领导、自觉接受人大和社会各界的监督，是搞好行政审判工作的根本保障。

8. 当前和今后一个时期，人民法院行政审判工作的主要任务是：以邓小平理论和“三个代表”重要思想为指导，全面落实科学发展观，紧紧围绕“公正司法，一心为民”的指导方针，牢固树立社会主义司法理念，努力建设公正高效权威的行政审判制度，按照“保护合法权益，促进依法行政，优化司法环境，化解行政争议”的要求，充分发挥行政审判职能作用，为构建社会主义和谐社会提供有力的司法保障。

三、切实保护公民合法权益，促进依法行政

9. 各级人民法院要始终坚持“公正与效率”主题，坚持审判实践中的成功经验和有效做法，切实保证和不断提高行政审判的质量和效率。要全面理解和正确执行行政诉讼法和相关司法解释的规定，加大相对人诉权的保护力度，

依法受理涉及公民人身权、财产权的行政案件，依法受理与人身权、财产权密切相关的其他经济社会权利的行政案件。要切实解决行政案件应当受理而不受理，或者不依法及时受理，导致行政相对人"告状难"的问题；切实解决应当撤销违法行政行为而违心迁就、违法办案，损害当事人利益的问题；切实解决一些案件审判效率不高，审判周期过长，久拖不结的问题。上级法院要加大对下级法院审理行政案件的监督力度，对不履行行政审判职责和违法办案的行为，要坚决依法予以纠正，对于造成恶劣影响的典型案件要给予通报和严肃处理。

10. 各级人民法院在依法保护行政相对人合法权益，监督行政机关依法行政的同时，对于行政机关依法实施的行政管理活动及合法行政行为，要给予及时有力的支持。要依法正确受理和及时执行非诉行政执行案件，支持行政机关依法行政。对于各级行政机关依法实施经济调控、市场监管、公共服务、社会管理职能，要积极提供有效的司法保障。要坚决依法支持各级政府和相关行政部门打击制裁土地违法行为、金融证券领域的违法违规行为、侵犯知识产权的违法行为、危害食品药品安全的违法行为、破坏自然资源和环境保护的违法行为、损害农民合法权益的违法行为等专项执法活动，维护正常的行政管理秩序、经济秩序和社会秩序，维护各级政府和行政部门的权威和良好形象。

四、努力营造良好的司法环境

11. 当前影响行政审判工作发展的因素中，司法环境仍然是一个比较突出的问题。各级人民法院要紧紧依靠党委和人大的领导、监督和支持，切实解决以言代法、以权压法和非法干预行政审判的问题，克服行政审判中的地方和部门保护主义。对于干预、阻碍人民法院受理、审判和执行行政案件的行为，要及时向各级纪检监察机关通报情况，取得支持。

12. 要积极推进行政案件管辖制度的改革和完善，通过加大指定管辖、异地审理的力度，防止和排除地方非法干预，为人民法院依法独立公正审理行政案件提供制度保障。

13. 探索管辖制度改革应当正确处理好以下问题：一是要以确保司法公正为目标。无论是指定管辖还是提级管辖，其目的都在于防止和排除不当干预，保证人民法院依法公正处理行政案件。对于由当地基层法院管辖可能会影响公正审理的案件，中级人民法院可以根据当事人的申请，决定指定管辖或者提级管辖，以确保案件审理的公正性。二是当事人选择和法院决定相结合。当事人可以向被告所在地基层人民法院起诉，也可以申请中级人民法院管辖，或者请求中级人民法院指定本辖区其他基层人民法院管辖，是否准许由中级人民法院决定。三是方便诉讼与案件平衡相兼顾。指定管辖应当考虑当事人的困难和负担，尽可能以就近为原则。同时可以通过指定管辖均衡各基层法院承办行政案件的数量。四是立案和审判机构相配合。在决定指定管辖或者提级管辖时，立案庭和行政庭要加强沟通与配合，如何确定管辖法院可以由行政庭提出意见。五是以解决基层法院公正司法为重点，尽可能把行政争议解决在基层。中级以上人民法院案件的管辖问题，应当按照现行法律和司法解释的规定执行。

五、积极探索行政案件处理新机制

14. 行政争议属于人民内部矛盾，行政争议产生和形成的原因往往比较复杂，每一起行政案件的情况也有所不同。因此，行政争议的解决必须采取多种方式和手段。人民法院在审理行政案件过程中，要按照“坚持合法审查，促进执法完善，依法规范撤诉，力求案结事了”的要求，积极探索行政案件处理新机制。

15. 人民法院在查清事实，分清是非，不损害国家利益、公共利益和他人合法权益的前提下，可以建议由行政机关完善或改变行政行为，补偿行政相对人的损失，人民法院可以裁定准许行政相对人自愿撤诉。特别是对因农村土地征收、城市房屋拆迁、企业改制、劳动和社会保障、资源环保等社会热点问题引发的群体性行政争议，更要注意最大限度地采取协调方式处理。既要有娴熟的司法审查能力，又要具备高超的沟通协调能力和群众工作能力；既要依法保护群众的切身利益，又要善于引导当事人正当合法行使权利；既要保证个案处理的公正性，又要注意社会效益的最大化；既要全力做好本职工作，又要善于取得和依靠党委、政府的支持。要防止和避免因工作方法不当导致矛盾激化和转化，力争将案件处理的负面影响减少到最低限度。

16. 探索和完善协调机制应当正确处理好以下关系：一是合法性审查与协调的关系。人民法院要在查明事实、分清是非，不损害国家利益、公共利益和他人合法权益的前提下，协调处理行政争议。二是自愿撤诉与积极协调的关系。原告申请撤诉必须建立在自愿的基础上，不得代替当事人表达意愿，更不能强迫当事人接受某种条件。三是协调与裁判的关系。当事人不同意撤诉或者和解后又反悔的，应当及时恢复审理、做出裁判，不得片面追求撤诉率而当判不判，久拖不结。四是撤诉与执行的关系。在确认当事人协议效力的同时，对按约应即时履行没有履行的，不能急于送达裁定；对于约定到期履行的，应对义务方履行协议情况进行监督，防止因毁约或者失信而导致循环诉讼。

17. 要认清当前群体性行政争议日趋增多的严峻形势，不断提高依法妥善处理好群体性行政案件的司法能力，要按照最高人民法院下发的《关于妥善处理群体性行政案件的通知》的要求，对本辖区群体性行政案件的情况进行调查分析，制定相应的工作方案和措施，并认真抓好各项工作措施的落实，在党委的统一协调和政府的配合支持下，充分发挥人民法院在维护社会和谐稳定中的积极作用。

六、准确适用法律规范，维护法制统一

18. 要严格规范法律适用问题请示程序。各级人民法院在审理行政案件中遇到法律适用的疑难问题，可以向上级法院请示。上报请示应当严格执行最高人民法院关于请示问题的规定，请示的内容应当限于法律和司法解释的适用问题，不得就案件的事实认定问题、定性问题或者实体处理问题进行请示，更不得全案请示。法律适用问题请示应当逐级上报，不得越级请示。请示法院应当对请示问题的事实负责，并且经过审判委员会讨论提出倾向性意见。

19. 正确处理行政诉讼案件和民事诉讼案件交叉的问题。要区别责任发生的时间、法律对责任实现顺序是否有专门规定，以及是否涉及国家利益、公共利益，审慎解决民事责任和行政责任的冲突。要立足我国社会主义初级阶段的国情，既重视保障民事受害人的及时有效救济，也要兼顾行政与民事两种赔偿责任承担的基本公平。对选择民事或行政救济途径法律规定不明确的，要加强法院内部的沟通协商，不轻易否定起诉人的行政诉权或民事诉权。如争议的民事法律关系是行政行为合法的基础性前提性事实和主要构成要件的，应当先行中止行政诉讼，等候民事诉讼的判决结果。反之则可以行政诉讼先行。不同审判庭或者法院之间应当主动加强沟通协调，不得各行其是。

20. 充分尊重生效裁判的既判力，防止对同一事实或者同一法律问题作出不同裁判。无论是行政案件还是民事案件，在裁判发生法律效力后未经法定程序改判之前，对当事人、司法机关以及其他主体都具有拘束力，其他法院均不得作出与生效裁判不一致的裁判。即使生效裁判确有错误，也必须通过法定程序依法予以纠正，不得无视生效裁判的存在。

21. 高度重视“以罚代刑”的问题。当前在行政程序中，“以罚代刑”的现象比较突出。各级人民法院在行政审判中发现违法行为已经构成犯罪的，应当及时移送刑事侦查机关处理；对于行政机关可能存在“以罚代刑”、放纵犯罪问题的，要向行政机关或者有关部门及时提出司法建议。

七、建立司法与行政良性互动机制

22. 人民法院要采取多种方式加强同政府有关部门和复议机构沟通联系，交流行政审判和行政执法的情况和信息，增加相互之间的了解和共识；分析行政执法存在的问题并提出司法建议，协助行政机关总结经验教训，完善行政程序制度；协助行政机关加强对行政执法人员的教育和培训，提高其法治意识和执法水平；邀请行政复议和行政执法人员旁听典型案件的开庭审理，增强依法

行政观念和依法应诉能力；对于重视和支持行政审判的经验和做法要予以宣传和推广；对非法干扰行政审判、妨碍行政诉讼的典型进行通报或者曝光，维护诉讼秩序和法律尊严。

23. 人民法院在与政府有关部门和复议机构沟通交流中，应当处理好司法权与行政权的关系，人民法院不得参与行政机关对具体行政案件的处理，不得参加行政机关组织的具体执法活动，以保持司法的中立性和公信力。

24. 人民法院要肯定和支持行政领导出庭应诉。地方政府和行政部门领导出庭，是对行政审判工作的重视、支持和尊重，也是国家法治水平提升、社会文明进步的可喜现象，对于增强行政机关的诉讼意识和应诉能力、提高审判质量与效率、妥善解决行政争议、提高执法水平等，都有重要的作用和意义。

25. 人民法院对行政机关法定代表人出庭应诉不宜提出刚性要求和作出强制性规定，但是可以向行政机关或者有关部门提出建议，做好宣传工作，推动这项工作的健康发展。行政机关的主要领导出庭应诉，可以选择一些案情重大、社会普遍关注、具有规范和教育意义的案件；人民法院也可以根据案件具体情况和审判工作的需要，向行政机关提出建议。

八、重视加强对行政审判工作的领导

26. 要进一步提高对行政审判工作重要性的认识。各级人民法院领导务必站在讲政治、讲大局、加强宪政建设的高度，站在依法行政和民主执政一致性的高度，进一步提高对行政审判工作重要性的认识，把加强和改进行政审判工作摆在更加重要的位置。要纠正行政审判可有可无，甚至认为行政审判惹是生非的错误认识，敢于坚持维护宪法和法律的权威，敢于履行宪法和法律赋予人民法院的监督职责，敢于为行政审判人员撑腰打气，敢于出面抵制非法干扰。要通过我们卓有成效的工作，营造出一个守法拥政、政通人和的良好环境。

27. 要加强对行政审判工作的领导。要全面了解和掌握本院和本辖区行政审判工作的状况，学习借鉴有关法院开展行政审判工作的经验，研究制定开展行政审判工作的规划、目标和措施，并认真抓好各项措施的落实。要及时了解和认真解决行政审判实践中存在的问题和困难，对于工作中遇到的行政庭和分管副院长难以解决的问题，院长要亲自出面做好工作。要关心、爱护行政审判人员，支持他们依法履行职责，保障行政审判法官的职业安全。各级人民法院的院长、分管副院长每年可以争取办几件行政案件，亲自担任审判长开庭审理，提高业务能力和领导水平。要结合本地的实际，对行政审判工作提出量化考核的标准或要求，作为目标管理和考评的重要内容，并认真抓好督促、检查、落实和通报。

九、进一步加强行政审判队伍建设

28. 要加强思想政治建设和廉政建设。要继续深入开展社会主义法治理念教育和实践活动，进一步明确司法指导思想，端正司法理念，规范司法行为，改进审判作风，确保司法廉洁。要认真开展廉政建设和反腐败工作，严肃查处少数贪赃枉法、徇私舞弊、“权权交易”的人员，坚决纠正损害群众利益的不正之风。进一步健全和完善违法办案责任追究制度、案件质量评查制度、评比奖惩和通报等制度。同时，要保障法官的职业安全，预防和制止一切对法官打击报复、诬告伤害的行为，依法维护法官的人身安全和合法权益。

29. 加大行政审判人员的培训力度，进一步提高行政审判人员的素质。要大力加强行政审判人员业务培训，既要重视行政法理论知识的学习和培训，又要注重审判实务和实际操作技能的培训，既要注重行政诉讼知识和审判业务能力的提高，又要注意加强相关行政管理领域专业知识的学习。切实增强行政审判法官服务大局的能力、沟通协调的能力、驾驭庭审活动的能力、群众工作的能力、裁判文书制作的能力和调查研究的能力。最高人民法院和高级人民法院每年要对行政审判人员的业务培训制定计划，认真组织实施，抓好落实。对于新颁布的法律法规和新出台的司法解释，要及时组织培训。要认真总结和坚持在加强法院业务建设、提高法官司法能力方面的成功经验和有效做法，采取多种形式提高行政审判人员的业务素质。

30. 健全行政审判机构、配备审判力量，稳定审判队伍。要进一步健全行政审判机构，配备足够的行政审判人员。除个别地方法院确因编制太少难以达到要求外，基层法院必须保证组成一个合议庭，中级以上法院两个以上合议庭。这项工作要抓紧落实，力争在今年年底前完成。要充分考虑行政审判工作的特点，选配能够胜任和适合行政审判工作的人员充实到行政审判庭。认真解决行政审判庭庭长进审判委员会的问题，法院的专职审判委员会委员中也应当考虑有熟悉行政审判业务的人员。要保留一批具有行政审判经验、经过系统培训的业务骨干和资深法官，除提拔重用外不能轻易调整和调离，以保证行政审判队伍的相对稳定性。要建立符合行政审判工作特点的考核和激励机制，不能以案件数量多少作为衡量审判工作重要性和评判行政审判法官工作业绩的依据。

最高人民法院
关于充分发挥行政审判职能作用为保障和改善民生提供有力司法保障的通知

2008年3月25日　　法〔2008〕125号

各省、自治区、直辖市高级人民法院，新疆维吾尔自治区高级人民法院生产建设兵团分院：

党的十七大和十七届二中全会对加快推进以改善民生为重点的社会建设作出了重要部署。为贯彻党的十七大和十七届二中全会精神，充分发挥行政审判职能作用，为保障和改善民生提供有力的司法保障，现就有关问题通知如下：

一、统一思想，提高认识

党的十七大报告指出："社会建设与人民幸福安康息息相关。必须在经济发展的基础上，更加注重社会建设，着力保障和改善民生，推进社会体制改革，扩大公共服务，完善社会管理，促进社会公平正义，努力使全体人民学有所教、劳有所得、病有所医、老有所养、住有所居，推动建设和谐社会。"这是我们党着眼于发展中国特色社会主义，推动科学发展，促进社会和谐，实现全面建设小康社会奋斗目标作出的重要决策和部署。行政审判与保障民生关系最为紧密、最为直接。行政审判工作搞得好不好，直接关系民生的保障和改善程度。各级人民法院要深刻领会、全面贯彻中央关于保障和改善民生的重要部署，牢固树立关注民生、重视民生、保障民生、改善民生的意识，把司法为民和维护社会公平正义作为行政审判工作的出发点和落脚点，充分发挥行政审判保障和改善民生的重要职能作用。

二、公正审判，保障民生

各级人民法院要把保障和改善民生贯彻到行政审判和非诉行政案件执行的每一个环节，以积极的态度救济民权，以优质的服务减轻民负，以快捷的审理解除民忧，以公正的裁判保障民利，以有力的执行实现民愿，切实维护好、实现好、发展好人民群众最关心、最直接、最现实的利益问题。

一是要依法受理和审理好与民生密切相关的行政案件。当前，要审理好涉及居民收入分配的行政案件，切实保障城乡居民收入权益，推动形成合理的收入分配制度；审理好涉及社会保障类的行政案件，切实保障人民群众的基本养老、基本医疗保险、最低生活保障费等合法权益；审理好涉及基本医疗卫生类行政案件，切实保障人民群众身体健康，推动公共卫生体系、医疗服务体系、医疗保障体系、药品保障体系的完善和发展；审理好关乎人民群众切身利益的土地征收、房屋拆迁行政案件，公平保护被拆迁人的合法利益；审理好涉及受教育权的行政案件，维护教育公平，实现学有所教；审理好涉及劳动权益的行政案件，保障扩大就业的发展战略得到实施。

二是要坚持公正司法，努力实现公平正义。在社会转型时期，行政争议日渐增多，不少群众既对法院是否“官官相护”、能否秉公执法心存疑虑，又对获得公正裁判充满期盼。各级人民法院要主动适应和不断满足人民群众的新要求、新期待，加大行政相对人诉权的保护力度，切实解决行政案件应当受理而不受理，或者不依法及时受理，导致行政相对人“告状难”的问题；切实解决应当撤销违法行政行为而违心迁就、违法办案，损害当事人利益的问题。对于违法或者显失公正的行政行为，要依法判决撤销、确认违法无效或者变更；对于行政机关不履行或者怠于履行行政职责的，要依法判决其在一定期限内履行。要努力做到“五个确保”：确保行政机关和行政相对人的平等法律地位；确保当事人受损害的合法权益得到恢复；确保违法的行政行为得到纠正或者受到否定性评价；确保当事人的真实意愿得到尊重；确保法律的权威得到维护。不仅在案件处理结果上实现司法公正，也要在审判活动中体现程序公正。

三是要切实提高审判效率，及时化解纠纷。人民群众不仅期盼司法公正，也期盼司法高效。各级人民法院要切实解决一些案件审判效率不高，审判周期过长，久拖不结、久拖不执的问题。

四是要妥善处理人民内部矛盾，促进“官”民和谐。要认真执行《最高人民法院关于行政诉讼撤诉若干问题的规定》，依法探索行政案件处理新机制，在查明事实、分清是非，不损害国家利益、公共利益和他人合法权益的前提下，建议由行政机关完善、改变违法或不当的行政行为，弥补行政相对人损失，允许行政相对人自愿撤诉，促进人民群众与行政机关的相互理解和信任。要努力做到“六个善于”：善于通过协调增加共识，求同存异；善于抓住主要矛盾和矛盾的主要方面；善于寻找当事人双方利益的平衡点；善于利用现行体制提供的各种资源，特别是争取人大、党委的支持；善于兼顾国家、集体和个人之间的利益；善于寻找解决公权力纠纷的替代性方案。

五是要维护和支持行政机关旨在保障和改善民生的宏观调控措施和行政执法行为。对于各级政府和行政机关在食品安全、生产安全、生命健康、住房保障、国民教育、消费维权、环境保护、劳动保障等领域实施的保障和改善民生的宏观调控措施和合法的行政行为，要依法给予维护和支持。要妥善处理个人利益、公共利益、国家利益的关系，服务党和国家大局，维护社会安定团结。

六是要落实便民措施，方便群众诉讼。要加强诉讼过程中的释明、引导工作，使当事人知晓其诉讼权利、义务和诉讼流程。要尊重当事人的诉讼主体地位，体现司法的人文关怀。要加大司法救助力度，让有理有据的当事人既打得赢官司，也打得起官司。

三、加强调研，注重宣传

在认真抓好审判和执行工作的同时，各级人民法院要加强涉及民生行政案件的调查研究工作，不断总结审判经验，及时研究解决工作中存在的问题，准确把握法律、政策界限，严把案件审理的事实关、证据关、法律适用关和审判程序关，确保办案质量。对审判实践中遇到的新情况、新问题要及时提出对策和建议，不断提高审理涉及民生类行政案件的工作水平。各高级人民法院要加强对本辖区法院审理涉及民生类案件的监督和指导。对审判工作中遇到的新情况和政策法律适用问题及时进行调查研究，必要时报告最高人民法院。对审判活动中发现的行政机关在行政执法中存在的缺陷和漏洞，及时提出司法建议，帮助其改进和完善。要通过公开审判、公开宣判、庭审直播等形式，扩大审判的社会效果，增强人民群众对行政审判工作的理解和信任。要全面掌握本辖区法院审理民生类行政案件的工作情况，及时总结审判经验。最高人民法院将在今年适当时间选择具有典型意义和良好效果的保障民生方面的行政案件向社会公布，就涉及民生的行政案件的审理和执行工作进行专项通报和宣传。请各高级人民法院在2008年6月底之前，向最高人民法院报送本辖区法院审理的涉及民生的行政案件。每个高级人民法院至少报送一件。

特此通知。

最高人民法院
印发《关于当前形势下做好行政审判工作的若干意见》的通知

2009 年 6 月 26 日　　　　法发〔2009〕38 号

各省、自治区、直辖市高级人民法院，解放军军事法院，新疆维吾尔自治区高级人民法院生产建设兵团分院：

现将《最高人民法院关于当前形势下做好行政审判工作的若干意见》印发给你们，请结合工作实际，认真贯彻落实。

附：

关于当前形势下做好行政审判工作的若干意见

国际金融危机发生以来，中央采取了一系列正确有效的应对方针和一揽子计划，经济运行出现积极变化，有利条件和积极因素增多，总体形势趋稳向好。同时也必须看到，巩固和发展趋稳向好的形势，需要做好在较长时间内应对各种困难和复杂局面的准备。在此期间产生的一些矛盾和问题，有些已经转化成行政纠纷，有的还呈现出突发性、群体性、极端性的特点。积极应对经济社会形势变化引发的新情况、新问题，引导群众以理性合法的方式表达利益诉求，及时妥善化解行政纠纷，为"保增长、保民生、保稳定"方针的贯彻落实提供司法保障，已成为当前和今后一个时期人民法院行政审判工作的重点。现就当前形势下人民法院做好行政审判工作的若干问题，提出如下意见：

一、统一思想，提高认识，自觉服从、服务于"三保"大局

在金融危机冲击下的特殊困难时期，人民法院的行政审判工作要更加坚持科学发展观，更加坚持"三个至上"的指导思想，积极主动地为党和国家的首

要任务提供司法保障和服务。要准确把握金融危机冲击下经济社会形势的新发展、新变化，认真研究特殊困难时期政府行为的特点和方式，深入了解当前形势下人民群众的困难和需求，密切关注新类型行政纠纷的动向和态势，积极探索为“三保”大局服务的思路和办法。要把落实“三保”方针作为行政审判工作的重要目标，把有利于实现“三保”目标作为评价行政审判工作的重要标准。

要妥善处理好“保增长、保民生、保稳定”三者之间的辩证统一关系，既要保证各项应对措施落实到位，又要保证人民群众的合法权益不因权力违法滥用而受损，更要着力避免由此引发群体性事件，影响社会稳定。

二、充分发挥司法保障作用，依法支持行政机关为应对金融危机而采取的各项政策、措施

各级人民法院要切实增强为大局服务的意识，认真审理好因金融危机应对措施引发的行政诉讼案件。要深刻领会党和政府的各项大政方针、决策部署，全面了解相关政策、措施的出台背景，密切跟踪分析形势，及时调整行政审判为大局服务的思路和方法，注意克服就案办案、孤立办案的倾向。

要着眼于科学发展，本着有利于实现“三保”目标的原则，充分尊重行政机关的选择和判断。对于行政机关在拉动内需、促进企业发展、实行积极的财政政策和适度宽松的货币政策、压缩行政许可和行政审批事项、防范金融风险等方面实施的各项行政行为，在坚持合法性审查的基础上依法维护和支持。

对于因行政指导或政策调整而引发的案件，既要注意保护各类企业的信赖利益、公平竞争，促进政府诚实守信，也要考虑因金融危机而导致的情势变更因素，充分考虑特殊时期行政权的运行特点，妥善处理好国家利益、公共利益和个人利益的关系。

要依法慎重受理和审理政府信息公开行政案件，正确处理公开与例外的关系。既要保障公民、法人和其他组织的知情权、参与权、表达权、监督权，促进政务公开和服务型政府建设，又要注意把握信息披露的时间、对象和范围，保证政府信息公开不危及国家安全、经济安全、公共安全和社会稳定。

三、正确处理适用法律与执行政策的关系，努力实现法律效果与社会效果的有机统一

要坚持法制的原则性和灵活性相结合，法律标准与政策考量相结合。在对规范性文件选择适用和对具体行政行为进行审查时，充分考虑行政机关为应对紧急情况而在法律框架内适当采取灵活措施的必要性，既要遵循法律的具体规定，又要善于运用法律的原则和精神解决个案的法律适用问题。对于没有明确

法律依据但并不与上位法和法律原则相抵触的应对举措，一般不应作出违法认定。

要始终坚持法制统一原则，不能以牺牲法律为代价迁就明显违反法律强制性规定、侵犯当事人合法权益的行为。对于那些以应对危机为借口擅自突破法律规定，形成新的地方保护和行业垄断，侵犯公民、法人和其他组织合法权益的违法行为，要依法予以纠正。

四、主动建言献策，促进依法行政，不断强化行政审判的服务功能

要高度重视法律服务工作。积极参与党委、政府为“保增长、保民生、保稳定”出台重大政策、重大项目的研究论证，主动提供司法意见和法律咨询，积极为党委和政府建言献策，协助行政机关完善各项制度措施，从源头上预防和减少争议。

要高度重视司法建议工作。对于个案审理中发现的行政执法方面存在的问题，及时向有关行政机关提出改进意见和建议。对于政府决策和行政管理活动中出现的共性问题，书面报送当地党委、人大和政府，为领导决策和改进工作提供参考。

要高度重视立法建议工作。在审判活动中发现现行法律、法规或者规章确实不适应经济社会发展要求、无法满足应对金融危机需要的，应当通过法定程序及时向有关机关提出修改或者废止的建议。

五、改进和加强非诉行政案件审查执行，确保各项应对措施落到实处

高度重视与“保增长、保民生、保稳定”密切相关的行政行为的非诉执行工作，对于行政机关和权利人依法提出的非诉执行申请，人民法院要尽可能缩短审查期间，及时审查，及时执行。情况紧急需要先予执行的，可以依法先予执行。确有必要采取保全措施的，一般应当准许。在掌握非诉执行的审查标准时，要充分考虑应对金融危机和服务“三保”的特殊需要，不过多纠缠细枝末节，切实保证行政效率和人民群众合法权益的及时救济。

六、畅通行政案件受理渠道，积极引导群众通过理性、合法的方式表达诉求

进一步增强为党委和政府分忧、为群众解难的主动性和自觉性，依法及时受理行政案件，积极引导群众通过理性、合法的方式表达诉求。各级人民法院要高度重视行政诉讼立案工作，不得随意限缩行政诉讼受案范围，不得额外增加受理条件。上级人民法院要加强行政诉讼立案监督，对于符合立案条件不予受理的，及时予以纠正，防止因当事人告状无门而到处上访，激化社会矛盾。

七、高度重视民生类案件的审理，切实维护公民、法人和其他组织的合法权益

要积极参加“人民法官为人民”主题实践活动，高度重视涉及民生的各类行政案件的审理，大力提高审判质量和审判效率，通过公正、快捷的审判，实现好、维护好、发展好人民群众的根本利益。

依法审理好因政府大规模公共投资振兴经济政策引起的农村土地征收、城市房屋拆迁等案件。在确保国家重点项目推进的同时，始终注意保护相对人的实体权益。对土地征收和房屋拆迁补偿标准明显偏低或者因立法滞后造成相对人合法权益不能得到充分保护的，要综合运用多种方式进行合理补偿。

依法审理好农民工返乡后因土地、林地、草原等承包经营权而引发的行政案件。既要注意维持承包经营法律关系的稳定，也要依法保护返乡农民合法的承包经营权益。

依法审理好行政给付类案件。用好用足现行法律规定，最大限度地维护相对人合法权益，保障弱势群体利益。对起诉行政机关依法发放抚恤金、社会保险金、基本生活保障费等案件，可以根据原告的申请依法先予执行。

依法审理好因企业经营状况恶化而引发的劳动和社会保障类行政案件。正确把握法律规范的原则性和灵活性，注重维护劳动者实体权益。在涉及养老、失业、医疗、工伤和生育保险等社会保险费用和工人工资的金额认定方面，合理分配举证责任，准确把握证明标准。行政机关认定的基本事实成立，但在相关金额计算上存在错误的，人民法院可以依法确定相应数额。

依法审理好劳动执法案件。对于劳动部门申请先予执行对恶意欠薪逃匿企业责令发放工资等处理决定的，要及时立案审查，尽快采取先予执行等措施，保证劳动部门处理决定的及时执行，维护劳动者的合法权益。

八、注重行政审判协调，建立健全司法与行政的良性互动机制

要善于运用协调手段有效化解行政纠纷，促进社会和谐。在不违反法律规定的前提下，将协调、和解机制贯穿行政审判的庭前、庭中和庭后全过程。协调过程既可以由法官主持，也可以委托其他机关和个人主持。下级法院协调处理案件存在困难的，可以请求上级法院予以协助。要通过推动行政机关法定代表人出庭应诉制度，为协调、和解提供有效的沟通平台。要关注撤诉和解协议的执行情况，防止裁定撤诉后和解协议得不到及时有效执行而引起新的争议。

要探索建立制度化的沟通协调平台，形成司法与行政良性互动机制。通过制度化的良性互动机制，积极争取当地党委和政府的支持，形成协调、和解的合力，有效化解行政争议，维护社会和谐。

九、丰富和创新行政诉讼裁判方式，快速有效化解纠纷

各级人民法院要通过法律规范释明、诉前风险提示等措施，加强诉讼指导，避免连环诉讼、重复诉讼，使行政法律关系尽快稳定，使各项应对举措发挥实效。

充分发挥行政诉讼附带解决民事争议的功能，在受理行政机关对平等主体之间的民事争议所作的行政裁决、行政确权、行政处理、颁发权属证书等案件时，可以基于当事人申请一并解决相关民事争议。要正确处理行政诉讼与民事诉讼交叉问题，防止出现相互矛盾或相互推诿。

要注意争议的实质性解决，促进案结事了。对于行政裁决和行政确认案件，可以在查清事实的基础上直接就行政主体对原民事性质的事项所作出的裁决或确认依法作出判决，以减少当事人的诉累。撤销具体行政行为责令重新作出具体行政行为的判决以及责令行政机关履行法定职责的判决，要尽可能明确具体，具有可执行性；不宜在判决书或判决主文表述的内容，可以通过司法建议加以明确。

十、更加自觉地依靠党的领导，接受人大的监督，切实加强对下指导

行政审判工作的顺利开展，离不开党的领导和人大的监督。审理与应对金融危机和“保增长、保民生、保稳定”有关的行政案件，与全局和大局的关系更加紧密，政治性和政策性更为突出。各级人民法院更要自觉地依靠党的领导，接受人大的监督。

要坚持大要案报告制度，特别是涉及国家重点项目建设、重要政策，或者可能导致矛盾激化和事态扩大的案件，要及时报告当地党委和上级法院，上级法院要及时给予工作指导和业务监督。

【解　　读】

积极履行职责 主动服务“三保”

——解读《关于当前形势下做好行政审判工作的若干意见》

2009 年 6 月 26 日，最高人民法院下发了《关于当前形势下做好行政审判工作的若干意见》(以下简称《意见》)。这是当前经济形势下，最高人民法院积极履行行政审判职能，更好地为“保增长、保民生、保稳定”工作大局服务的一项重要举措，也是在新的历史时期、新形势下一份指导行政审判工作的重要文件。

一、《意见》主要内容

《意见》主要包括十个方面的内容。既有新形势下做好行政审判工作的总体要求和基本原则，也有对特定种类案件的审理指导意见，还有对行政审判程序和裁判方式的适度创新，体现了当前形势下，做好行政审判工作应当具有的五个意识，即维护大局意识、主动服务意识、保障民生意识、及时有效化解纠纷意识和维护社会和谐稳定意识。

一是进一步统一思想、提高对行政审判服务"三保"大局工作的认识。

《意见》明确了当前的行政审判工作要特别注意把握金融危机背景下经济社会形势的新发展、新变化，认真研究特殊困难时期政府行为的特点和方式，深入了解当前形势下人民群众的困难和需求，密切关注新类型行政纠纷的动向和态势，积极探索为"三保"大局服务的思路和办法。强调要辩证地看待"保增长、保民生、保稳定"三者之间的关系，在个案裁判中要实现三者的有机统一，注意防止在审判工作中的顾此失彼，确保"三保"目标的实现。

二是强调充分发挥司法的保障和维护功能。

在当前形势下审理行政案件，要着力避免就案办案、孤立办案的倾向，防止出现形式主义的法治观，机械司法，而是要本着有利于实现"三保"目标的原则，积极地发挥司法的功能和作用。特别是在合法性审查时，要充分考虑现阶段政府各项应对措施的合理性和必要性，充分尊重行政机关在法律范围内的选择和判断，防止因司法审查不当而影响应对措施的实效。对于因政府宏观政策的调整而引发的行政案件，既要监督政府诚实守信，保护相对人的信赖利益，又要注意支持行政机关通过行政行为依法适度调整各主体间的利益分配，实现各种利益间的平衡，实现社会的公平正义。

三是进一步明确了适用法律与执行政策的关系。

在当前形势下，既要注意法律的严格执行，又要兼顾政策的贯彻实施，实现法制的原则性和灵活性相结合，法律标准与政策考量相结合。在个案裁判时，要准确、全面地理解法律，既要注意法条规定，又要考虑立法目的、原则和精神。对于那些虽然没有明确的法律依据，但与上位法和法律原则不相抵触的应对举措，一般不作违法认定。要始终坚持法制统一原则，防止个别行政机关以应对危机为借口，擅自突破法律强制性规定，侵犯公民、法人和其他组织的合法权益。

四是明确要求全面延伸和拓展行政审判的服务功能。

强调行政审判不但要做到案结事了，还要主动将工作前移，为党和国家宏观决策提供法律意见和法律服务，从源头上预防和减少争议。行政审判要更加注重审判前和审判后功能作用的发挥，在事前积极主动建言献策，促进依法行政；事后要通过案件所反映出的问题，及时进行个案或共性问题的沟通、反馈，通过司法建议等有效形式，为党委、政府决策和改进工作提供参考。特别是对于现行法律规范无法满足应对金融危机需要的，要及时向有关机关提出立、改、废相关法律规范的建议。

五是强调改进和加强非诉行政案件的审查和执行。

要求在审查程序、审查时间和审查标准等方面要做到依法、适当，要切实考虑与“三保”相关的非诉行政案件的特殊性，采取更加便捷、合理的方式和标准对申请执行的具体行政行为进行审查和执行，确保政府调控措施的落实。

六是强调要更加注重保护诉权，畅通行政案件受理渠道。

要从为党委和政府分忧、为群众解难的高度看待行政案件的受理工作，充分认识行政审判化解行政争议、维护稳定的重要作用，克服案件受理问题上的畏难消极情绪，积极引导群众通过理性、合法的方式表达诉求，以维护民生和社会稳定。要防止在行政诉讼法规定的受理条件外，人为地给行政案件的受理设置障碍。针对当前个别地方仍然存在的有诉不理、有案不收的现象，要求上级法院要通过积极履行监督职能，加大对下级法院诉权保护工作的监督力度。

七是明确当前特别要做好几类直接涉及民生案件的审理工作。

例如在审理农村土地征收和城市房屋拆迁案件时，要注意保护相对人的实体权益，防止因土地征收和房屋拆迁而严重影响农民和城市居民的正常生产、生活，降低原有生活水平；在审理涉及因受金融危机影响而返乡的农民工土地承包权行政案件时，要妥善处理好维持承包经营法律关系的稳定和返乡农民工合法承包经营权保护的关系；在审理行政给付类案件时，要注意对弱势群体的利益在法律规定范围内适度倾斜保护，依法最大限度地维护相对人合法权益；在涉及养老、失业、医疗、工伤和生育保险等社会保险费用和工人工资的金额认定方面，人民法院要合理分配举证责任，准确把握证明标准，对行政机关认定的基本事实成立，但在相关金额计算上存在错误的，人民法院可以依法确定相应数额，防止因简单撤销行政决定给当事人带来讼累。

八是强调要更加注重通过协调、和解，维护社会的和谐稳定。

强调要将协调、和解机制贯穿行政审判程序的全过程，把维护和促进社会和谐稳定作为衡量行政审判的重要标准。强调要重视借助法院和法官之外的力量参与协调，通过行政机关首长、上级行政机关、党委、政府以及上级法院的合力，有效化解行政纠纷。同时要注意协调和解的合法自愿，重视和解协议的执行。要探索建立沟通协调平台，形成司法与行政良性互动机制。

九是强调要创新审理和裁判方式，快速有效化解行政纠纷。

为使各项应对举措及时发挥实效，尽快稳定行政法律关系，要适当试行在审理行政争议的同时，一并审理化解民事争议的审判方式。不仅在审理行政裁决案件时可以一并解决民事争议，在与行政裁决相类似的行政确权、行政处理、颁发权属证书等行政案件时，也可基于当事人申请一并解决相关民事争议。这既有利于解决行政诉讼与民事诉讼交叉问题，也有利于防止出现相互矛盾的判决，避免不同审判部门相互推诿，久拖不决。

要注意避免“官了民不了、案结事不了”的现象，通过行政裁判方式和种类的创新，更加注重解决实体争议和基础性争议。作出责令重做类判决时，要明确具体，并具有可执行性，防止在执行环节出现争议而影响案件处理的效果，损害相对人合法权益。

十是强调依靠党的领导，接受人大的监督的重要性。

金融危机背景下的行政审判工作，尤其离不开党的领导和人大监督。“保增长、保民生、保稳定”有关的行政案件，与全局和大局的关系更加紧密，政治性和政策性更为突出。与其他审判工作相比，行政审判工作要更加主动、自觉地依靠党的领导和人大的监督，积极主动地服从并服务于党的各项工作大局。特别是对于大要案，要主动向党委和人大报告，上级法院要及时进行跟踪指导，依法监督，以避免因案件审理不慎，而影响经济发展、损害人民群众的合法权益，妨碍社会稳定。

二、《意见》起草制定背景

国际金融危机发生后，中央政府和地方各级政府以及职能部门出台了一系列行之有效的应对措施。这些应对措施大多数都要通过具体的行政管理手段予以落实，要通过具体行政行为的方式得以实现。这些管理手段和具体行政行为，不可避免地会影响到有关公民、法人和其他组织的权益。其中一些行为可能会产生行政纠纷，进而通过行政诉讼的方式反映到人民法院的审判工作中。同时，受国际金融危机的影响，在一些特定的领域和行业，纠纷和矛盾大量显现。特别是受国际金融危机影响，企业经营不善所带来的劳动保障问题，农民工下岗返乡所带来的农村土地调整问题，政府大规模公共投资振兴经济政策引起的农村土地征收及城市房屋拆迁问题，使得行政争议日趋复杂化。这些因民生问题而引发的纠纷，因直接涉及相对人的基本生产和生活，极易演化成突发性、群体性和极端性的事件。如不及时予以妥善解决，对于保障民生和社会的和谐稳定将产生不利影响。能否有效预防和妥善解决这些行政纠纷，关系到党和国家应对金融危机措施的实效，关系到广大人民群众的切身利益的实现，关系到社会的和谐与稳定。

行政审判工作与服务“三保”大局密切相关。行政审判工作通过支持行政机关依法行政，保障各项应对措施及时落实到位，有效地促进经济增长；同时，通过保护相对人，尤其是普通民众的民生，及时、高效、便捷地化解行政纠纷，最终实现社会的和谐稳定。因此，在新的形势下，如何发挥行政审判的职能作用，做好行政审判工作，为“保增长、保民生、保稳定”的大局服务，既是对人民法院行政审判工作能力的综合考验，更是行政审判工作发展的大好机遇。为了更好地坚持“三个至上”重要思想，更好地实践“人民法官为人民”的主题活动，积极回应当前形势下人民群众对行政审判工作的新要求与新期待，最高人民法院专门针对当前的形势，结合行政审判工作实践，制定出台了《意见》。

为准确把握金融危机背景下经济、社会形势的新发展、新变化，掌握特殊困难时期政府行为的新特点和新方式，了解新形势下新类型行政争议的动向和态势，积极探索为“三保”大局服务的新思路和新办法，使《意见》更加具有针对性和操作性，最高人民法院行政审判庭组成课题组，专门赴受金融危机影响较大的地区召开座谈会，分别听取法院、行政机关和企业界代表对行政审判工作的要求及对行政审判工作如何应对金融危机的意见和建议。最高人民法院行政审判庭与国务院法制办公室行政复议司联合召开应对金融危机行政复议与行政诉讼工作座谈会，专门听取了国务院有关部门关于当前形势下行政执法活动的新情况、新问题以及各部门应对措施落实情况的介绍，听取各部门对人民法院行政审判工作的意见与希望。在充分吸收各方意见的基础上，起草了《意见》初稿。后经多次征求意见，形成《意见》。

最高人民法院
印发《关于依法保护行政诉讼当事人诉权的意见》的通知

2009年11月9日　　　　法发〔2009〕54号

各省、自治区、直辖市高级人民法院，解放军军事法院，新疆维吾尔自治区高级人民法院生产建设兵团分院：

现将《最高人民法院关于依法保护行政诉讼当事人诉权的意见》印发给你们，请结合工作实际，认真贯彻落实。

附：

关于依法保护行政诉讼当事人诉权的意见

行政诉讼法施行以来，人民法院依法受理和审理了大量行政案件，有效化解了行政争议，维护了人民群众合法权益，促进了行政机关依法行政，行政审判的特殊职能作用日益彰显。但是，行政诉讼“告状难”现象依然存在，已经成为人民群众反映强烈的突出问题之一。为不断满足人民群众日益增长的司法需求，切实解决行政诉讼有案不收、有诉不理的问题，现就进一步重视和加强行政案件受理，依法保护当事人诉讼权利，切实解决行政诉讼“告状难”问题，提出如下意见：

一、切实提高对行政案件受理工作重要性的认识

行政诉讼制度是保障最广大人民群众利益最有效、最直接的法律制度之一，是新形势下解决人民内部矛盾的一种有效方式，是维护社会和谐稳定的重要手段。行政诉讼受理渠道是否畅通，是这一优良司法制度能否有效发挥功能和作用的前提。诉权保障不力，公民的合法权益就难以有效救济，人民群众日益增长的司法需求就不可能得到满足。随着社会利益格局日益多元化和复杂化，特别是受国际金融危机的影响，行政纠纷日益增多，日趋复杂多样化，有的还呈现出突发性、群体性、极端性的特点。只有畅通行政诉讼渠道，才能引导人民群众以理性合法的方式表达利益诉求，最大限度地减少社会不和谐因素，增进人民群众与政府之间的理解与信任。诉讼渠道不畅，必然导致上访增多，非理性行为加剧，必将严重影响社会和谐稳定，削弱人民法院行政审判“为大局服务，为人民司法”的职能作用。各级人民法院必须充分理解司法权源于人民、属于人民、服务人民、受人民监督的根本属性，从贯彻落实党的十七届四中全会精神和实现司法的人民性的高度，充分认识行政案件受理工作的重要性，认真抓好行政案件受理工作，切实解决行政诉讼“告状难”问题。

二、不得随意限缩受案范围、违法增设受理条件

行政诉讼法和相关司法解释根据我国国情和现阶段的法治发展程度，设计了符合实际的行政案件受案范围，这是人民法院受理行政诉讼案件的法定依据。各级人民法院要全面准确理解和适用，不得以任何借口随意限制受案范围。凡是行政诉讼法明确规定的可诉性事项，不得擅自加以排除；行政诉讼法没有明确规定但有单行法律、法规授权的，也要严格遵循；法律和司法解释没

有明确排除的具体行政行为，应当属于人民法院行政诉讼受案范围。不仅要保护公民、法人和其他组织的人身权和财产权，也要顺应权利保障的需要，依法保护法律、法规规定可以提起诉讼的与人身权、财产权密切相关的其他经济、社会权利。要坚决清除限制行政诉讼受理的各种“土政策”，严禁以服务地方中心工作、应对金融危机等为借口，拒绝受理某类依法应当受理的行政案件。要准确理解、严格执行行政诉讼法和相关司法解释关于起诉条件、诉讼主体资格、起诉期限的规定，不得在法律规定之外另行规定限制当事人起诉的其他条件。要正确处理起诉权和胜诉权的关系，不能以当事人的诉讼请求明显不成立而限制或者剥夺当事人的诉讼权利。要正确处理诉前协调和立案审理的关系，既要充分发挥诉前协调的作用，又不能使之成为妨碍当事人行使诉权的附加条件。要全面正确审查起诉期限，对不属于起诉人自身原因超过起诉期限的，应当根据案件具体情况依法提供有效救济。

三、依法积极受理新类型行政案件

随着形势的发展和法治的进步，行政行为的方式不断丰富，行政管理的领域不断拓展，人民群众的司法需求不断增长，行政争议的特点不断变化。各级人民法院要深入了解各阶层人民群众的生活现状和思想动向，了解人民群众对行政审判工作的期待，依法受理由此引发的各种新类型案件，积极回应人民群众的现实司法需求。要依法积极受理行政给付、行政监管、行政允诺、行政不作为等新类型案件；依法积极受理教育、劳动、医疗、社会保障等事关民生的案件；依法积极受理政府信息公开等涉及公民其他社会权利的案件；积极探讨研究公益诉讼案件的受理条件和裁判方式。对新类型案件拿不准的，应当在法定期间先予立案，必要时请示上级人民法院，不得随意作出不予受理决定。

四、完善工作机制，改进工作作风 行政案件立案专业性较强。

各级人民法院的立案庭和行政庭要在行政案件受理环节加强协调、沟通与配合。要严格执行行政诉讼法和司法解释有关受理案件的程序制度，对于当事人的起诉要在法定期限内立案或者作出裁定；不能决定是否受理的，应当先予受理，经审查确实不符合法定立案条件的，裁定驳回起诉。要认真执行《关于行政案件管辖若干问题的规定》，对于起诉人向上一级人民法院起诉的，上一级人民法院应当依法及时作出处理，符合受理条件的，督促有管辖权的人民法院立案受理，也可以直接立案后由自己审理或者指定辖区其他人民法院审理。要改进工作作风，强化便民措施，简化立案环节，丰富立案方式，方便群众诉讼。对于情况紧急且涉及人民群众切身利益或公共利益符合立案条件的案件，要及时立案，尽快审理。要大力推行诉讼引导和指导、权利告知、风险提示等措施，由于起诉人法律知识不足导致起诉状内容欠缺、错列被告等情形的，应当给予必要的指导和释明，不得未经指导和释明即以起诉不符合条件为由予以驳回。要增强司法公开和透明，对依法不予受理或驳回起诉的，必须依法出具法律文书，并在法律文书中给出令人信服的理由。

五、加强对行政案件受理工作的监督

上级人民法院要通过审理上诉和申诉案件、受理举报、案件评查、专项检查、通报排名等各种措施，进一步加强对下级人民法院行政案件立案受理工作的指导和监督，切实防止因当事人告状无门而引发到处上访、激化社会矛盾的事件发生。要健全完善行政审判绩效考核办法，加大因违法不受理案件导致申诉信访的考核权重。要严格执行《人民法院审判人员违法审判责任追究办法（试行）》的规定，对于违反法律规定，擅自对应当受理的案件不予受理，或者因违法失职造成严重后果的责任人员，要依法依纪严肃处理。要坚决抵制非法干预行政案件受理的各种违法行为，彻底废除各种违法限制行政案件受理的“土政策”。对于干预、阻碍人民法院受理行政案件造成恶劣影响的，应当及时向当地党委、纪检监察机关和上级人民法院反映，上级人民法院要协助党委和纪检监察机关作出严肃处理。

六、努力营造行政案件立案受理的良好外部环境

要通过典型案例、普法宣传、诉讼指导等多种途径，加大行政诉讼法的宣传力度，提高当事人参与行政诉讼的能力和水平，引导人民群众通过理性合法的方式主张权利；要切实提高行政案件的办案质量，千方百计降低诉讼成本，缩短诉讼周期，加大执行力度，增强行政审判的公信力；要进一步改进工作作风，增强服务意识，提高服务水平，为人民群众提供更加便捷的救济；要采取强有力的法律保护手段，严厉查处打击报复当事人的行为，使人民群众敢于运用法律手段维护自己的合法权益。要建议政府和有关部门正确理解和评价行政诉讼败诉现象，修改和完善相关考评制度，防止和消除由此产生的负面影响。要更加主动自觉地争取党委的领导和人大的监督，取得政府机关及社会各界的支持。通过不懈努力，使行政案件受理难、审理难、执行难问题得到根本解决，使行政诉讼制度在保护合法权益，促进依法行政，化解行政争议，维护和谐稳定中发挥更加积极的作用。

最高人民法院
印发《关于审理证券行政处罚案件证据若干问题的座谈会纪要》的通知

2011 年 7 月 13 日　　　　法〔2011〕225 号

各省、自治区、直辖市高级人民法院，新疆维吾尔自治区高级人民法院生产建设兵团分院：

现将《关于审理证券行政处罚案件证据若干问题的座谈会纪要》印发给你们，请结合审判工作实际参照执行。执行中遇到问题，请及时报告我院。

附：

关于审理证券行政处罚案件证据若干问题的座谈会纪要

为进一步完善证券行政处罚案件的证据规则，推动证券监管机构依法行政，保护广大投资者合法权益，促进资本市场健康发展，最高人民法院对证券行政处罚案件证据运用中存在的突出问题进行了专题调研，在充分听取有关法院和部门意见并反复论证的基础上，根据《中华人民共和国行政诉讼法》、《中华人民共和国行政处罚法》和《中华人民共和国证券法》等法律规定，起草了证券行政处罚案件中有关证据问题的意见。2011 年 6 月 23 日，最高人民法院会同有关部门在北京召开专题座谈会，对证券行政处罚案件中有关证据审查认定等问题形成共识。现将有关内容纪要如下：

一、关于证券行政处罚案件的举证问题

会议认为，监管机构根据行政诉讼法第三十二条①、《最高人民法院关于行政诉讼证据若干问题的规定》第一条的规定，对作出的被诉行政处罚决定承担举证责任。人民法院在审理证券行政处罚案件时，也应当考虑到部分类型的证券违法行为的特殊性，由监管机构承担主要违法事实的证明责任，通过推定的方式适当向原告、第三人转移部分特定事实的证明责任。

监管机构在听证程序中书面明确告知行政相对人享有提供排除其涉嫌违法行为证据的权利，行政相对人能够提供但无正当理由拒不提供，后又在诉讼中提供的，人民法院一般不予采纳。行政处罚相对人在行政程序中未提供但有正当理由，在诉讼中依照《最高人民法院关于行政诉讼证据若干问题的规定》提供的证据，人民法院应当采纳。

监管机构除依法向人民法院提供据以作出被诉行政处罚决定的证据和依据外，还应当提交原告、第三人在行政程序中提供的证据材料。

二、关于电子数据证据

会议认为，证券交易和信息传递电子化、网络化、无线化等特点决定电子交易信息、网络 IP 地址、通讯记录、电子邮件等电子数据证据在证券行政案件中至关重要。但由于电子数据证据具有载体多样，复制简单、容易被删改和伪造等特点，对电子数据证据的证据形式要求和审核认定应较其他证据方法更为严格。根据行政诉讼法第三十一条第一款第（三）② 项的规定，《最高人民法院关于行政诉讼证据若干问题的规定》第十二条、第六十四条的规定，当事人可以向人民法院提供电子数据证据证明待证事实，相关电子数据证据应当符合下列要求：

（一）无法提取电子数据原始载体或者提取确有困难的，可以提供电子数据复制件，但必须附有不能或者难以提取原始载体的原因、复制过程以及原始载体存放地点或者电子数据网络地址的说明，并由复制件制作人和原始电子数据持有人签名或者盖章，或者以公证等其他有效形式证明电子数据与原始载体

---

① 本纪要引用的《行政诉讼法》第三十二条已于 2014 年 11 月 1 日被第一次修正的《行政诉讼法》改为第三十四条，修改为："被告对作出的行政行为负有举证责任，应当提供作出该行政行为的证据和所依据的规范性文件。被告不提供或者无正当理由逾期提供证据，视为没有相应证据。但是，被诉行政行为涉及第三人合法权益，第三人提供证据的除外。"

② 本纪要引用的《行政诉讼法》第三十一条已于 2014 年 11 月 1 日被第一次修正的《行政诉讼法》改为第三十三条，修改为："证据包括：（一）书证；（二）物证；（三）视听资料；（四）电子数据；（五）证人证言；（六）当事人的陈述；（七）鉴定意见；（八）勘验笔录、现场笔录。以上证据经法庭审查属实，才能作为认定案件事实的根据。"

的一致性和完整性。

（二）收集电子数据应当依法制作笔录，详细记载取证的参与人员、技术方法、步骤和过程，记录收集对象的事项名称、内容、规格、类别以及时间、地点等，或者将收集电子数据的过程拍照或录像。

（三）收集的电子数据应当使用光盘或者其他数字存储介质备份。监管机构为取证人时，应当妥善保存至少一份封存状态的电子数据备份件，并随案移送，以备法庭质证和认证使用。

（四）提供通过技术手段恢复或者破解的与案件有关的光盘或者其他数字存储介质、电子设备中被删除的数据、隐藏或者加密的电子数据，必须附有恢复或破解对象、过程、方法和结果的专业说明。对方当事人对该专业说明持异议，并且有证据表明上述方式获取的电子数据存在篡改、剪裁、删除和添加等不真实情况的，可以向人民法院申请鉴定，人民法院应予准许。

三、关于专业意见

会议认为，对被诉行政处罚决定涉及的专门性问题，当事人可以向人民法院提供其聘请的专业机构、特定行业专家出具的统计分析意见和规则解释意见；人民法院认为有必要的，也可以聘请相关专业机构、专家出具意见。

专业意见应当在法庭上出示，并经庭审质证。当事人可以申请人民法院通知出具相关意见的专业人员出庭说明，人民法院也可以通知专业人员出庭说明。专业意见之间相互矛盾的，人民法院可以组织专业人员进行对质。

人民法院应当根据案件的具体情况，从以下方面审核认定上述专业意见：（一）专业机构或者专家是否与本案有利害关系；（二）专业机构或者专家是否具有合法资质；（三）专业机构或者专家所得出的意见是否超出指定的范围，形式是否规范，内容是否完整，结论是否明确；（四）行政程序中形成的专业意见是否告知对方当事人，并听取对方当事人的质辩意见。

四、关于上市公司信息披露违法责任人的证明问题

会议认为，根据证券法第六十八条规定，上市公司董事、监事、高级管理人员对上市公司信息披露的真实性、准确性和完整性应当承担较其他人员更严格的法定保证责任。人民法院在审理证券法第一百九十三条违反信息披露义务行政处罚案件时，涉及到对直接负责的主管人员和其他直接责任人员处罚的，应当区分证券法第六十八条规定的人员和该范围之外其他人员的不同责任标准与证明方式。

监管机构根据证券法第六十八条、第一百九十三条①规定，结合上市公司董事、监事、高级管理人员与信息披露违法行为之间履行职责的关联程度，认定其为直接负责的主管人员或者其他直接责任人员并给予处罚，被处罚人不服提起诉讼的，应当提供其对该信息披露行为已尽忠实、勤勉义务等证据。

对上市公司董事、监事、高级管理人员之外的人员，监管机构认定其为上市公司信息披露违法行为直接负责的主管人员或者其他直接责任人员并给予处罚的，应当证明被处罚人具有下列情形之一：（一）实际履行董事、监事和高级管理人员的职责，并与信息披露违法行为存在直接关联；（二）组织、参与、实施信息披露违法行为或直接导致信息披露违法。

五、关于内幕交易行为的认定问题

会议认为，监管机构提供的证据能够证明以下情形之一，且被处罚人不能作出合理说明或者提供证据排除其存在利用内幕信息从事相关证券交易活动的，人民法院可以确认被诉处罚决定认定的内幕交易行为成立：（一）证券法第七十四条规定的证券交易内幕信息知情人，进行了与该内幕信息有关的证券交易活动；（二）证券法第七十四条规定的内幕信息知情人的配偶、父母、子女以及其他有密切关系的人，其证券交易活动与该内幕信息基本吻合；（三）因履行工作职责知悉上述内幕信息并进行了与该信息有关的证券交易活动；（四）非法获取内幕信息，并进行了与该内幕信息有关的证券交易活动；（五）内幕信息公开前与内幕信息知情人或知晓该内幕信息的人联络、接触，其证券交易活动与内幕信息高度吻合。

【解　　读】

解读《关于审理证券行政处罚案件证据若干问题的座谈会纪要》

为进一步加强对证券市场的监管，创新证券市场管理方式，维护和促进证券市场健康发展，针对证券行政执法和证券行政诉讼中证据问题的特殊性，同

---

① 本纪要引用的《证券法》第一百九十三条已于2014年8月31日被第三次修正的《证券法》修改为：“发行人、上市公司或者其他信息披露义务人未按照规定披露信息，或者所披露的信息有虚假记载、误导性陈述或者重大遗漏的，责令改正，给予警告，并处以三十万元以上六十万元以下的罚款。对直接负责的主管人员和其他直接责任人员给予警告，并处以三万元以上三十万元以下的罚款。”

时考虑到稳定证券市场和规范证券执法的重大意义，最高人民法院对证券行政处罚案件证据运用中存在的突出问题进行了专题调研，并征询有关部门的意见。经过充分调研和征询各方意见，制定了《关于审理证券行政处罚案件证据若干问题的座谈会纪要》（以下简称《纪要》），解决当前证券行政案件中比较突出的证据问题，明确此类案件的特殊证据规则。

一、《纪要》的指导思想

《纪要》遵循了以下指导思想：第一，处理好支持监管机构加大证券违法违规行为打击力度与防止权力滥用、保护行政处罚相对人合法权益的关系。第二，处理好行政诉讼证据一般性与证券行政处罚案件证据特殊性的关系。第三，处理好现行行政诉讼制度稳定性和证券行政处罚案件实践创新性的关系。

二、关于证券行政处罚案件的举证问题

《纪要》中只是概括规定监管机构对案件主要事实承担举证责任，对需要采取推定并转移举证责任的案件类型在相应条文中作具体规定。同时，考虑说明的集中和便利性，将举证责任的承担和转移以及相关的证明标准问题一并作出说明。

（一）关于举证责任的问题

证券行政案件证据规则的重点和难点是举证责任的分配问题。《纪要》在确定举证责任分配规则时，既考虑到证券违法行为的特殊性，不宜采取由监管机构承担全部违法事实举证责任的分配方式，在坚持被告负举证责任的基本原则下，将部分事实的举证责任进行适当分配和转移；同时考虑到证券违法行为的多样性，不同类型违法行为的举证责任在监管机构和行政相对人之间的分配不宜采取同一模式，而是采取类型化的举证责任分配方式。因此，《纪要》关于举证责任的规定，采取概括和列举相结合的方式，即一般性的规定被告监管机构承担主要事实的举证责任，在认定具体违法行为的规定中，通过推定的方式适当向原告、第三人分配和转移部分事实的举证责任。

（二）关于证明标准的问题

针对证券行政处罚案件采取何种证明标准，始终存在较大争议。有人认为，希望能够将“明显优势”确立为证券行政案件的统一证明标准。也有人认为，明确证券行政案件适用“明显优势”证明标准，对查处证券违法行为的实际意义并不大。无论标准如何规定，每个案件违法事实是否获得证明，还要根据各类案件违法事实构成要件的举证责任的分配情况具体判断。所以，制定类型化的证券行政案件认定要求更为重要。

《纪要》最终虽然没有明确将“明显优势”规定为证券行政案件的证明标

准，但是对内幕交易行为和上市公司信息披露违法责任人的认定采取了“举证责任合理分配+推定”的方式，较大程度地降低了监管机构的证明难度。监管机构承担的不是证明违法行为全部事实构成要件的举证责任，而是在完成对特定部分违法行为构成要件的证明责任后，通过推定的方式认定违法行为的存在，但如果违法嫌疑人提供的证据能够推翻推定事实的，就不能认定推定事实。这种证明方式实际上是要求人民法院通过比较双方当事人提供证据的证明力，根据证明力具有明显优势的一方当事人提供的证据认定案件事实，属于明显优势证明标准。

（三）关于案卷外证据排除规则的适用问题

基于最高人民法院《关于行政诉讼证据若干问题的规定》第59条“被告在行政程序中依照法定程序要求原告提供证据，原告依法应当提供而拒不提供，在诉讼程序中提供的证据，人民法院一般不予采纳”的规定，同时为推动证监会处罚委听证程序的规范化，《纪要》在该条的基础上作了进一步规定。首先，对原告或第三人的行政案卷外证据排除规则，必须符合“三个特定”。一是程序特定，将行政程序限定在听证程序，没有举行听证的，不适用案卷外证据排除规则；二是形式特定，听证程序中必须以书面形式明确告知被处罚人享有提供证据的权利，非书面形式告知且无法证明违法嫌疑人已经知悉相关权利内容的，不适用案卷外证据排除规则；三是内容特定，必须明确告知监管机构认定的违法事实和相关证据，违法嫌疑人对此享有提出排除涉嫌违法行为证据的权利。其次，将“依法应当提供”改为“能够提供”，考虑到行政相对人提供排除其涉嫌违法行为的证据是听证程序必须赋予被处罚人的权利而不是义务，因此，采取了客观上能够提供而主观上拒不提供的标准。最后，增加了有正当理由未在听证程序中提供证据的情况下，在诉讼中提供的有关证据不适用案卷外证据排除规则的规定。

《纪要》之所以这样规定，目的是推动证监会处罚程序的规范化。同时，也可以促使行政相对人尽可能在听证程序中全面、充分地行使权利，便于行政机关全面收集证据，准确作出处理决定，防止行政相对人在诉讼中滥用诉讼权利，搞证据突袭，保障执法和司法资源高效利用。此外，为了防止监管机构滥用权力，充分保障被监管人的合法权益，《纪要》中明确规定，监管机构要向人民法院提交原告、第三人在行政程序中提供的证据材料。

三、关于电子数据证据的问题

证券市场已经高度信息化，电子、数码设备广泛应用，电子证据在证券行政案件中至关重要。目前，电子证据已经占到证券行政案件定案证据数量的绝大部分。由于电子证据具有载体多样，复制简单、容易被删改和伪造等特点，对电子证据的证据形式要求和审核认定应较其他证据方法更为严格。《纪要》中对有关电子证据规定了四项内容：一是关于电子证据载体的要求，强调在不能提供原始载体的情况下，应当采取有效形式保证电子证据复制件的真实有效性和与原件的一致完整性；二是关于收集电子证据的程序要求，通过严格和明确收集电子证据的程序，确保电子证据取得的合法性和内容的真实性；三是关于电子证据的存储问题，强调监管机构为取证人时，必须保存至少一份从取证到提交法庭期间一直处于封存状态的电子证据备份件，确保备份件中的电子数据没有被篡改、删除、剪裁和添加；四是关于恢复被删除电子数据和破解被加密电子数据的要求，强调必须附有采用恢复和破解方式的技术手段、对象、过程和结果。

四、关于专业意见的问题

证券市场的高度专业化和信息化特征，须借助证券行业权威专业机构和特定行业专家就专门性问题出具的意见认定待证事实。《纪要》以专业意见的形式在行政诉讼中确定了专家辅助人证言的证据地位，专业机构或行业专家对被诉处罚决定涉及的专门性问题作出的意见，经过质证和审核认定后，可以作为定案依据。

《纪要》对专业意见问题作出了以下规定：第一，当事人双方均可聘请专业机构或行业专家出具专业意见，人民法院也可以根据需要在诉讼程序中聘请专业机构或行业专家出具意见。第二，专业意见主要包括统计分析意见和规则解释意见。第三，经人民法院准许，出具专业意见的人员应当出庭就专门性问题所作的意见作出说明或者接受询问。第四，要求从专业机构或行业专家的独立性、合法性，相关专业意见的针对性、完整性、规范性和明确性，以及行政程序中当事人对专业意见的质辩权利等方面对证据效力进行审核认定。

五、关于上市公司信息披露违法责任人的证明问题

《证券法》第193条规定的违反信息披露义务违法责任包括两类主体的责任认定：一是单位责任即发行人、上市公司或其他信息披露义务人的违法责任；二是个人责任即信息披露义务人中直接负责的主管人员或其他直接责任人员的违法责任。《纪要》主要是明确后者即直接负责的主管人员和其他直接负责人员被处罚时的责任证明问题，同时考虑到非上市公司信息披露违法行为责任认定的归责原则比较复杂，《纪要》仅对上市公司信息披露违法行为的直接负责的主管人员或其他直接责任人员作出规定。

根据《证券法》第68条的规定，可以将上市公司信息披露违法行为的个人责任认定分为法定保证义务人员的责任认定和非法定保证义务人员的责任认

定。《证券法》第68条规定的对上市公司披露信息的真实、准确、完整负保证责任的董事、监事和高级管理人员属于法定保证义务人员。法定保证义务人员承担的信息披露义务是法律明确规定的保证义务，一旦上市公司违反信息披露义务，即可认定法定保证义务人员违反法定保证义务，进而推定其为信息披露违法行为的个人责任人员，但违反《证券法》第68条规定的法定保证义务与《证券法》第193条规定的直接负责还是存在一定区别的，这种区别在证明规则中表现为，监管机构认定构成直接负责的人员，还应当根据该人员与涉案披露信息的履责关联度（法定或者公司内部职责分工以及履行该职责的程度）作出判断和认定，不能仅根据《证券法》第68条规定的法定保证义务直接认定法定保证义务人员为责任人。同时，法定保证义务人在诉讼中有义务提供证据证明自己在责任范围内尽到了忠实、勤勉义务，才能推翻监管机构的认定。

对于不属于《证券法》第68条规定的法定保证义务人员以外的责任人员，监管机构需要证明其实际履行法定责任人员的职责且与信息披露违法行为存在直接关联，或者组织、参与、实施信息披露违法行为或直接导致信息披露违法的，方可认定其属于直接负责者。同时，非法定保证义务人员在诉讼中可以提供相反证据。相反证据成立的，可以推翻监管机构的认定。

在对法定保证义务人员和非法定保证义务人员推翻监管机构推定的证明程度上，对法定责任人员采取的是一般过错规则，对非法定责任人员采取的是重大过错规则。这主要考虑到公司的董事、监事、高管基于《证券法》第68条的保证义务以及公司高管对公司的忠诚、勤勉等义务对上市公司信息披露理应承担更重、更直接的责任，因此应当采用较为严格的规则。公司的董事、监事、高管之外的人即非法定保证义务人员，对公司信息披露没有《证券法》第68条规定的法定保证义务，所负责任应当仅限于具体职责和实际工作范围之内的事项，只有其对该范围内信息披露违法存在故意或者重大过失的情况下，才承担相应法律责任。

六、关于内幕交易行为的认定问题

内幕交易，是指证券交易内幕信息的知情人和非法获取内幕信息的人，在内幕信息公开前，利用内幕信息买卖相关证券。内幕交易行政案件在证据认定上的主要问题是证明行政相对人知悉及利用内幕信息很困难。因此，《纪要》对内幕交易违法行为中“知悉”和“利用”内幕信息的认定采取了“举证责任分配+推定”的证据规则。推定情形是打击内幕交易的客观要求和提高行政执法效率的需要。如果当事人提出的相反证据能够排除其交易活动是利用内幕信息从事的，不认定为内幕交易。

（一）内幕信息知情人和知悉人

我国《证券法》明确了知情人的法定范围（第74条规定），证券交易内幕信息的知情人包括：(1) 发行人的董事、监事、高级管理人员；(2) 持有公司5%以上股份的股东及其董事、监事、高级管理人员，公司的实际控制人及其董事、监事、高级管理人员；(3) 发行人控股的公司及其董事、监事、高级管理人员；(4) 由于所任公司职务可以获取公司有关内幕信息的人员；(5) 证券监督管理机构工作人员以及由于法定职责对证券的发行、交易进行管理的其他人员；(6) 保荐人、承销的证券公司、证券交易所、证券登记结算机构、证券服务机构的有关人员；(7) 国务院证券监督管理机构规定的其他人。中国证监会2007年印发的《证券市场内幕交易行为认定指引（试行）》对此范围作了扩大解释，内幕信息的知情人还包括“因履行工作职责获取内幕信息的人”，也包括这些自然人的配偶、父母、子女等。《纪要》除上述范围外，还规定了与内幕信息知情人有密切关系的人，在内幕信息公开前与内幕信息知情人或非法获取内幕信息的人联络、接触的人，可以推定为内幕信息知悉人。

（二）内幕交易的认定

内幕交易的认定，实质上包括两个层次的推定：第一个层次是基于身份、关系、职责、交易行为等对当事人知悉的推定；第二个层次是基于交易行为及知悉的情况对其“利用”内幕信息的推定。具体而言，它包括以下五种情况：一是基于法定的知情人身份推定其知悉内幕信息，根据其交易行为推定其“利用”了内幕信息；二是基于特定身份关系及交易行为推定其知悉内幕信息，根据其知悉及交易行为推定其“利用”了内幕信息；三是基于其履职行为及交易行为推定其知悉内幕信息，根据其知悉及交易行为推定其“利用”内幕信息；四是基于其非法获取行为及交易行为推定其知悉内幕信息，根据其知悉及交易行为推定其“利用”内幕信息；五是基于联络接触行为及交易行为推定其知悉内幕信息，根据其知悉及交易行为推定其“利用”内幕信息。

《纪要》中根据内幕交易的主体不同，亦即交易主体对内幕信息的知悉程度、知悉途径不同，对其主观方面“知悉、利用”的推定做出不同程度的规定。用行为人客观交易行为与内幕信息等客观证据之间的相互一致性，来印证、推定行为人主观上存在利用内幕信息进行内幕交易的故意，凸显了推定的层次性与严谨性。客观交易行为与内幕信息的相互一致性是指条文中所叙述的，“交易活动与内幕信息有关、基本吻合、高度吻合”。执法实践中通常有如下一些情况，可以根据具体的案情判断为交易活动与内幕信息有关、基本吻合、高度吻合：开户、销户或者指定交易、撤销指定交易的时间与该内幕信息形成和公开时间基本一致的；交易账户资金进出、资金变化等活动与该内幕信息形成、变化、公开时间基本一致的；买人或者卖出内幕信息所涉及的相关证券品种的时间与内幕信息的形成、变化、公开时间基本一致的；买卖证券的行为明显与平时交易习惯相背离，但与内幕信息却有很强的相关性；买入或者卖出证券行为，或者集中持有证券行为与该证券公司信息反映的基本面明显背离，但与内幕信息相吻合；账户交易资金进出与该内幕信息知情人有关联或者利害关系等。

为了维护当事人的利益，通过规定“合理解释”条款，将能够做出合理解释的被处罚人排除在内幕交易认定之外，从而在监管机构承担基本的证明责任的基础之上，实现举证责任的适当分配与转移。从可操作性的角度看，内幕交易抗辩条款在境外成熟市场被广泛应用。我们可以借鉴成熟资本市场国家和地区的做法，给创新市场交易机制的创设预留制度空间，以减少当事人从事合法证券交易活动的风险，进而维护当事人的抗辩权，防止司法近于严苛、打击面不当扩大的问题。

（撰稿人：赵大光　杨临萍　蔡小雪　李　涛）

最高人民法院
关于行政诉讼应诉若干问题的通知

2016 年 7 月 28 日　　　　法〔2016〕260 号

各省、自治区、直辖市高级人民法院，解放军军事法院，新疆维吾尔自治区高级人民法院生产建设兵团分院：

中央全面深化改革领导小组于 2015 年 10 月 13 日讨论通过了《关于加强和改进行政应诉工作的意见》（以下简称《意见》），明确提出行政机关要支持人民法院受理和审理行政案件，保障公民、法人和其他组织的起诉权利，认真做好答辩举证工作，依法履行出庭应诉职责，配合人民法院做好开庭审理工作。2016 年 6 月 27 日，国务院办公厅以国办发〔2016〕54 号文形式正式发布了《意见》。《意见》的出台，对于人民法院进一步做好行政案件的受理、审理和执行工作，全面发挥行政审判职能，有效监督行政机关依法行政，提高领导干部学法用法的能力，具有重大意义。根据行政诉讼法的相关规定，为进一步规范和促进行政应诉工作，现就有关问题通知如下：

一、充分认识规范行政诉讼应诉的重大意义

推动行政机关负责人出庭应诉，是贯彻落实修改后的行政诉讼法的重要举

措；规范行政诉讼应诉，是保障行政诉讼法有效实施，全面推进依法行政，加快建设法治政府的重要举措。为贯彻落实《中共中央关于全面推进依法治国若干重大问题的决定》关于“健全行政机关依法出庭应诉、支持法院受理行政案件、尊重并执行法院生效裁判的制度”的要求，《意见》从“高度重视行政应诉工作”“支持人民法院依法受理和审理行政案件”“认真做好答辩举证工作”“依法履行出庭应诉职责”“积极履行人民法院生效裁判”等十个方面对加强和改进行政应诉工作提出明确要求，作出具体部署。《意见》是我国首个全面规范行政应诉工作的专门性文件，各级人民法院要结合行政诉讼法的规定精神，全面把握《意见》内容，深刻领会精神实质，充分认识《意见》出台的重大意义，确保《意见》在人民法院行政审判领域落地生根。要及时向当地党委、人大汇报《意见》贯彻落实情况，加强与政府的沟通联系，支持地方党委政府出台本地区的具体实施办法，细化完善相关工作制度，促进行政机关做好出庭应诉工作。

二、依法做好行政案件受理和审理工作

严格执行行政诉讼法和《最高人民法院关于人民法院登记立案若干问题的规定》，进一步强化行政诉讼中的诉权保护，不得违法限缩受案范围、违法增设起诉条件，严禁以反复要求起诉人补正起诉材料的方式变相拖延、拒绝立案。对于不接收起诉状、接收起诉状后不出具书面凭证，以及不一次性告知当事人需要补正的起诉状内容的，要依照《人民法院审判人员违法审判责任追究办法（试行）》《人民法院工作人员处分条例》等相关规定，对直接负责的主管人员和其他直接责任人员依法依纪作出处理。坚决抵制干扰、阻碍人民法院依法受理和审理行政案件的各种违法行为，对领导干部或者行政机关以开协调会、发文件或者口头要求等任何形式明示或者暗示人民法院不受理案件、不判决行政机关败诉、不履行人民法院生效裁判的，要严格贯彻落实《领导干部干预司法活动、插手具体案件处理的记录、通报和责任追究规定》《司法机关内部人员过问案件的记录和责任追究规定》，全面、如实做好记录工作，做到全程留痕，有据可查。

三、依法推进行政机关负责人出庭应诉

准确理解行政诉讼法和相关司法解释的有关规定，正确把握行政机关负责人出庭应诉的基本要求，依法推进行政机关负责人出庭应诉工作。一是出庭应诉的行政机关负责人，既包括正职负责人，也包括副职负责人以及其他参与分管的负责人。二是行政机关负责人不能出庭的，应当委托行政机关相应的工作人员出庭，不得仅委托律师出庭。三是涉及重大公共利益、社会高度关注或者

可能引发群体性事件等案件以及人民法院书面建议行政机关负责人出庭的案件，被诉行政机关负责人应当出庭。四是行政诉讼法第三条第三款规定的“行政机关相应的工作人员”，包括该行政机关具有国家行政编制身份的工作人员以及其他依法履行公职的人员。被诉行政行为是人民政府作出的，人民政府所属法制工作机构的工作人员，以及被诉行政行为具体承办机关的工作人员，也可以视为被诉人民政府相应的工作人员。

行政机关负责人和行政机关相应的工作人员均不出庭，仅委托律师出庭的；或者人民法院书面建议行政机关负责人出庭应诉，行政机关负责人不出庭应诉的，人民法院应当记录在案并在裁判文书中载明，可以依照行政诉讼法第六十六条第二款的规定予以公告，建议任免机关、监察机关或者上一级行政机关对相关责任人员严肃处理。

四、为行政机关依法履行出庭应诉职责提供必要条件

各级人民法院要在坚持依法独立公正行使审判权、平等保护各方当事人诉讼权利的前提下，加强与政府法制部门和行政执法机关的联系，探索建立行政审判和行政应诉联络工作机制，及时沟通、协调行政机关负责人出庭建议书发送和庭审时间等具体事宜，切实贯彻行政诉讼法和《意见》规定的精神，稳步推进行政机关出庭应诉工作。要为行政机关负责人、工作人员、政府法律顾问和公职律师依法履行出庭应诉职责提供必要的保障和相应的便利。要正确理解行政行为合法性审查原则，行政复议机关和作出原行政行为的行政机关为共同被告的，可以根据具体情况确定由一个机关实施举证行为，确保庭审的针对性，提高庭审效率。改革案件审理模式，推广繁简分流，实现简案快审、繁案精审，减轻当事人的诉讼负担。对符合《最高人民法院关于适用〈中华人民共和国行政诉讼法〉若干问题的解释》① 第三条第二款规定的案件，人民法院认为不需要开庭审理的，可以迳行裁定驳回起诉。要及时就行政机关出庭应诉和行政执法工作中的问题和不足提出司法建议，及时向政府法制部门通报司法建议落实和反馈情况，从源头上预防和化解争议。要积极参与行政应诉教育培训工作，提高行政机关负责人、行政执法人员等相关人员的行政应诉能力。

五、支持行政机关建立健全依法行政考核体系

人民法院要支持当地党委政府建立和完善依法行政考核体系，结合行政审判工作实际提出加强和改进行政应诉工作的意见和建议。对本地区行政机关出

① 《最高人民法院关于适用〈中华人民共和国行政诉讼法〉若干问题的解释》已于2018年2月6日被《最高人民法院关于适用〈中华人民共和国行政诉讼法〉的解释》废止。

庭应诉工作和依法行政考核指标的实施情况、运行成效等，人民法院可以通过司法建议、白皮书等适当形式，及时向行政机关作出反馈、评价，并可以适当方式将本地区行政机关出庭应诉情况向社会公布，促进发挥考核指标的倒逼作用。

地方各级人民法院要及时总结本通知贯彻实施过程中形成的好经验好做法；对贯彻实施中遇到的困难和问题，要及时层报最高人民法院。

【链　　接】

最高人民法院行政审判庭负责人就《最高人民法院关于行政诉讼应诉若干问题的通知》答记者问

最高人民法院于7月28日印发《最高人民法院关于行政诉讼应诉若干问题的通知》（以下简称《通知》）。围绕行政诉讼应诉的相关热点问题，最高人民法院行政审判庭负责人回答了记者的提问。

要充分认识《意见》对于人民法院行政审判工作的重大意义

一、问：请简要介绍一下《通知》出台的背景和主要意义。

答：为贯彻落实《中共中央关于全面推进依法治国若干重大问题的决定》关于“健全行政机关依法出庭应诉、支持法院受理行政案件、尊重并执行法院生效裁判的制度”的要求，保障行政诉讼法正确实施，全面推进依法行政，加快建设法治政府，中央全面深化改革领导小组于2015年10月13日审议通过了《关于加强和改进行政应诉工作的意见》（以下简称《意见》），明确提出行政机关要支持人民法院受理和审理行政案件，保障公民、法人和其他组织的起诉权利，认真做好答辩举证工作，依法履行出庭应诉职责，配合人民法院做好开庭审理工作。2016年6月27日，国务院办公厅以国办发［2016］54号文形式予以发布。

《意见》是我国首个全面规范行政应诉工作的专门性文件。加强和改进行政应诉工作，是保障行政诉讼法正确实施，全面推进依法行政，加快建设法治政府的重要举措；推动落实行政机关负责人出庭应诉制度，是贯彻修改后的行政诉讼法的重要举措。《意见》的出台，对于人民法院进一步做好行政案件的受理、审理和执行工作，全面发挥行政审判职能，有效监督行政机关依法行政，促进领导干部学法用法能力提升，具有重大意义。

为使各级人民法院全面把握《意见》内容，深刻领会精神实质，最高人民法院行政审判庭起草了该《通知》。《通知》对于确保各级人民法院充分认识《意见》出台的重大意义，结合行政诉讼法的规定精神，在实际工作中切实抓好贯彻实施，努力使《意见》在人民法院行政审判领域落地生根，具有重要意义。

二、问：为什么要出台《通知》，起草《通知》的主要思路是什么？

答：一是统一思想，提高认识。行政诉讼法施行以来，各级行政机关依法履行行政应诉职责，取得了积极成效，但消极对待行政应诉、干预人民法院受理和审理行政案件、执行人民法院生效裁判不到位、行政应诉能力不强等问题依然存在，有的还较为突出。为解决这些问题，按照中央部署，国务院法制办会同最高人民法院对行政应诉工作相关问题作了深入调研，广泛征求有关方面意见，在此基础上起草的《意见（送审稿）》经中央全面深化改革领导小组第十七次会议审议通过，并以国务院办公厅名义公布。最高人民法院结合行政审判工作实际，制定下发《通知》，从统一和规范人民法院对行政机关出庭应诉的要求等方面作出规定，更好地引导和促进行政机关正确履行出庭应诉职责，确保行政诉讼法和《意见》的相关规定落到实处。

二是问题导向，实事求是。起草《通知》始终坚持问题导向，旨在统一当前审判实践中存在的不同认识，减少分歧。《通知》明确行政机关不能仅委托工作人员出庭，并根据《意见》的规定明确了应当由行政机关负责人出庭的几种情形。实践中，各地人民法院对行政机关负责人应当出庭而不出庭的处理，对负责人不出庭理由是否审查，是否由双方当事人在庭审中辩论，是否延期审理等问题认识不一。《通知》对这些问题予以了统一和明确。此外，《通知》坚持实事求是的原则，对行政诉讼法规定的“行政机关相应的工作人员”的范围进行了界定，以便更好地落实行政机关工作人员出庭应诉这一最低要求。

三是注重衔接，有所侧重。《通知》与行政诉讼法、《意见》、《领导干部干预司法活动、插手具体案件处理的记录、通报和责任追究规定》、《司法机关内部人员过问案件的记录和责任追究规定》以及最高人民法院相关司法解释等有关规定，构成一个有机的整体，互相衔接，共同发挥制度合力，确保行政诉讼应诉工作依法有据，切合实际，为人民法院行政审判工作营造良好的外部环境，共同推进法治国家、法治政府和法治社会建设。

四是细化要求，明确部署。一分部署，九分落实。为确保行政诉讼法和《意见》的落实取得成效，《通知》结合人民法院工作实际，对相关工作制度和要求进行了细化，对任务的落实进行了部署。比如，落实立案登记制具体要求、正确理解行政机关负责人出庭应诉规定要求等内容。

严格执行法律规定，彻底解决“立案难、审理难”

三、问：《通知》对人民法院在依法做好行政案件受理和审理工作方面提出了哪些要求？

答： 主要有三个方面的要求：

一是坚决落实“有案必立、有诉必理”。严格执行行政诉讼法和《最高人民法院关于人民法院登记立案若干问题的规定》，进一步强化行政诉讼中的诉权保护，不得违法限缩受案范围、违法增设起诉条件，严禁以反复要求起诉人补正的方式变相拖延、拒绝立案。

二是严肃处理违规行为。对于不接收起诉状、接收起诉状后不出具书面凭证，以及不一次性告知当事人需要补正的起诉状内容的，要依照《人民法院审判人员违法审判责任追究办法（试行）》、《人民法院工作人员处分条例》等相关规定，对直接负责的主管人员和其他直接责任人员依法依纪作出处理。

三是坚决抵制干扰、阻碍人民法院依法受理和审理行政案件的各种违法行为。要严格贯彻落实《领导干部干预司法活动、插手具体案件处理的记录、通报和责任追究规定》等规定，对领导干部或者行政机关以各种形式明示或者暗示人民法院不受理案件、不判决行政机关败诉、不履行人民法院生效裁判的，全面、如实做好记录工作，做到全程留痕，有据可查。

依法推进行政机关负责人出庭应诉

四、问：《通知》在正确理解和把握行政机关负责人出庭应诉方面有哪些规定？

答： 这个问题在实践中存在一些争议，在认识上也存在一些分歧。根据行政诉讼法和《意见》规定的精神，《通知》结合实际，从以下几个方面作了细化和解释：

一是出庭应诉的行政机关负责人，既包括正职负责人，也包括副职负责人以及其他参与分管的负责人。

二是行政机关负责人不能出庭的，应当委托行政机关相应的工作人员出庭。

三是涉及重大公共利益、社会高度关注或者可能引发群体性事件等案件以及人民法院书面建议行政机关负责人出庭的案件，被诉行政机关负责人应当出庭。

四是行政诉讼法第三条第三款规定的“行政机关相应的工作人员”，包括该行政机关具有国家行政编制身份的工作人员以及其他依法履行公职的人员。被诉行政行为是人民政府作出的，人民政府所属法制工作机构的工作人员，以及被诉行政行为具体承办机关的工作人员，也可以视为被诉人民政府相应的工作人员。

此外，《通知》还专门强调，行政机关负责人和行政机关相应的工作人员均不出庭，仅委托律师出庭的；或者人民法院书面建议行政机关负责人出庭应诉，行政机关负责人不出庭应诉的，人民法院应当记录在案并在裁判文书中载明，可依照行政诉讼法相关规定予以公告，并建议任免机关、监察机关或者上一级行政机关对相关责任人员严肃处理。

为依法出庭应诉提供必要条件

五、问：《通知》在人民法院推进行政机关出庭应诉工作方面有哪些具体要求？

答：为推进行政机关做好出庭应诉工作，《通知》提出了以下几项要求：

一是要加强与政府法制部门和行政执法机关的联系，探索建立行政审判和行政应诉联络工作机制，及时沟通、协调行政机关负责人出庭建议书的发送和庭审时间的确定等具体事宜，稳步推进行政机关出庭应诉工作。

二是要按照相关规定，为行政机关负责人、工作人员、政府法律顾问和公职律师依法履行出庭应诉职责提供必要的保障和相应的便利。

三是要正确理解行政行为合法性审查原则，行政复议机关和作出原行政行为的行政机关为共同被告的，可以根据具体情况确定由一个机关实施举证行为，确保庭审的针对性，提高庭审效率。

四是要改革案件审理模式，推广繁简分流，实现简案快审、繁案精审，减轻当事人的诉讼负担。对符合《最高人民法院关于适用〈中华人民共和国行政诉讼法〉若干问题的解释》第三条第二款规定的案件，人民法院认为不需要开庭审理的，可以迳行裁定驳回起诉。

五是要及时就行政机关出庭应诉和行政执法工作中的问题和不足提出司法建议，及时向政府法制部门通报司法建议落实和反馈情况，从源头上预防和化解争议。

六是要积极参与行政应诉教育培训工作，提高行政机关负责人、行政执法人员等相关人员的行政应诉能力。

支持行政机关建立健全依法行政考核体系

六、问：《通知》在支持行政机关加强依法行政考核方面有哪些要求？

答：《通知》明确要求，人民法院要支持当地党委政府建立和完善依法行政考核体系，结合行政审判工作实际提出加强和改进行政应诉工作的意见和建议。人民法院可以通过司法建议、白皮书等适当形式，就本地区行政机关出庭应诉工作和依法行政考核指标的实施情况、运行成效等问题，及时向行政机关作出反馈、评价，并可以适当方式将本地区行政机关出庭应诉情况向社会公布，以促进和发挥考核指标的倒逼作用，提高行政机关依法应诉能力和依法行政水平。

为确保《通知》规定有效落实，《通知》还要求地方各级人民法院要及时总结本《通知》贯彻实施过程中形成的好经验好做法；对贯彻实施中遇到的困难和问题，要及时层报最高人民法院。

最高人民法院
印发《关于进一步保护和规范当事人依法行使行政诉权的若干意见》的通知

2017 年 8 月 31 日　　　　法发〔2017〕25 号

各省、自治区、直辖市高级人民法院，解放军军事法院，新疆维吾尔自治区高级人民法院生产建设兵团分院：

现将《最高人民法院关于进一步保护和规范当事人依法行使行政诉权的若干意见》印发给你们，请认真贯彻执行。

附：

关于进一步保护和规范当事人依法行使行政诉权的若干意见

新行政诉讼法和立案登记制同步实施以来，各级人民法院坚持司法为民的工作宗旨，进一步强化诉权保护意识，着力从制度上、源头上、根本上解决人民群众反映强烈的“立案难”问题，对依法应当受理的案件有案必立、有诉必理，人民群众的行政诉权得到了充分保护，立案渠道全面畅通，新行政诉讼法实施和立案登记制改革取得了重大成果。但与此同时，阻碍当事人依法行使诉权的现象尚未完全消除；一些当事人滥用诉权，浪费司法资源的现象日益增多。为了更好地保护和规范当事人依法行使诉权，引导当事人合理表达诉求，促进行政争议实质化解，结合行政审判工作实际，提出如下意见：

一、进一步强化诉权保护意识，积极回应人民群众合理期待，有力保障当事人依法合理行使诉权

1. 各级人民法院要高度重视诉权保护，坚持以宪法和法律为依据，以满足人民群众需求为导向，以实质化解行政争议为目标，对于依法应当受理的行政案件，一律登记立案，做到有案必立、有诉必理，切实维护和保障公民、法人和其他组织依法提起行政诉讼的权利。

2. 要切实转变观念，严格贯彻新行政诉讼法的规定，坚决落实立案登记制度，对于符合法定起诉条件的，应当当场登记立案。严禁在法律规定之外，以案件疑难复杂、部门利益权衡、影响年底结案等为由，不接收诉状或者接收诉状后不出具书面凭证。

3. 要不断提高保护公民、法人和其他组织依法行使诉权的意识，对于需要当事人补充起诉材料的，应当一次性全面告知当事人需要补正的内容、补充的材料及补正期限等；对于当事人欠缺法律知识的，人民法院必须做好诉讼引导和法律释明工作。

4. 要坚决清理限制当事人诉权的“土政策”，避免在立案环节进行过度审查，违法将当事人提起诉讼的依据是否充分、事实是否清楚、证据是否确凿、法律关系是否明确等作为立案条件。对于不能当场作出立案决定的，应当严格按照行政诉讼法和司法解释的规定，在七日内决定是否立案。人民法院在七日内既不立案、又不作出不予立案裁定，也未要求当事人补正起诉材料的，当事人可以向上一级人民法院起诉，上一级人民法院认为符合起诉条件的，应当立案、审理或指定其他下级人民法院立案、审理。

5. 对于属于人民法院受案范围的行政案件，人民法院发现没有管辖权的，应当告知当事人向有管辖权的人民法院起诉；已经立案的，应当移送有管辖权的人民法院。对于不属于复议前置的案件，人民法院不得以当事人的起诉未经行政机关复议为由不予立案或者不接收起诉材料。当事人的起诉可能超过起诉期限的，人民法院应当进行认真审查，确因不可抗力或者不可归责于当事人自身原因耽误起诉期限的，人民法院不得以超过起诉期限为由不予立案。

6. 要进一步提高诉讼服务能力，充分利用“大数据”“互联网+”“人工智能”等现代技术，继续推进诉讼服务大厅、诉讼服务网络、12368 热线、智能服务平台等建设，不断创新工作理念，完善服务举措，为人民群众递交材料、办理手续、领取文书以及立案指导、咨询解答、信息查询等提供一站式、立体化服务，为人民群众依法行使诉权提供优质、便捷、高效的诉讼引导和服务。

7. 要依法保障经济困难和诉讼实施能力较差的当事人的诉权。通过法律援助、司法救助等方式，让行使诉权确有困难的当事人能够顺利进入法院参与诉讼。要积极建立与律师协会、法律援助中心等单位的沟通交流和联动机制，为当事人提供及时有效的法律援助，提高当事人的诉讼实施能力。

8. 要严格执行中共中央办公厅、国务院办公厅印发的《领导干部干预司法活动、插手具体案件处理的记录、通报和责任追究规定》和中央政法委印发的《司法机关内部人员过问案件的记录和责任追究规定》，及时制止和纠正干扰依法立案、故意拖延立案、人为控制立案等违法违规行为。对于阻碍和限制当事人依法行使诉权、干预人民法院依法受理和审理行政案件的机关和个人，人民法院应当如实记录，并按规定报送同级党委政法委，同时可以向其上级机关或监察机关进行通报、提出处理建议。

二、正确引导当事人依法行使诉权，严格规制恶意诉讼和无理缠诉等滥诉行为

9. 要正确理解立案登记制的精神实质，在防止过度审查的同时，也要注意坚持必要审查。人民法院除对新行政诉讼法第四十九条规定的起诉条件依法进行审查外，对于起诉事项没有经过法定复议前置程序处理、起诉确已超过法定起诉期限、起诉人与行政行为之间确实没有利害关系等明显不符合法定起诉条件的，人民法院依法不予立案，但应当向当事人说明不予立案的理由。

10. 要引导当事人依法行使诉权，对于没有新的事实和理由，针对同一事项重复、反复提起诉讼，或者反复提起行政复议继而提起诉讼等违反“一事不再理”原则的起诉，人民法院依法不予立案，并向当事人说明不予立案的理由。当事人针对行政机关未设定其权利义务的重复处理行为、说明性告知行为及过程性行为提起诉讼的，人民法院依法不予立案，并向当事人做好释明工作，避免给当事人造成不必要的诉累。

11. 要准确把握新行政诉讼法第二十五条第一款规定的“利害关系”的法律内涵，依法审查行政机关的行政行为是否确与当事人权利义务的增减得失密切相关，当事人在诉讼中是否确实具有值得保护的实际权益，不得虚化、弱化利害关系的起诉条件。对于确与行政行为有利害关系的起诉，人民法院应当予以立案。

12. 当事人因请求上级行政机关监督和纠正下级行政机关的行政行为，不服上级行政机关作出的处理、答复或者未作处理等层级监督行为提起诉讼，或者不服上级行政机关对下级行政机关作出的通知、命令、答复、回函等内部指示行为提起诉讼的，人民法院在裁定不予立案的同时，可以告知当事人可以依

法直接对下级行政机关的行政行为提起诉讼。上述行为如果设定了当事人的权利义务或者对当事人权利义务产生了实际影响，人民法院应当予以立案。

13. 当事人因投诉、举报、检举或者反映问题等事项不服行政机关作出的行政行为而提起诉讼的，人民法院应当认真审查当事人与其投诉、举报、检举或者反映问题等事项之间是否具有利害关系，对于确有利害关系的，应当依法予以立案，不得一概不予受理。对于明显不具有诉讼利益、无法或者没有必要通过司法渠道进行保护的起诉，比如当事人向明显不具有事务、地域或者级别管辖权的行政机关投诉、举报、检举或者反映问题，不服行政机关作出的处理、答复或者未作处理等行为提起诉讼的，人民法院依法不予立案。

14. 要正确区分当事人请求保护合法权益和进行信访之间的区别，防止将当事人请求行政机关履行法定职责当作信访行为对待。当事人因不服信访工作机构依据《信访条例》作出的处理意见、复查意见、复核意见或者不履行《信访条例》规定的职责提起诉讼的，人民法院依法不予立案。但信访答复行为重新设定了当事人的权利义务或者对当事人权利义务产生实际影响的，人民法院应当予以立案。

15. 要依法制止滥用诉权、恶意诉讼等行为。滥用诉权、恶意诉讼消耗行政资源，挤占司法资源，影响公民、法人和其他组织诉权的正常行使，损害司法权威，阻碍法治进步。对于以危害国家主权和领土完整、危害国家安全、破坏国家统一和民族团结、破坏国家宗教政策为目的的起诉，人民法院依法不予立案；对于极个别当事人不以保护合法权益为目的，长期、反复提起大量诉讼，滋扰行政机关，扰乱诉讼秩序的，人民法院依法不予立案。

16. 要充分尊重和保护公民、法人或者其他组织的知情权，依法及时审理当事人提起的涉及申请政府信息公开的案件。但对于当事人明显违反《中华人民共和国政府信息公开条例》立法目的，反复、大量提出政府信息公开申请进而提起行政诉讼，或者当事人提起的诉讼明显没有值得保护的与其自身合法权益相关的实际利益，人民法院依法不予立案。公民、法人或者其他组织申请公开已经公布或其已经知晓的政府信息，或者请求行政机关制作、搜集政府信息或对已有政府信息进行汇总、分析、加工等，不服行政机关作出的处理、答复或者未作处理等行为提起诉讼的，人民法院依法不予立案。

17. 在认定滥用诉权、恶意诉讼的情形时，应当从严掌握标准，要从当事人提起诉讼的数量、周期、目的以及是否具有正当利益等角度，审查其是否具有滥用诉权、恶意诉讼的主观故意。对于属于滥用诉权、恶意诉讼的当事人，要探索建立有效机制，依法及时有效制止。

【链 接】

巩固立案登记制改革成果 引导当事人依法行使诉权
——最高人民法院行政庭负责人就《关于进一步保护和规范当事人依法行使行政诉权的若干意见》答记者问

为进一步促进新行政诉讼法深入贯彻实施，巩固立案登记制改革的成果，2017年8月31日，最高人民法院印发了《关于进一步保护和规范当事人依法行使行政诉权的若干意见》(以下简称《若干意见》)，对充分保障当事人依法行使行政诉权和避免诉权滥用提出了具体要求。就此，最高人民法院行政庭负责人接受了记者的采访。

一、问：请简要介绍一下《若干意见》出台的背景？

答：2015年5月1日，新行政诉讼法实施和人民法院立案登记制改革以来，各级人民法院对于依法应当受理的案件坚持有案必立、有诉必理，行政诉讼"立案难"问题得到基本解决，新行政诉讼法实施和立案登记制改革取得了重大成效。但在新法实施过程中，也出现了两种不良倾向。一是随着行政案件的大幅增长和办案压力的不断加大，少数法院限制当事人诉权的情况有所回潮；二是个别当事人曲解立案登记制的立法含义，滥用诉权、恶意诉讼，极大浪费了司法资源和行政成本，甚至阻碍中国法治建设，抹黑中国法治形象。因此，为巩固新法实施和改革成果，一方面要坚持保护诉权、坚定不移推行立案登记制；另一方面要依法规制滥用诉权、恶意诉讼问题，防止当事人行使诉权偏离新行政诉讼法的规定和立案登记制改革的精神实质。

二、问：请问《若干意见》在保护当事人诉权方面作出了哪些具体规定？

答：诉讼权利是公民、法人和其他组织的基本权利。"有权利必有救济"是法治时代的必然要求。基于"民告官"的制度架构，加之"官本位"观念的长期影响，行政审判容易受到各方面的干扰。过去一些地方出台限制受理行政案件的"土政策""潜规则"，将老百姓的诉求拒之门外。全面推行立案登记制就是为了解决"立案难"的痼疾。立案登记制施行后，行政诉讼"立案难"问题基本得以解决。但是，随着办案压力的与日俱增，"立案难"问题反弹回潮的风险也时刻存在，不容忽视。因此，执行新法规定，推行立案登记制，需要旗帜鲜明地予以坚持。

《若干意见》分为两个部分，第一部分为“进一步强化诉权保护意识，积极回应人民群众合理期待，有力保障当事人依法合理行使诉权”，该部分共八条。在这一部分，《若干意见》从提高诉权保护意识、巩固新法实施成果、坚持立案登记制度、加强诉讼服务建设、完善司法救济措施、防止不当干预诉讼等方面，对各级人民法院提出了明确要求。

《若干意见》指出，各级人民法院要高度重视诉权保护，对于依法应当受理的行政案件，一律登记立案，做到有案必立、有诉必理。严禁在法律规定之外，以案件疑难复杂、部门利益权衡、影响年底结案等为由，不接收诉状或者接收诉状后不出具书面凭证；对于需要当事人补充起诉材料的，应当一次性全面告知当事人需要补正的内容、补充的材料及补正期限等，并做好诉讼引导和法律释明工作；对于不能当场作出立案决定的，应当严格按照行政诉讼法和司法解释的规定，在七日内决定是否立案。人民法院在七日内既不立案、又不作出不予立案裁定，也未要求当事人补正起诉材料的，当事人可以向上一级人民法院起诉；对于当事人的起诉可能超过起诉期限的，人民法院应当进行认真审查，确因不可抗力或者不可归责于当事人自身原因耽误起诉期限的，人民法院不得以超过起诉期限为由不予立案，等等。

《若干意见》强调，要进一步提高诉讼服务能力，充分利用“大数据”“互联网+”“人工智能”等现代技术，继续推进诉讼服务大厅、诉讼服务网络、12368 热线、智能服务平台等建设，为人民群众依法行使诉权提供优质、便捷、高效的诉讼引导和服务；要依法保障经济困难和诉讼实施能力较差的当事人的诉权。通过法律援助、司法救助等方式，让行使诉权确有困难的当事人能够顺利进入法院参与诉讼；要严格执行中共中央办公厅、国务院办公厅印发的《领导干部干预司法活动、插手具体案件处理的记录、通报和责任追究的规定》和中央政法委印发的《司法机关内部人员过问案件的记录和责任追究规定》，及时制止和纠正干扰依法立案、故意拖延立案、人为控制立案等违法违规行为。

三、问：请问《若干意见》在防止滥用诉权，采取了哪些主要措施?

答：“任何人都不应从不当行为中获利”。在新行政诉讼法实施过程中，个别当事人滥用诉权现象，逐渐成为各地法院和行政机关反映强烈的问题。滥用诉讼权利是对诚信原则的极大破坏，有的提起诉讼并不存在值得保护的诉之利益，有的不以保护权益为目的，随意提起或者大量提起行政诉讼，滥用行政诉权。这些滥诉行为，一方面扰乱了正常的诉讼秩序，损害了司法权威，给我国法治建设带来负面影响，另一方面挤占了有限的司法资源，损害他人的合法权益，加大了行政机关依法行政的成本。因此，依法规制滥用诉权、恶意诉讼问题具有现实紧迫性和必要性。

《若干意见》第二部分为“正确引导当事人依法行使诉权，严格规制恶意诉讼和无理缠诉等滥诉行为”，该部分共九条。在这一部分，《若干意见》从正确理解立案登记制的精神实质、准确把握利害关系的法定内涵、引导当事人依法行使诉权、有效规制滥用诉权行为等方面，提出了有针对性的措施。

《若干意见》要求，正确理解立案登记制的精神实质，人民法院除对新行政诉讼法第四十九条规定的起诉条件依法进行审查外，对于起诉事项没有经过法定复议前置程序、起诉确已超过法定起诉期限等明显不符合法定起诉条件的，人民法院依法不予立案；对于当事人违反“一事不再理”原则的起诉，或者针对行政机关未设定其权利义务的重复处理行为、说明性告知行为及过程性行为提起诉讼的，人民法院依法不予立案。《若干意见》强调，要准确把握新行政诉讼法第二十五条第一款规定的“利害关系”的法律内涵，对于确与行政行为有利害关系的起诉，人民法院应当予以立案，反之则不予立案。对于当事人要求行政机关履行内部监督职责，或者不服行政机关内部指示行为提起诉讼的，人民法院依法不予立案。但上述行为设定了当事人的权利义务或者对当事人权利义务产生实际影响的除外；对于实践中反映比较集中的当事人因投诉、举报、检举等事项不服行政机关的处理而提起诉讼的，人民法院应当认真审查当事人与其投诉、举报、检举等事项之间是否具有利害关系，对于明显没有诉讼利益、无法或者没有必要通过司法渠道进行保护的起诉，人民法院依法不予立案。

《若干意见》指出，要依法制止滥用诉权、恶意诉讼等行为。对于不以保护合法权益为目的，长期、反复提起大量诉讼，滋扰行政机关，扰乱诉讼秩序的，人民法院依法不予立案；对于当事人明显违反《中华人民共和国政府信息公开条例》立法目的，反复、大量提出政府信息公开申请进而提起行政诉讼，或者当事人提起的政府信息公开申请明显不具有需要通过诉讼予以保护的实际利益，人民法院依法不予立案，等等。《若干意见》同时要求，认定滥用诉权，须从严掌握标准，对于确属滥用诉权的当事人，各级人民法院要探索建立有效机制，依法及时制止。

二、立案管辖、受案范围

最高人民法院
关于印发《人民法院推行立案登记制改革的意见》的通知

2015 年 4 月 15 日　　　　　　　　　　法发〔2015〕6 号

各省、自治区、直辖市高级人民法院，解放军军事法院，新疆维吾尔自治区高级人民法院生产建设兵团分院：

2015 年 4 月 1 日，中央全面深化改革领导小组第十一次会议审议通过了《关于人民法院推行立案登记制改革的意见》（以下简称《意见》），现予印发，请认真贯彻执行。该《意见》自 2015 年 5 月 1 日起施行。执行中发现情况和问题请及时报告最高人民法院。

附：

人民法院推行立案登记制改革的意见

为充分保障当事人诉权，切实解决人民群众反映的“立案难”问题，改革法院案件受理制度，变立案审查制为立案登记制，依照《中华人民共和国民事诉讼法》《中华人民共和国行政诉讼法》《中华人民共和国刑事诉讼法》等有关法律，提出如下意见。

一、立案登记制改革的指导思想

（一）坚持正确政治方向。深入贯彻党的十八届四中全会精神，坚持党的群众路线，坚持司法为民公正司法，通过立案登记制改革，推动加快建设公正高效权威的社会主义司法制度。

（二）坚持以宪法和法律为依据。依法保障当事人行使诉讼权利，方便当事人诉讼，做到公开、透明、高效。

（三）坚持有案必立、有诉必理。对符合法律规定条件的案件，法院必须依法受理，任何单位和个人不得以任何借口阻挠法院受理案件。

二、登记立案范围

有下列情形之一的，应当登记立案：

（一）与本案有直接利害关系的公民、法人和其他组织提起的民事诉讼，有明确的被告、具体的诉讼请求和事实依据，属于人民法院主管和受诉人民法院管辖的；

（二）行政行为的相对人以及其他与行政行为有利害关系的公民、法人或者其他组织提起的行政诉讼，有明确的被告、具体的诉讼请求和事实根据，属于人民法院受案范围和受诉人民法院管辖的；

（三）属于告诉才处理的案件，被害人有证据证明的轻微刑事案件，以及被害人有证据证明应当追究被告人刑事责任而公安机关、人民检察院不予追究的案件，被害人告诉，且有明确的被告人、具体的诉讼请求和证明被告人犯罪事实的证据，属于受诉人民法院管辖的；

（四）生效法律文书有给付内容且执行标的和被执行人明确，权利人或其继承人、权利承受人在法定期限内提出申请，属于受申请人民法院管辖的；

（五）赔偿请求人向作为赔偿义务机关的人民法院提出申请，对人民法院、人民检察院、公安机关等作出的赔偿、复议决定或者对逾期不作为不服，提出赔偿申请的。

有下列情形之一的，不予登记立案：

（一）违法起诉或者不符合法定起诉条件的；

（二）诉讼已经终结的；

（三）涉及危害国家主权和领土完整、危害国家安全、破坏国家统一和民族团结、破坏国家宗教政策的；

（四）其他不属于人民法院主管的所诉事项。

三、登记立案程序

（一）实行当场登记立案。对符合法律规定的起诉、自诉和申请，一律接收诉状，当场登记立案。对当场不能判定是否符合法律规定的，应当在法律规定的期限内决定是否立案。

（二）实行一次性全面告知和补正。起诉、自诉和申请材料不符合形式要件的，应当及时释明，以书面形式一次性全面告知应当补正的材料和期限。在指定期限内经补正符合法律规定条件的，人民法院应当登记立案。

（三）不符合法律规定的起诉、自诉和申请的处理。对不符合法律规定的起诉、自诉和申请，应当依法裁决不予受理或者不予立案，并载明理由。当事人不服的，可以提起上诉或者申请复议。禁止不收材料、不予答复、不出具法律文书。

（四）严格执行立案标准。禁止在法律规定之外设定受理条件，全面清理和废止不符合法律规定的立案“土政策”。

四、健全配套机制

（一）健全多元化纠纷解决机制。进一步完善调解、仲裁、行政裁决、行政复议、诉讼等有机衔接、相互协调的多元化纠纷解决机制，加强诉前调解与诉讼调解的有效衔接，为人民群众提供更多纠纷解决方式。

（二）建立完善庭前准备程序。完善繁简分流、先行调解工作机制。探索建立庭前准备程序，召集庭前会议，明确诉辩意见，归纳争议焦点，固定相关证据，促进纠纷通过调解、和解、速裁和判决等方式高效解决。

（三）强化立案服务措施。加强人民法院诉讼服务中心和信息化建设，实现公开、便捷立案。推行网上立案、预约立案、巡回立案，为当事人行使诉权提供便利。加大法律援助、司法救助力度，让经济确有困难的当事人打得起官司。

五、制裁违法滥诉

（一）依法惩治虚假诉讼。当事人之间恶意串通，或者冒充他人提起诉讼，企图通过诉讼、调解等方式侵害他人合法权益的，人民法院应当驳回其请求，并予以罚款、拘留；构成犯罪的，依法追究刑事责任。

（二）依法制裁违法行为。对哄闹、滞留、冲击法庭等不听从司法工作人员劝阻的，以暴力、威胁或者其他方法阻碍司法工作人员执行职务的，或者编造事实、侮辱诽谤审判人员，严重扰乱登记立案工作的，予以罚款、拘留；构成犯罪的，依法追究刑事责任。

（三）依法维护立案秩序。对违法围攻、静坐、缠访闹访、冲击法院等，干扰人民法院依法立案的，由公安机关依照治安管理处罚法，予以警告、罚款、行政拘留等处罚；构成犯罪的，依法追究刑事责任。

（四）健全相关法律制度。加强诉讼诚信建设，规范行使诉权行为。推动完善相关立法，对虚假诉讼、恶意诉讼、无理缠诉等滥用诉权行为，明确行政处罚、司法处罚、刑事处罚标准，加大惩治力度。

六、切实加强立案监督

（一）加强内部监督。人民法院应当公开立案程序，规范立案行为，加强对立案流程的监督。上级人民法院应充分发挥审级监督职能，对下级法院有案不立的，责令其及时纠正。必要时，可提级管辖或者指定其他下级法院立案审理。

（二）加强外部监督。人民法院要自觉接受监督，对各级人民代表大会及其常务委员会督查法院登记立案工作反馈的问题和意见，要及时提出整改和落实措施；对检察机关针对不予受理、不予立案、驳回起诉的裁定依法提出的抗诉，要依法审理，对检察机关提出的检察建议要及时处理，并书面回复；自觉接受新闻媒体和人民群众的监督，对反映和投诉的问题，要及时回应，确实存在问题的，要依法纠正。

（三）强化责任追究。人民法院监察部门对立案工作应加大执纪监督力度。发现有案不立、拖延立案、人为控制立案、“年底不立案”、干扰依法立案等违法行为，对有关责任人员和主管领导，依法依纪严肃追究责任。造成严重后果或者恶劣社会影响，构成犯罪的，依法追究刑事责任。

各级人民法院要认真贯彻本意见精神，切实加强领导，明确责任，周密部署，精心组织，确保立案登记制改革顺利进行。

【链　　接】

解决“立案难”的关键性举措

——最高人民法院负责人就《关于人民法院推行立案登记制改革的意见》答记者问

2015 年 4 月 1 日，中央全面深化改革领导小组第十一次会议审议通过《关于人民法院推行立案登记制改革的意见》（以下简称《意见》）。2015 年 4 月 15 日，最高人民法院印发《意见》，自 2015 年 5 月 1 日起施行。针对公众普遍关注的问题，最高人民法院负责人接受了《人民法院报》记者采访。

一、问：立案登记制改革的总体思路是什么？请简要介绍一下这份意见的主要内容。

答：这次改革的总体思路是，以党的十八届四中全会精神和习近平总书记的重要指示为指针，坚持以宪法和法律为依据，以群众需求为导向，从解决实际问题入手，对依法应该受理的案件，做到有案必立、有诉必理，切实保障当事人诉权，从制度上、源头上、根本上解决“立案难”问题。

《意见》的主要内容包括：立案登记制改革的指导思想、登记立案范围、登记立案程序、健全配套机制、制裁违法滥诉、切实加强立案监督等方面，内容十分丰富，具体包括五个方面：

第一，对符合法律规定的起诉、自诉和申请，一律接收诉状，当场登记立案。

第二，对提交的材料不符合形式要件的，及时释明，以书面形式一次性全面告知应当补正的材料和期限。

第三，对在法律规定期限内无法判定的，应当先行立案。

第四，对不符合法律规定的起诉、自诉和申请，应当依法裁决不予受理或者不予立案，并载明理由。当事人不服的，可以提起上诉或者申请复议。禁止不收材料、不予答复、不出具法律文书。

第五，强化责任追究，对有案不立、拖延立案、人为控制立案、“年底不立案”、干扰依法立案等违法行为，依法依纪严肃追究有关责任人员和主管领导责任。

二、问：与现行的立案审查制相比，立案登记制有什么特点？

答：立案审查制，是指当事人向法院提起诉讼时，法院对诉讼要件进行实质审查后，决定是否受理。其审查内容主要包括主体资格、法律关系、诉讼请求以及管辖权等。

立案登记制，是指法院对当事人的起诉不进行实质审查，仅仅对形式要件进行核对。除了《意见》规定不予登记立案的情形外，当事人提交的诉状一律接收，并出具书面凭证。诉状和相关证据材料符合诉讼法规定条件的，当场登记立案。

两者的区别有以下三个方面：

一是诉讼起点不同。立案审查制下，诉讼起点是法院决定立案时；立案登记制下，诉状提交给法院时，诉讼就开始了。

二是立案条件不同。立案审查制下，各级法院对当事人起诉能否立案的审查尺度存在标准不一的问题；立案登记制下，当事人只要提供符合形式要件的诉状，法院一律接收，并在规定期限内依法处理。

三是对当事人起诉权的保障不同。立案审查制下，当事人的起诉权得不到保障；立案登记制下，法院一律接收诉状，当事人依法无障碍行使诉权，体现了对当事人起诉权的充分保障。

三、问：哪些案件属于登记立案的范围？

答：登记立案针对的是初始案件，包括民事起诉、行政起诉、刑事自诉、强制执行和国家赔偿申请。对上诉、申请再审、申诉等，法律另有规定，不适用登记立案的规定。

目前，《民事诉讼法》《行政诉讼法》《刑事诉讼法》《国家赔偿法》等法律和相关司法解释已经对民事起诉、行政起诉、刑事自诉、强制执行和国家赔偿申请的受理条件作出明确规定。

《意见》中也对应当登记立案的具体情形作出了详细规定。

此外，违法起诉和不符合起诉条件的，诉讼已经终结的，涉及危害国家主权和领土完整、危害国家安全、破坏国家统一和民族团结、破坏国家宗教政策的，以及其他不属于法院主管的所诉事项，不在登记范围之内。比如，当事人起诉的事项按规定应当由其他机关处理的争议，法院应当及时释明，告知当事人向有关机关申请解决。如果当事人坚持起诉，法院应当裁决不予受理或者不予立案。

四、问：登记立案程序是否有时间上的硬性要求，来防止案件“久拖不立”？

答：老百姓到法院起诉、自诉或者申请强制执行、国家赔偿，法院要一律接受诉状。当场能够判定起诉、自诉和申请符合法律规定条件的，应当登记立案；当场不能判定是否符合法律规定条件的，应当在法律规定期限内决定是否立案。

这种要求是明确的，时效性是很强的。例如，起诉应当在收到起诉状之日起7日内决定是否立案；刑事自诉应当在收到自诉状次日起15日内决定是否立案；对于执行异议之诉，应当在收到起诉状之日起15日内决定是否立案。

在法律规定期限内，认为起诉、自诉和申请不符合法律规定条件的，应当依法裁决不予受理或者不予立案，并载明理由。无法判定是否符合法律规定条件的，先行立案。这主要是为了更充分地保障当事人的诉权，也对法院立案工作提出了更高的要求。

对当事人而言，起诉、自诉应当提供必要的材料，法院如果认为申请材料不符合形式要件的，应当当场及时释明，以书面形式一次性全面告知应当补正的材料和期限。

这里要明确，首先是以书面形式告知，防止口头表达不清或者事后是否告知了说不清楚；其次是一次性全面告知，不能反反复复，让当事人来回奔波。

当事人在指定期限内经补正达到法律规定条件的，法院应当登记立案。在指定期限内没有补正的，退回诉状并记录在册；当事人坚持起诉、自诉的，或者经补正仍不符合形式要件的，裁决不予受理或者不予立案。

登记立案后，法院应当及时将案件材料转给相关业务庭。对登记立案后移送的案件，相关部门不得随意以起诉材料不齐全、诉讼证据有缺失或者案件难以审理、执行等为由，退回立案部门。

为了进一步规范登记立案的程序，最高人民法院将颁发登记立案的规范性文件。

五、问：法院如何应对实行登记立案后，可能出现的案件数量增加等问题？

答：实行登记立案制，法院各类案件数量预计会出现不同程度增长，涉诉信访等方面的任务也可能增加。

从法院自身而言，要大力提升诉讼服务水平。我们将继续抓好诉讼服务中心建设工作，完善便民服务机制，特别是运用信息技术手段，大力推行网上登记立案平台建设，让当事人更加方便地行使诉权。加大法律援助、司法救助力度，让经济确有困难的当事人打得起官司。

要改革审判执行机制，完善先行调解机制，探索庭前准备程序。积极稳妥推进司法体制改革，包括完善主审法官和合议庭办案责任制、法官员额制改革、司法辅助人员制度改革、司法人员分类管理等。大力开展案件分流、促进和解、指导调解、诉调对接和案件速裁工作。探索建立民事庭前准备程序，组织当事人交换证据，归纳争议焦点，促进双方和解，强化审前案件管理和程序管控，让更多的案件解决在审前。

同时，法院要在发挥审判功能的同时，进一步完善调解、仲裁、行政裁决、行政复议、诉讼等有机衔接、相互协调的多元化纠纷解决机制。通过建设功能强大、资源充足的诉调对接平台和形式多样、运行规范的诉调对接机制，尊重当事人的选择，减轻当事人诉累，有效化解矛盾纠纷。在诉讼服务中心为商事调解组织、行业调解组织或者其他具有调解职能的组织开展调解工作搭建平台，落实人民调解协议司法确认制度，充分发挥行政调解、人民调解、行业调解的作用。完善仲裁与诉讼的衔接机制，引导更多纠纷通过仲裁程序解决。

六、问：对于可能出现的虚假诉讼、恶意诉讼、无理缠诉行为，法院如何规制？

答：起诉是当事人的基本权利，应当予以充分保障。但同时要引导当事人依法行使诉权，理性表达诉求，诚信维护权益。如果诉权被滥用，不仅没有让有限的司法资源用在“刀刃”上，给更有需要的人以司法救济，而且会损害司法权威。

对当事人之间恶意串通，或者冒充他人提起诉讼，企图通过诉讼、调解等方式侵害他人合法权益的虚假诉讼，法院一经发现，都将驳回其请求，并给予司法处罚。情节严重构成犯罪的，还将依法追究其刑事责任。

对扰乱法庭秩序、阻碍司法工作人员执行职务以及编造事实、侮辱诽谤审判人员的，依法进行处罚。对聚众围攻、缠访闹访、冲击法院等干扰法院审判工作的行为，法院将加大与公安机关的协调配合力度，依法予以制裁，维护正常立案秩序。

七、问：法院将如何加大立案监督力度，确保立案登记制改革得到全面落实？

答：《意见》专门对加强立案监督，强化责任追究进行了规定。从规定的立案监督方式看，涉及党委纪检监督、人大权力机关的监督、政府监察监督、政协和民主党派民主监督、法院内部上级法院对下级法院的监督、检察机关的法律监督、社会和公众监督、媒体舆论监督、系统内的制度监督等，可以说是非常严的。具体来说，有以下三个方面：

一是加强法院内部监督，包括法院加强自查和上级法院依法进行监督。如果发现有案不立、拖延立案、人为控制立案、“年底不立案”、干扰依法立案等违法行为，对有关责任人员和主管领导，依法依纪严肃追究责任。造成严重后果或者恶劣社会影响，构成犯罪的，依法追究刑事责任。

二是依靠人大、政协、检察机关的监督。

三是自觉接受社会监督。通过全面推行立案公开，将立案活动晒在阳光下，规范立案行为，接受社会监督。

准确把握起诉条件　自觉维护诉讼秩序
——最高人民法院行政审判庭负责人就行政诉讼立案登记有关问题答记者问

修改后的《行政诉讼法》已于2015年5月1日正式颁布实施。近日，最高人民法院行政审判庭负责人就行政诉讼立案登记有关问题回答了《人民法院报》记者的提问。

一、对符合起诉条件的案件，必须做到有案必立，有诉必理

问：《行政诉讼法》已经实施，请问最高人民法院在解决“立案难”方面有哪些举措?

答：修改后的《行政诉讼法》已经正式颁布和实施。本次修法的一个重要目标就是解决“立案难”的问题，《行政诉讼法》对立案登记的程序、起诉条件等作了一系列规定。人民法院对符合起诉条件的案件，必须做到有案必立，有诉必理，依法、充分保障当事人行使诉讼权利。最近，最高人民法院发布了《关于人民法院登记立案若干问题的规定》和《关于适用〈中华人民共和国行政诉讼法〉若干问题的解释》。这两部司法解释坚持贴近人民群众，坚持尊重司法规律，坚持依法保障当事人的诉讼权利，对立案登记工作进一步作了细化规定，对于全面推行立案登记制度必将起到积极的作用。为了防止个别地方法院搞不收材料，不接诉状，不作裁定，司法解释明确要求一律接收诉状，打开群众诉求之门；不能当场立案的，要在7日内决定是否立案；7日内仍不能决定是否立案的，应当先予立案；对诉状内容或者材料欠缺的，应当一次性全面告知，杜绝反复多次要求补充材料、修改诉状，让当事人往返奔波的现象，客观上为当事人行使诉讼权利设置障碍；为了便于当事人寻求救济，要求上级法院对立案工作加强监督，明确当事人对不予立案裁定不服的，可以提起上诉。可以说，这些措施坚持以法律为依据，以群众需求为导向，从解决实际问题入手，是从制度上、源头上解决人民群众反映强烈的“告状难”问题的重要司法举措，充分体现了人民法院对于当事人起诉权利的高度重视和切实保障。

二、国防外交行为等，不属于人民法院主管范围

问：《行政诉讼法》和相关司法解释对哪些不属于人民法院行政诉讼主管的事项作了规定？在行政案件立案工作中如何把握?

答：《行政诉讼法》和相关司法解释对不属于人民法院行政诉讼主管的事项作了列举规定。这些内容有的涉及国家的国防外交行为，有的涉及行政机关内部管理事项等，法律明确排除了人民法院对这些事项的主管权力。根据《行政诉讼法》第13条的规定，人民法院不受理下列事项：(1) 国防、外交等国家行为；(2) 行政法规、规章或者行政机关制定、发布的具有普遍约束力的决定、命令；(3) 行政机关对行政机关工作人员的奖惩、任免等决定；(4) 法律规定由行政机关最终裁决的行政行为。根据《行政诉讼法》第12条第2款的规定，涉及政治权利且法律、法规没有规定可以提起行政诉讼的行为，也不属

于人民法院主管事项。此外，最高人民法院司法解释还根据《行政诉讼法》的立法精神和原则，明确了一些刑事司法行为亦不属于行政诉讼受案范围，如公安、国家安全等机关依照《刑事诉讼法》的明确授权实施的行为，这些行为属于刑事司法行为，不属于人民法院主管事项。

需要说明的是，行政诉讼俗称为“民告官”的制度，但是行政诉讼只解决一部分“官”“民”之间的法律争端，不能解决所有“官”“民”之间的纠纷和争议。根据《行政诉讼法》的规定，公民、法人或者其他组织与行政机关就行政行为的合法性发生争议的，才能提起诉讼。这也就是说，人民法院只对以行政主体为被告的行政争议才有主管的权力，如果不是以行政主体为被告或者起诉的事项不属于行政争议。例如，针对政党机关或者其他不具有行政职能的社会组织或者官员个人提起的诉讼，则不属于人民法院主管范围。根据《行政诉讼法》的规定，人民法院只对行政行为的合法性进行审查，对于不属于合法性审查范围的事项，也不属于人民法院主管范围。例如，具有明显政治目的的起诉、涉及高度政治性或者政策性的问题，以及历史遗留的政策性调整的问题等，均不属于人民法院主管事项。因此，当事人在提起诉讼时，首先应当准确把握，全面理解人民法院行政诉讼的主管事项。

三、引导当事人依法行使诉权，理性表达诉求

问：目前，在司法实践中确实存在一些滥用诉权、虚假诉讼等情况，人民法院如何在制度上和审查中认定和防止不属于人民法院主管的事项？

答：《行政诉讼法》是一部保障人民群众合法权益的优良制度设计，贯彻执行好《行政诉讼法》，首先必须切实解决诉权保护问题。多年来，最高人民法院通过制定司法解释、司法政策等方式，在保障当事人诉权方面作了大量的工作。应当说，保障人民群众诉权一直是人民法院行政审判工作的重中之重。但是由于目前影响人民法院依法受理、审理和执行行政案件的因素比较多，如在行政诉讼的司法体制和机制等方面，还有待于进一步改革和完善；行政机关依法行政的意识和人民群众依法维权的意识均有待提高；社会上对《行政诉讼法》和相关司法解释的理解认识还不够全面、准确，等等。实践中，一些当事人不能依法正确行使诉权，对不符合行政诉讼起诉条件和不属于人民法院主管的案件也坚持起诉；有的出于各种不正当的目的，利用我国行政诉讼制度特别是登记立案门槛较低等机会，滥用诉权甚至恶意起诉。此外，不听劝告无理缠讼等现象也时有发生。这些行为和现象反映出，一些当事人的法治意识薄弱、诉讼行为不够理性。对此，人民法院首先要引导当事人依法行使诉权，理性表达诉求，及时纠正不合法、不适当的行为，自觉维护诉讼秩序。其次，对于当

事人的诉求应当通过其他法律途径解决的，要耐心地给予释明和提出建议，并与有关部门或组织密切配合，积极发挥多元化纠纷解决机制的作用，尽可能减轻当事人讼累，有效化解矛盾纠纷。最后，对于滥用诉权特别是恶意诉讼的行为，人民法院也要依法作出处理，不能任其所为、迁就姑息，该驳回起诉的依法驳回起诉，该驳回诉讼请求的依法驳回诉讼请求，妨碍诉讼且情节严重的应当依法给予处罚直至追究行为人刑事责任。

四、任何单位和个人不得以任何借口阻挠人民法院依法受理行政案件

问：法律对人民法院有关人员在立案登记工作中增设起诉条件、抬高门槛的问题，将如何处理？

答：法律和司法解释对于人民法院行政诉讼受案范围、起诉条件的规定是明确的，只要符合法定起诉条件的，人民法院必须依法及时予以立案受理。修改后的《行政诉讼法》及相关司法解释实施后，各级人民法院都必须严格执行，不得违法随意变通或者打折扣。对于没有严格依照修改后的《行政诉讼法》及相关司法解释规定受理行政案件，人为控制立案、限制公民诉权和搞内部“土政策”的，一经发现，要依法依纪严肃处理。任何单位和个人都不得以任何借口阻挠人民法院依法受理行政案件；各级人民法院应当全面清理和废止不符合法律规定的“土政策”，除法律和司法解释列举的事项外，一律不得增设额外条件限制当事人的诉权；对于干扰依法立案的，依法依纪严肃追究有关责任人员和主管领导的责任，造成严重后果或者恶劣社会影响构成犯罪的，依法追究刑事责任；对于人民法院工作人员应当依法立案而不立案，造成严重后果的，要依照修改后的《行政诉讼法》及相关司法解释的规定，对直接负责的主管人员和其他直接责任人员严肃处理。

最高人民法院
关于开展行政案件相对集中管辖试点工作的通知

2013年1月4日　　　　法〔2013〕3号

各省、自治区、直辖市高级人民法院，新疆维吾尔自治区高级人民法院生产建

设兵团分院：

为深入贯彻党的十八大精神，充分发挥法治在国家治理和社会管理中的重要作用，确保人民法院依法独立公正行使行政审判权，充分保护公民、法人和其他组织的合法权益，维护国家法制统一、尊严、权威，最高人民法院决定在部分中级人民法院辖区内开展行政案件相对集中管辖试点工作。现就有关问题通知如下：

一、提高对试点工作重要性的认识

行政诉讼制度是新时期正确处理人民内部矛盾，完善党和政府主导的维护群众权益的重要机制之一，是畅通和规范群众诉求表达的重要渠道。行政诉讼法实施以来，各级人民法院审理了一大批行政案件，妥善化解了大量行政争议，为保障和促进经济社会科学发展、维护社会和谐稳定作出了重要贡献。但是由于有的地方司法环境欠佳，案件的受理和审理往往受到不当干预；有的地区行政案件不均衡，有的法院受案不多甚至无案可办；有的法院因怕惹麻烦而不愿意受理行政案件。人民法院不能依法受理行政案件，并独立公正地行使审判权，不仅损害司法的权威，最终也将损害法律和国家的权威，动摇党的执政基础。近年来，党中央和社会各界高度关注人民法院为确保依法独立公正行使审判权进行的改革与探索。部分地方人民法院在当地党委、人大、政府的支持配合下，以行政案件管辖制度改革为突破口，通过提级管辖、指定管辖、交叉管辖和相对集中管辖等方式，在现行法律框架下实现了司法审判区域与行政管理区域的有限分离，使行政审判制度及时有效化解行政争议、妥善处理人民内部矛盾的功能得以正常发挥。这些探索和实践，有利于依法治国基本方略全面落实，有利于回应和保障人民群众的司法诉求，有利于推进法治政府建设，也有利于改善行政审判司法环境、统一司法标准、促进司法公正。最高人民法院在总结各地经验的基础上，决定在部分中级人民法院辖区内开展行政案件相对集中管辖试点工作。各级人民法院要充分认识试点工作的重要意义，将其作为完善我国行政诉讼制度、进一步深化司法体制改革的重要措施，切实加强组织领导，认真研究具体实施方案，确保试点工作的顺利开展并取得实效。

二、做好试点法院的遴选工作

行政案件相对集中管辖，就是将部分基层人民法院管辖的一审行政案件，通过上级人民法院统一指定的方式，交由其他基层人民法院集中管辖的制度。各高级人民法院应当结合本地实际，确定 1～2 个中级人民法院进行试点。试点中级人民法院要根据本辖区具体情况，确定2～3个基层人民法院为集中管辖法院，集中管辖辖区内其他基层人民法院管辖的行政诉讼案件；集中管辖法院不宜审理的本地行政机关为被告的案件，可以将原由其管辖的部分或者全部案件交由其他集中管辖法院审理。非集中管辖法院的行政审判庭仍予保留，主要负责非诉行政执行案件等有关工作，同时协助、配合集中管辖法院做好本地区行政案件的协调、处理工作。集中管辖法院的选择，应当考虑司法环境较好、行政案件数量较多、行政审判力量较强、经济社会发展水平较高等因素，并制定试点方案报请高级人民法院决定。

三、落实试点工作保障措施

试点工作涉及机构编制、人员调配、物资保障等多方面问题。各高级人民法院、开展试点的中级人民法院以及相关基层人民法院，要主动向当地党委、人大、政府汇报，通报试点工作的重要意义和主要做法，力争各方面的理解与配合，并在党委领导、人大监督和政府的支持下，积极有序开展试点工作。集中管辖法院要研究落实试点工作保障措施，配齐配强行政审判人员。行政审判庭设置不少于两个合议庭，所需审判人员可以在所属中级人民法院辖区内择优调配，也可以其他方式选调充实。要结合试点工作需要，做好集中管辖法院行政审判庭的办公用房、办公设备、车辆等物资保障，为开展试点工作提供必要的物质条件。

四、贯彻司法便民原则

试点工作应当坚持和体现以人为本、便民利民原则。确定集中管辖法院，要充分考虑其所处地理位置和交通条件，尽可能方便当事人参与诉讼。试点中级人民法院辖区内各基层人民法院的立案窗口，要免费提供试点工作相关的宣传和释明材料，便于公众了解试点情况，指导当事人正确行使诉讼权利、参与诉讼活动。当事人向非集中管辖法院提起诉讼的，应当告知其向管辖法院起诉，或者在收到起诉状后及时将相关材料移送集中管辖法院。要充分考虑当事人诉讼的便利性，尽可能通过到当地调查取证、巡回审判等方式，减轻当事人诉讼负担。

五、加强组织领导和宣传

各高级人民法院和试点中级人民法院要加强对试点工作的组织领导，及时出台试点方案，支持、指导、监督集中管辖法院做好试点工作。要指导、监督集中管辖法院与其他法院的合理分工与配合，共同做好案件的受理、审理、执行和息诉稳控工作。对试点工作中存在的困难和问题，要适时进行调研和解决。试点工作中取得的经验和遇到的问题，要及时层报上级法院。试点中级人民法院要及时将集中管辖法院及其管辖范围以适当方式进行公告，充分利用各种形式向社会各界广泛宣传试点工作，争取对试点工作的理解、关心和支持。

各高级人民法院应当在 2013 年 3 月底前，将试点中级人民法院名单及其试点方案报最高人民法院。

三、审　　理

最高人民法院
关于印发《关于审理与低温雨雪冰冻灾害有关的行政案件若干问题座谈会纪要》的通知

2008 年 4 月 29 日　　法〔2008〕139 号

各省、自治区、直辖市高级人民法院，新疆维吾尔自治区高级人民法院生产建设兵团分院：现将《关于审理与低温雨雪冰冻灾害有关的行政案件若干问题座谈会纪要》印发给你们，请参照执行。执行中有什么问题，请及时报告最高人民法院。

附：

关于审理与低温雨雪冰冻灾害有关的行政案件若干问题座谈会纪要

2008 年 1 月中旬到 2 月上旬，我国南方地区遭受历史罕见的低温雨雪冰冻灾害、灾情发生后，党中央、国务院高度重视，及时作出部署，采取有力措施，在受灾地区干部群众的共同努力和全国人民的大力支援下，夺取了抗灾救灾和灾后重建工作的重大胜利。此间，各级人民政府及其相关部门实施了大量应急措施，在确保应急抢险抗灾和灾后恢复重建等各项工作高效有序开展的同时，也不可避免地会引发一些矛盾和纠纷，其中有些行政争议已经起诉到人民法院。为了妥善处理此类案件，切实维护抗灾救灾大局，最高人民法院行政审判庭于2008年4月11日在贵州省贵阳市召开了部分法院参加的审理与低温雨雪冰冻灾害有关的行政案件若干问题座谈会，根据行政诉讼法和突发事件应对法等有关法律的规定，对一些具有普遍性的问题达成了共识。现就有关内容纪要如下：

一、关于审理原则

会议认为，低温雨雪冰冻灾害属于造成严重社会危害的突发事件，需要采取应急处置措施予以应对。与此相关的行政案件。具有不同于一般行政案件的特殊性，因此，在审理时应把握好以下原则：

（一）服从服务大局，实现两个效果的统一。对低温雨雪冰冻灾害的应急抢险抗灾措施，是在党中央、国务院直接领导下研究、决定和部署的特别重大突发事件的应对工作，事关国家安全、公共安全、人民生命和财产安全，事关社会的稳定与和谐。人民法院在处理有关行政案件时，必须牢固树立服从和服务大局的意识，克服就案办案、孤立办案倾向，妥善处理国家利益、公共利益和个人利益的关系，努力实现法律效果和社会效果的统一。通过公正、高效的审判，切实维护抗灾救灾的胜利成果和灾后恢复与重建的各项部署和安排。

（二）注重权利救济，切实保障民生。低温雨雪冰冻灾害期间行政权力的特殊行使，有时对公民权利会有一些限制或者造成损害。人民法院在办案时应当从关注和保障民生，维护好、实现好、发展好最广大人民根本利益的高度出发，充分保护公民、法人和其他组织依法获得救济的权利。对因灾害引发的行政案件，凡是符合法定起诉条件的，均应当及时立案，不得以属于紧急状态为由不予受理。在案件审理中，要用足、用好法律、法规的规定，最大程度地保护公民、法人或者其他组织的合法权益。

（三）遵从应急规则，维护权力运行。突发事件应对属于非常时期，与正常情况下行政权力的行使有着明显的不同。人民法院在审理相关行政案件时，既要坚持合法性审查原则，依法对行政机关突发事件应对活动进行司法监督，又要充分考虑灾害期间行政权力的特殊运行原则，切实维护行政机关在控制、减轻和消除灾害后果方面所采取的各种必要的应对活动。一是为了保护人民生命财产安全，维护国家安全、公共安全、环境安全和社会秩序，有可能暂停、限制或者克减特定个体的某些权利；二是为了迅速应对突发事件，需要更多地追求效率价值，遵循某些特殊的程序性规定；三是行政权力应当依法行使，行政机关依照突发事件应对法和其他有关法律、法规、规章规定采取的应急处置措施，人民法院应当依法予以维护；四是人民法院应当尊重行政机关在危机状态下较大的自由裁量权，但以处置灾害为由滥用行政权力的，人民法院不予支持；五是有关人民政府及其部门采取的应对突发事件的措施，与突发事件可能造成社会危害的性质、程度和范围相适应的，人民法院应当依法予以支持；有多种措施可供选择的，应当选择有利于最大程度地保护公民、法人或者其他组织权益的措施。

二、关于期限问题

（一）关于起诉期限。公民、法人或者其他组织因低温雨雪冰冻灾害耽误法定起诉期限，在障碍消除后的10日内申请延长期限的、人民法、院应当认定属于行政诉讼法第四十条规定的不可抗力。低温雨雪冰冻灾害的起止时间，原则上应以当地气象部门的认定为准。

（二）关于举证期限。被告因低温雨雪冰冻灾害逾期提供证据，或者无法在收到起诉状副本之日起10日内向人民法院提出延期提供证据书面申请的，人民法院应当认定属于《最高人民法院关于行政诉讼证据若干问题的规定》第一条规定的不可抗力或者客观上不能控制的其他正当事由，一般不视为被诉具体行政行为没有相应的证据。原告或者第三人因低温雨雪冰冻灾害申请延期提供证据的，经人民法院准许，可以在法庭调查中提供。由于低温雨雪冰冻灾害属于众所周知的事实，原则上无需诉讼当事人举证证明。

（三）关于中止诉讼问题。因低温雨雪冰冻灾害致使诉讼活动不能正常进行的，适用《最高人民法院关于执行〈中华人民共和国行政诉讼法〉若干问题的解释》① 第五十一条关于中止诉讼的规定，人民法院可以依职权作出中止诉讼的裁定。

三、关于行政处罚、行政强制措施类案件的处理

（一）不服行政处罚和行政强制措施案件。对于履行统一领导职责的人民政府以及公安、工商、物价等机关依照突发事件应对法作出的行政处罚和行政强制措施等行政行为，只要实体合法，不宜仅以行政程序存在瑕疵而判决撤销或者确认违法。

（二）不服交通管制案件。对于不服履行统一领导职责的人民政府以及公安机关为应对雨雪冰冻灾害而采取的交通管制、交通秩序疏导等措施提出行政赔偿请求的案件，可以依法判决驳回原告的诉讼请求。

（三）不服临时价格干预措施案件。对于物价部门加强市场监管，对生活

① 《最高人民法院关于执行〈中华人民共和国行政诉讼法〉若干问题的解释》已于2018年2月6日被《最高人民法院关于适用〈中华人民共和国行政诉讼法〉的解释》废止。

必需品、救灾物资实行临时价格干预的措施，可以依法判决驳回原告的诉讼请求。

（四）不服林业执法案件。对于林业行政执法部门针对公民、法人或者其他组织灾后以树木难以成活等为由，未经批准自行清理的行为作出的罚款、没收财物等行政处罚，人民法院应根据案件具体情况慎重处理；对于自行清理行为构成借机乱砍滥伐林木的，应当依法维持行政机关的行政处罚决定。

四、关于工伤认定类行政案件的处理

（一）临时雇用员工的工伤认定。低温雨雪冰冻灾害期间，用人单位为维护国家利益和公共利益的需要，在恢复交通、通信、供电、供水、排水、供气、道路抢修、保障食品、饮用水、燃料等基本生活必需品的供应、组织营救和救治受害人员等过程中，临时雇用员工受到伤害的，可视为工伤，参照《工伤保险条例》的规定进行处理。

（二）工作时间的认定。低温雨雪冰冻灾害期间，工作时间应作宽泛理解，不仅指企业明确规定的上班至下班时间段，还应包括企业当班组长、班长或者某项具体工作负责人同意和安排的临时加班工作的时间。

（三）工作场所的认定。鉴于灾害期间的特殊情势，对于工作场所的认定，应当综合考虑工作职责、工作性质、工作需要、工作纪律等因素。某些劳动者可能存在多处或者不固定的工作地点和工作岗位，也有可能在企业住所地以外的场所，应当根据具体案情从宽掌握。原则上，凡是与职工的工作职责相关的场所，一般应认定为工作场所。

（四）上下班途中的认定。低温雨雪冰冻灾害期间，上下班的路线、不宜只严格掌握为工作地点和居住地点之间特定的、固定的路线。只要路线没有显失合理且方向正确，一般应予认定。

五、关于行政征用、发放救济款物以及减免税费、救助、抚恤、安置等类行政案件的处理

（一）行政征用案件。公民、法人或者其他组织就有关人民政府及其部门依照突发事件应对法作出的行政征用行为提起诉讼的，人民法院应当依法受理，并可判决或者建议有关人民政府及其部门在使用完毕或者突发事件应急处置工作结束后，及时返还被征用的财产。对于财产被征用或者征用后毁损、灭失的，应当判决给予补偿。法律、法规对补偿标准有具体规定的，依照规定；没有具体规定的，按照适当与合理的原则裁判。也可以建议双方当事人协商解决补偿争议。

（二）发放救济款物案件。对要求人民政府及其部门依法发放自然灾害生

活救助资金、城乡低保对象临时补助等救济款物的案件，人民法院应当及时进行处理。在审理过程中发现救济款物管理中存在问题的，及时向有关部门提出司法建议。发现截留、挪用、私分或者变相私分应急救援资金、物资或者救灾款物线索的，应当移送有关部门处理。

（三）要求减免税费、救助、抚恤、安置等案件。对于公民、法人或者其他组织以低温雨雪冰冻灾害发生较大损失，正常生产经营活动受到较大影响为由主张减税、免税或者减免行政收费负担的，人民法院应当及时与有关行政机关沟通，征求相关部门意见，确有证据证明受灾损失较大的，应当依法予以支持。对于公民、法人或者其他组织要求人民政府履行救助、抚恤、安置等法定职责的，应当及时作出判决。

会议还认为，为了公正及时地审理好冰雪灾害有关的行政案件，各级人民法院应当坚持案件沟通协调制度，立案后及时与行政机关沟通联系，准确掌握行政行为发生的全面情况，加大协调处理的力度；坚持重大案件请示汇报制度，对重大、复杂或者群体性、敏感性等可能导致矛盾激化和事态扩大的案件，应当及时向上级人民法院和当地党委、人大汇报，力求得到及时妥善处理；要通过行使释明权以及案外沟通工作，向当事人做好耐心细致的宣传解释工作，树立人民法院关注民生、服务大局的良好形象。

人民法院在审理与其他自然灾害等突发事件有关的行政案件时，可以参照本座谈会纪要的精神处理。

最高人民法院办公厅
关于印发《关于审理公司登记行政案件若干问题的座谈会纪要》的通知

2012年3月7日　　　　法办〔2012〕62号

各省、自治区、直辖市高级人民法院，新疆维吾尔自治区高级人民法院生产建设兵团分院：

现将《关于审理公司登记行政案件若干问题的座谈会纪要》印发给你们，请结合审判工作实际参照执行。执行中遇到问题，请及时报告我院。

附：

关于审理公司登记行政案件若干问题的座谈会纪要

为进一步规范公司登记行政案件的审理，维护正常的市场主体登记管理秩序，保护公司、股东以及利害关系人的合法权益，最高人民法院对公司登记行政案件中存在的有关问题进行了专题调研，并征求了有关部门的意见。2011年10月15日，最高人民法院在广东东莞与部分地方法院和相关部门召开座谈会，根据《中华人民共和国行政诉讼法》、《中华人民共和国公司法》等相关法律规定，对审理公司登记行政案件中亟需解决的若干问题如何处理形成共识。现将有关内容纪要如下：

一、以虚假材料获取公司登记的问题

因申请人隐瞒有关情况或者提供虚假材料导致登记错误的，登记机关可以在诉讼中依法予以更正。登记机关依法予以更正且在登记时已尽到审慎审查义务，原告不申请撤诉的，人民法院应当驳回其诉讼请求。原告对错误登记无过错的，应当退还其预交的案件受理费。登记机关拒不更正的，人民法院可以根据具体情况判决撤销登记行为、确认登记行为违法或者判决登记机关履行更正职责。

公司法定代表人、股东等以申请材料不是其本人签字或者盖章为由，请求确认登记行为违法或者撤销登记行为的，人民法院原则上应按照本条第一款规定处理，但能够证明原告此前已明知该情况却未提出异议，并在此基础上从事过相关管理和经营活动的，人民法院对原告的诉讼请求一般不予支持。

因申请人隐瞒有关情况或者提供虚假材料导致登记错误引起行政赔偿诉讼，登记机关与申请人恶意串通的，与申请人承担连带责任；登记机关未尽审慎审查义务的，应当根据其过错程度及其在损害发生中所起作用承担相应的赔偿责任；登记机关已尽审慎审查义务的，不承担赔偿责任。

二、登记机关进一步核实申请材料的问题

登记机关无法确认申请材料中签字或者盖章的真伪，要求申请人进一步提供证据或者相关人员到场确认，申请人在规定期限内未补充证据或者相关人员未到场确认，导致无法核实相关材料真实性，登记机关根据有关规定作出不予登记决定，申请人请求判决登记机关履行登记职责的，人民法院不予支持。

三、公司登记涉及民事法律关系的问题

利害关系人以作为公司登记行为之基础的民事行为无效或者应当撤销为由，对登记行为提起行政诉讼的，人民法院经审查可以作出如下处理：对民事行为的真实性问题，可以根据有效证据在行政诉讼中予以认定；对涉及真实性以外的民事争议，可以告知通过民事诉讼等方式解决。

四、备案行为的受理问题

备案申请人或者备案事项涉及的董事、监事、经理、分公司和清算组等备案关系人，认为登记机关公开的备案信息与申请备案事项内容不一致，要求登记机关予以更正，登记机关拒绝更正或者不予答复，因此提起行政诉讼的，人民法院应予受理。

备案申请人以外的人对登记机关的备案事项与备案申请人之间存在争议，要求登记机关变更备案内容，登记机关不予变更，因此提起行政诉讼的，人民法院不予受理，可以告知通过民事诉讼等方式解决。

五、执行生效裁判和仲裁裁决的问题

对登记机关根据生效裁判、仲裁裁决或者人民法院协助执行通知书确定的内容作出的变更、撤销等登记行为，利害关系人不服提起行政诉讼的，人民法院不予受理，但登记行为与文书内容不一致的除外。

公司登记依据的生效裁判、仲裁裁决被依法撤销，利害关系人申请登记机关重新作出登记行为，登记机关拒绝办理，利害关系人不服提起行政诉讼的，人民法院应予受理。

多份生效裁判、仲裁裁决或者人民法院协助执行通知书涉及同一登记事项且内容相互冲突，登记机关拒绝办理登记，利害关系人提起行政诉讼的，人民法院经审理应当判决驳回原告的诉讼请求，同时建议有关法院或者仲裁机关依法妥善处理。

最高人民法院
关于进一步加强海事行政审判工作的通知

2018年3月9日　　　　法〔2018〕63号

各省、自治区、直辖市高级人民法院，各海事法院：

2016年2月我院发布《最高人民法院关于海事诉讼管辖问题的规定》（法释〔2016〕2号）和《最高人民法院关于海事法院受理案件范围的规定》（法释〔2016〕4号）以来，各海事法院紧紧围绕服务海洋强国建设大局，通过专业化审判妥善化解海事行政纠纷，得到海事行政机关和人民群众的高度认可。为进一步加强海事行政审判工作，现就有关事项通知如下：

一、《最高人民法院关于海事诉讼管辖问题的规定》（法释〔2016〕2号）规定“海事法院审理第一审海事行政案件”，各海事法院应依照该规定，切实履行海事行政审判职能。

二、各海事法院要积极探索与海事行政机关建立制度化的沟通协调平台，形成海事司法与海事行政良性互动机制，有效化解行政争议，维护正常海事行政管理秩序，促进社会和谐。

三、各海事法院要强化海事行政审判服务功能，重视司法建议工作。对在海事行政审判中发现的海事行政执法中存在的共性问题，及时提出改进意见和建议，为海事行政机关改进工作提供参考。

四、各海事法院应采取措施，切实做好海事行政案件的立案、审理和执行工作。工作中遇到的疑难问题，及时报告海事法院所在地的高级人民法院行政审判庭。

五、各高级人民法院、海事法院要组织学习培训，加强海事行政审判队伍建设，不断提升海事行政审判人员专业水平，确保海事行政审判质效。

四、法律适用

最高人民法院
关于印发《关于审理行政案件适用法律规范问题的座谈会纪要》的通知

2004 年 5 月 18 日　　　　　　　　　法〔2004〕96 号

各省、自治区、直辖市高级人民法院，新疆维吾尔自治区高级人民法院生产建设兵团分院：

现将《关于审理行政案件适用法律规范问题的座谈会纪要》印发给你们，请参照执行。执行中有什么问题，请及时报告我院。

附：

关于审理行政案件适用法律规范问题的座谈会纪要

行政审判涉及的法律规范层级和门类较多，《立法法》施行以后有关法律适用规则亦发生了很大变化，在法律适用中经常遇到如何识别法律依据、解决法律规范冲突等各种疑难问题。这些问题能否妥当地加以解决，直接影响行政审判的公正和效率。而且，随着我国法治水平的提高和适应加入世贸组织的需要，行政审判在解决法律规范冲突、维护法制统一中的作用越来越突出。为准确适用法律规范，确保行政案件的公正审理，维护国家法制的统一和尊严，促进依法行政，最高人民法院行政审判庭曾就审理行政案件适用法律规范的突出问题进行专题调研，并征求有关部门意见。2003 年 10 月，最高人民法院在上海召开全国法院行政审判工作座谈会期间，就审理行政案件适用法律规范问题进行了专题座谈。与会人员在总结审判经验的基础上，根据《立法法》、《行政诉讼法》及其他有关法律规定，对一些带有普遍性的问题形成了共识。现将有关内容纪要如下：

一、关于行政案件的审判依据

根据《行政诉讼法》和《立法法》有关规定，人民法院审理行政案件，依据法律、行政法规、地方性法规、自治条例和单行条例，参照规章。在参照规章时，应当对规章的规定是否合法有效进行判断，对于合法有效的规章应当适用。根据《立法法》、《行政法》规制定程序条例和规章制定程序条例关于法律、行政法规和规章的解释的规定，全国人大常委会的法律解释，国务院或者国务院授权的部门公布的行政法规解释，人民法院作为审理行政案件的法律依据；规章制定机关作出的与规章具有同等效力的规章解释，人民法院审理行政案件时参照适用。

考虑建国后我国立法程序的沿革情况，现行有效的行政法规有以下三种类型：一是国务院制定并公布的行政法规；二是《立法法》施行以前，按照当时有效的行政法规制定程序，经国务院批准、由国务院部门公布的行政法规。但在《立法法》施行以后，经国务院批准、由国务院部门公布的规范性文件，不再属于行政法规；三是在清理行政法规时由国务院确认的其他行政法规。

行政审判实践中，经常涉及有关部门为指导法律执行或者实施行政措施而作出的具体应用解释和制定的其他规范性文件，主要是：国务院部门以及省、市、自治区和较大的市的人民政府或其主管部门对于具体应用法律、法规或规章作出的解释；县级以上人民政府及其主管部门制定发布的具有普遍约束力的决定、命令或其他规范性文件。行政机关往往将这些具体应用解释和其他规范性文件作为具体行政行为的直接依据。这些具体应用解释和规范性文件不是正式的法律渊源，对人民法院不具有法律规范意义上的约束力。但是，人民法院经审查认为被诉具体行政行为依据的具体应用解释和其他规范性文件合法、有效并合理、适当的，在认定被诉具体行政行为合法性时应承认其效力；人民法院可以在裁判理由中对具体应用解释和其他规范性文件是否合法、有效、合理或适当进行评述。

二、关于法律规范冲突的适用规则

调整同一对象的两个或者两个以上的法律规范因规定不同的法律后果而产生冲突的，一般情况下应当按照《立法法》规定的上位法优于下位法、后法优于前法以及特别法优于一般法等法律适用规则，判断和选择所应适用的法律规范。冲突规范所涉及的事项比较重大、有关机关对是否存在冲突有不同意见、应当优先适用的法律规范的合法有效性尚有疑问或者按照法律适用规则不能确定如何适用时，依据《立法法》规定的程序逐级送请有权机关裁决。

（一）下位法不符合上位法的判断和适用

下位法的规定不符合上位法的，人民法院原则上应当适用上位法。当前许多具体行政行为是依据下位法作出的，并未援引和适用上位法。在这种情况下，为维护法制统一，人民法院审查具体行政行为的合法性时，应当对下位法是否符合上位法一并进行判断。经判断下位法与上位法相抵触的，应当依据上位法认定被诉具体行政行为的合法性。从审判实践看，下位法不符合上位法的常见情形有：下位法缩小上位法规定的权利主体范围，或者违反上位法立法目的扩大上位法规定的权利主体范围；下位法限制或者剥夺上位法规定的权利，或者违反上位法立法目的扩大上位法规定的权利范围；下位法扩大行政主体或其职权范围；下位法延长上位法规定的履行法定职责期限；下位法以参照、准用等方式扩大或者限缩上位法规定的义务或者义务主体的范围、性质或者条件；下位法增设或者限缩违反上位法规定的适用条件；下位法扩大或者限缩上位法规定的给予行政处罚的行为、种类和幅度的范围；下位法改变上位法已规定的违法行为的性质；下位法超出上位法规定的强制措施的适用范围、种类和方式，以及增设或者限缩其适用条件；法规、规章或者其他规范文件设定不符合行政许可法规定的行政许可，或者增设违反上位法的行政许可条件；其他相抵触的情形。

法律、行政法规或者地方性法规修改后，其实施性规定未被明文废止的，人民法院在适用时应当区分下列情形：实施性规定与修改后的法律、行政法规或者地方性法规相抵触的，不予适用；因法律、行政法规或者地方性法规的修改，相应的实施性规定丧失依据而不能单独施行的，不予适用；实施性规定与修改后的法律、行政法规或者地方性法规不相抵触的，可以适用。

（二）特别规定与一般规定的适用关系

同一法律、行政法规、地方性法规、自治条例和单行条例、规章内的不同条文对相同事项有一般规定和特别规定的，优先适用特别规定。

法律之间、行政法规之间或者地方性法规之间对同一事项的新的一般规定与旧的特别规定不一致的，人民法院原则上应按照下列情形适用：新的一般规定允许旧的特别规定继续适用的，适用旧的特别规定；新的一般规定废止旧的特别规定的，适用新的一般规定。不能确定新的一般规定是否允许旧的规定继续适用的，人民法院应当中止行政案件的审理，属于法律的，逐级上报最高人民法院送请全国人民代表大会常务委员会裁决；属于行政法规的，逐级上报最高人民法院送请国务院裁决；属于地方性法规的，由高级人民法院送请制定机关裁决。

（三）地方性法规与部门规章冲突的选择适用

地方性法规与部门规章之间对同一事项的规定不一致的，人民法院一般可以按照下列情形适用：（1）法律或者行政法规授权部门规章作出实施性规定的，其规定优先适用；（2）尚未制定法律、行政法规的，部门规章对于国务院决定、命令授权的事项，或者对于中央宏观调控的事项、需要全国统一的市场活动规则及对外贸易和外商投资等需要全国统一规定的事项作出的规定，应当优先适用；（3）地方性法规根据法律或者行政法规的授权，根据本行政区域的实际情况作出的具体规定，应当优先适用；（4）地方性法规对属于地方性事务的事项作出的规定，应当优先适用；（5）尚未制定法律、行政法规的，地方性法规根据本行政区域的具体情况，对需要全国统一规定以外的事项作出的规定，应当优先适用；（6）能够直接适用的其他情形。不能确定如何适用的，应当中止行政案件的审理，逐级上报最高人民法院按照《立法法》第八十六条[①]第一款第（二）项的规定送请有权机关处理。

（四）规章冲突的选择适用

部门规章与地方政府规章之间对相同事项的规定不一致的，人民法院一般可以按照下列情形适用：（1）法律或者行政法规授权部门规章作出实施性规定的，其规定优先适用；（2）尚未制定法律、行政法规的，部门规章对于国务院决定、命令授权的事项，或者对属于中央宏观调控的事项、需要全国统一的市场活动规则及对外贸易和外商投资等事项作出的规定，应当优先适用；（3）地方政府规章根据法律或者行政法规的授权，根据本行政区域的实际情况作出的具体规定，应当优先适用；（4）地方政府规章对属于本行政区域的具体行政管理事项作出的规定，应当优先适用；（5）能够直接适用的其他情形。不能确定如何适用的，应当中止行政案件的审理，逐级上报最高人民法院送请国务院裁决。

国务院部门之间制定的规章对同一事项的规定不一致的，人民法院一般可以按照下列情形选择适用：（1）适用与上位法不相抵触的部门规章规定；（2）与上位法均不抵触的，优先适用根据专属职权制定的规章规定；（3）两个以上的国务院部门就涉及其职权范围的事项联合制定的规章规定，优先于其中一个部门单独作出的规定；（4）能够选择适用的其他情形。不能确定如何适用的，应当中止行政案件的审理，逐级上报最高人民法院送请国务院裁决。

国务院部门或者省、市、自治区人民政府制定的其他规范性文件对相同事项的规定不一致的，参照上列精神处理。

---

① 本规定引用的《立法法》第八十六条已于2015年3月15日被修正的《立法法》改为第九十五条。

三、关于新旧法律规范的适用规则

根据行政审判中的普遍认识和做法，行政相对人的行为发生在新法施行以前，具体行政行为作出在新法施行以后，人民法院审查具体行政行为的合法性时，实体问题适用旧法规定，程序问题适用新法规定，但下列情形除外：（一）法律、法规或规章另有规定的；（二）适用新法对保护行政相对人的合法权益更为有利的；（三）按照具体行政行为的性质应当适用新法的实体规定的。

四、关于法律规范具体应用解释问题

在裁判案件中解释法律规范，是人民法院适用法律的重要组成部分。人民法院对于所适用的法律规范，一般按照其通常语义进行解释；有专业上的特殊涵义的，该涵义优先；语义不清楚或者有歧义的，可以根据上下文和立法宗旨、目的和原则等确定其涵义。

法律规范在列举其适用的典型事项后，又以“等”、“其他”等词语进行表述的，属于不完全列举的例示性规定。以“等”、“其他”等概括性用语表示的事项，均为明文列举的事项以外的事项，且其所概括的情形应为与列举事项类似的事项。

人民法院在解释和适用法律时，应当妥善处理法律效果与社会效果的关系，既要严格适用法律规定和维护法律规定的严肃性，确保法律适用的确定性、统一性和连续性，又要注意与时俱进，注意办案的社会效果，避免刻板僵化地理解和适用法律条文，在法律适用中维护国家利益和社会公共利益。

【解　　读】

解读《关于审理行政案件适用法律规范问题的座谈会纪要》

2004年5月18日发布的《关于审理行政案件适用法律规范问题的座谈会纪要》[（法〔2004〕96号），以下简称《纪要》]，是最高人民法院就审理行政案件适用法律规范问题发出的第一个内容比较系统全面的专项司法文件，也是关于法律规范适用方法的重要司法文件。它针对当前行政审判实践中提出的许多法律适用疑难问题，明确了一系列法律适用标准和司法政策，使各级法院在适用法律规范上有了更加具体的依据，对于在审理行政案件中准确适用法律规

范，确保行政审判的公正和效率，维护国家法制的统一和尊严，均具有重要意义。

一、发布《纪要》的背景和意图

由于行政法渊源的复杂多样性，行政审判涉及的法律规范层级和门类较多，且与行政诉讼法的规定相比，立法法施行以后有关法律规范的适用规则亦发生了很大变化，在法律适用中经常遇到如何识别法律依据、解决法律规范冲突等各种疑难问题，上级法院和最高人民法院也经常接到有关法律适用问题的各种请示。这些问题能否妥当地加以解决，直接影响行政审判的质量和效率。而且，随着我国法治水平的提高和适应加入世贸组织的需要，行政审判在解决法律规范冲突、维护法制统一中的作用越来越突出。为在行政审判中准确适用法律规范，确保行政案件的公正审理，维护国家法制的统一和尊严，我们于2002年起着手研究法律规范适用问题，拟在条件成熟时明确一些司法政策或者制定司法解释。期间，曾多次召集法院系统内外和形式多样的专题座谈研讨会，征求行政审判法官、有关专家学者和中央有关部门的意见。在此基础上，2003年10月在上海召开全国法院行政审判工作座谈会期间，与会代表结合最高人民法院行政审判庭起草的法律适用司法解释草稿，就行政审判实践中常见的法律适用的突出问题进行了研讨，并形成了诸多共识。为尽早明确有关法律适用规则，特将这些主要的共识性内容形成了《纪要》，作为供各级法院参照适用的司法文件下发。

《纪要》起草的基本思路是：第一，总结法律适用经验，将行之有效的审判经验固定下来。《纪要》中的许多内容在审判实践中已达成共识，但尚未见诸正式的规定，缺乏法律规范意义上的定位。有些内容在实践中仍有不必要的争议或者误解，需要统一认识。而且，在法官和其他方面有习惯求证条文明文规定的偏好的社会背景下，以及在司法解释尚未出台的情况下，以《纪要》的方式将一些习惯做法明确下来，仍然具有重要意义。第二，细化有关法律的规定，增强可操作性。由于行政诉讼法和立法法等法律对法律适用规则的规定比较抽象和原则，对容易产生争议或者界限模糊的法律依据、法律规范冲突等问题进行力所能及的细化，有利于消除认识上的误区、分歧和做法上的不统一，便于审判人员操作。第三，明确一些基本的法律适用规则，便于排除审判阻力。例如，实践中仍有一些部门指责法院本属正当的法律适用行为，甚至对法院不适用与上位法相抵触的下位法横加指责或者打击报复。最高人民法院通过司法文件将这些法院内部大多熟悉的法律适用规则规定下来，有利于地方法院排除法律适用上的干扰和阻力。

该文件虽然以《纪要》的形式出现，但发文通知明确要求各级法院“参照执行”，因而可以说是一种“准司法解释”。同时，为便于总结适用中的问题，也便于经一段时间适用之后制定司法解释，发文通知也要求各级法院在适用中如遇到问题，应及时报告最高人民法院。

二、《纪要》第一部分：“关于审理行政案件的审判依据”

（一）《纪要》第一部分的意旨

《纪要》第一部分解决了三个重要问题：一是只有正式的法律渊源才是法院的审判依据，而非正式的法律渊源经法院认可以后，也可以成为审判案件的补充依据；现行有效的行政法规的认定；具体应用解释和其他规范性文件在审判中的地位。

（二）法与审判依据

也许是因为有时没有弄清楚审判依据的含义，以至于在认定审判依据以及审判依据与非审判依据的区分上，产生了许多模糊认识。《纪要》正式使用了“审判依据”一词，这对正确认识和适用法律规范具有很重要的意义。

（三）法律渊源与审判依据

立法法之前，我国宪法和法律对各类法律渊源都作出了规定，但对各类法律渊源的界分似乎不太严格和清晰，法理学著作对法律渊源范围的界定亦显得宽泛。在立法法起草过程中，这种认识上的分歧在界定立法法适用范围时充分表现出来。当时，对于立法法的调整范围（或者说“立法”的涵义和范围）有不同理解。

经过反复研究、协商，立法法第 2 条根据不同情况，以不同的表达方式，分两款对其调整范围作出如下规定：“法律、行政法规、地方性法规、自治条例和单行条例的制定、修改和废止，适用本法规定”；“国务院部门规章和地方政府规章的制定、修改和废止，依照本法的规定执行”。这表明，我国正式法律渊源的基本形式是法律、行政法规、自治条例和单行条例、规章，但除此之外，还有一些特殊的正式法律渊源，如军事法规和军事规章，条约和协定。这些正式的法律渊源，均是法院审理案件的法律依据。据此，《纪要》指出：“根据行政诉讼法和立法法有关规定，人民法院审理行政案件，依据法律、行政法规、地方性法规、自治条例和单行条例，参照规章。”

三、行政法规的三种类型

（一）《纪要》有关内容的意图

行政法规是由国务院制定的，在我国法律体系中是“仅次于法律的重要立法层次”。按照立法法第 58 条规定，国务院既享有固有的立法权，即“根据宪法和法律，制定行政法规”，又可以根据授权进行立法，即“应当由全国人民代表大会及其常务委员会制定法律的事项，国务院根据全国人民代表大会及其常务委员会的授权决定先制定行政法规”。从实际情况看，绝大多数行政法规都是国务院依职权制定的。行政法规是法院审理案件的法律依据。由于新中国成立以后行政法规制定和颁布的程序有一个变化的过程，使得现行行政法规具有多种形式，而如何识别行政法规，在司法实践中又存在一些颇有争议的情形。

为便于识别现行有效的行政法规，并消除相应的争议，《纪要》明确指出："考虑建国后我国立法程序的沿革情况，现行有效的行政法规有以下三种类型：一是国务院制定并公布的行政法规；二是立法法施行以前，按照当时有效的行政法规制定程序，经国务院批准、由国务院部门公布的行政法规。但在立法法施行以后，经国务院批准、由国务院部门公布的规范性文件，不再属于行政法规；三是在清理行政法规时由国务院确认的其他行政法规。”

（二）“部颁法规性文件”的法律性质

当前我国法律体系中存在着一种俗称为“部颁法规性文件”，即经国务院批准、由国务院部门颁布的特殊的规范性文件。例如，《制止牟取暴利的暂行规定》是 1995 年 1 月 11 日经国务院批准，并于 1995 年 1 月 25 日由国家计划委员会第 4 号令公布的。《外商投资企业清算办法》是 1996 年 6 月 15 日经国务院批准，并于 1996 年 7 月 9 日由外经贸部第 2 号令公布的。对于如何认定这类法律规范的法律性质，特别是在立法法实施以后对此前颁布的此类规范性文件的定性，在审判实践中是有争议的。

尽管立法法施行以后，行政法规的发布形式已经统一，但由于此前已有大量的规范性文件按照这种程序发布，且仍然具有法律效力，而以后是否仍然采取这种形式发布规范性文件，也不能得出绝对的结论。因此，在实践中对此存有争议的情况下，对其作出准确的定位，仍然是有意义的。

1. 立法法施行前的判定标准

在立法法之前，尽管宪法赋予国务院制定行政法规的权利，但并未规定行政法规的制定和发布程序。

2. 立法法施行以后的判定标准

立法法第三章规定了行政法规的制定程序，其中第 61 条统一了行政法规的公布程序和形式，即“行政法规由总理签署国务院令公布”。

3. 立法法规定的行政法规公布程序不具有溯及力

当前争议的焦点是如何看待立法法施行以前由国务院批准、国务院主管部门发布的规范性文件的性质。我们认为，对这些规范性文件只能按照立法法施行以前的法律规定进行定性，不能根据立法法规定的标准定性。

（三）国务院确认的其他行政法规

在 1987 年 4 月 21 日《行政法规制定程序暂行条例》施行以前，行政法规的形式更是多样化，甚至建国初期政务院颁布的一些规定仍在适用。为此，国务院先后对行政法规进行过清理，经清理仍然有效的，就是经国务院确认的行政法规。这些行政法规当然不符合立法法规定的颁布形式，但根据当时的历史情况，仍然肯定其行政法规的法律地位。

（四）其他“法规性文件”的法律地位

国务院颁布的行政法规以外的规范性文件（如决定、命令、通知、意见），或者经国务院领导批准、由国务院办公厅颁布的文件，在其设定人们的行为规范时，实际上成为一种特殊的规范性文件，实践中曾称其为“法规性文件”。由于文件的发布机关为国务院或者文件经国务院领导批准，其层级是较高的，将其称为“法规性文件”实际上就是承认其“准行政法规”的地位。那么究竟应当如何认识其法律属性或者法律地位？对此，我们可以从以下方面进行认识。

第一，它不是行政法规。

第二，它不能设定不允许设定的行为规范。

第三，“法规性文件”的特殊地位。

四、规章的“参照”适用

（一）《纪要》有关内容的意图

行政诉讼法规定“参照”规章，实践中对“参照”的含义仍有争议，而行政诉讼法制定时规章的身份更是不明的。如行政诉讼法制定之时曾有规章不是审判依据的意图，且“参照”是指“合法的规章应当参照，违法的规章不能参照”之说。随着立法法的施行，规章的地位澄清了，而“参照”的含义更加明确。根据立法法对规章的新定位，《纪要》进一步澄清了“参照”规章的含义：“在参照规章时，应当对规章的规定是否合法有效进行判断，对于合法有效的规章应当适用。”这说明，“参照”乃是对合法有效规章的依照，而对不符合上位法的规章的不予适用。

（二）规章的法律地位

规章的法律地位实际上就是要回答规章是否为“法”的一种形式，或者说其在我国法律体系中的地位。可以说，1982 年宪法对这一问题作出了规定，但可能是因为其规定不明确，或者说人们理解上仍有不同，这一问题一直仍有争议，但立法法最终清楚地明确了这一问题。可以说，随着立法法的施行，就规章的法律地位问题已彻底澄清了。

（三）规章的参照适用

基于行政机关之间的隶属或者业务领导关系，规章的执行机关显然要依照规章的。但是，人民法院在审理案件时如何对待规章，则涉及司法权与行政权的关系。对此在制定行政诉讼法时进行了相当充分的讨论。最后，行政诉讼法采用了“参照”规章的提法，很有创意，足见立法的灵活性、创造性和妥协性。因此，参照规章是制定行政诉讼法的创造物。

（四）立法法之后的参照规章新解

什么是人民法院审理案件的法律依据？所谓法律依据，就是通常所说的“以法律为准绳”中的“准绳”，即法院具有判断案件是非曲直的法律规范。因此，审判依据首先是法律规范，而且这种法律规范被用以判断案件的是非曲直。就行政案件而言，审判依据就是人民法院据以衡量具体行政行为合法性（是否合法）的法律规范，就民事案件而言，法律依据就是确定案件当事人民事权利义务的法律规范，就刑事案件而言，法律依据就是据以定罪量刑的法律规范。

（五）规章的类型与效力判断

根据规章的内容划分，规章可以分为实施办法、内部规章和外部规章。实施办法是为实施法律或者法规而确定的具体标准和实施措施，如界定上位法的概念、规定上位法的适用标准和适用程序等。内部规章是内部行政的行为标准，它不涉及外部相对人的权利义务，如内部财物制度以及公务员的录用、考核、晋级、奖惩、调动等。外部规章（又称为公共规章或者管理规章）是指自其管理领域内具有普遍约束力的规章，如涉及行政相对人的权利义务。目前，我国大部分规章都属于实施办法和外部规章。

五、“其他规范性文件”的法律效力

（一）《纪要》有关内容的意旨

《纪要》第一部分特意对“其他规范性文件”和“具体应用解释”的行政审判地位进行了明确，即“在行政审判实践中，经常涉及有关部门为指导法律执行或者实施行政措施而作出的具体应用解释和制定的其他规范性文件，主要是：国务院部门以及省、市、自治区和较大的市的人民政府或其主管部门对于具体应用法律、法规或规章作出的解释；县级以上人民政府及其主管部门制定发布的具有普遍约束力的决定、命令或其他规范性文件。行政机关往往将这些具体应用解释和其他规范性文件作为具体行政行为的直接依据。这些具体应用解释和规范性文件不是正式的法律渊源，对人民法院不具有法律规范意义上的约束力。但是，人民法院经审查认为被诉具体行政行为依据的具体应用解释和其他规范性文件合法、有效并合理、适当的，在认定被诉具体行政行为合法性时应承认其效力；人民法院可以在裁判理由中对具体应用解释和其他规范性文件是否合法、有效、合理或适当进行评述”。

《纪要》对“其他规范性文件”的大段阐述，乃是因为审判实践中对它的地位和作用有较大分歧。这段话明确了“其他规范性文件”不是法律规范，但在合理、有效、合理和正当时，可以作为认定据其作出的具体行政行为合法的“准”依据。

（二）“其他规范性文件”在审判中的法律地位

“其他规范性文件”是一种概括性的说法，这里所指的“其他规范性文件”则有特定的涵义。我国有关立法经常使用“其他规范性文件”一词，不过其范围不尽相同，需要根据上下文确定。《行政诉讼法》第12条规定的不能提起行政诉讼的行为中，有一种为“行政法规、规章或者行政机关制定、发布的具有普遍约束力的决定、命令”，其中行政法规、规章以外的“行政机关制定、发布的具有普遍约束力的决定、命令”，就属于这里所称的“其他规范性文件”。《行政处罚法》第14条关于“其他规范性文件不得设定行政处罚”中的其他规范性文件，乃是法律、法规和规章以外的规范性文件。《行政许可法》第17条关于“其他规范性文件一律不得设定行政许可”中的其他规范性文件，则是法律、法规、地方政府规章和国务院决定以外的规范性文件。我们可以将其基本范围限定于《行政复议法》第7条规定的国务院部门规章和地方政府规章以外的下列“规定”：国务院部门的规定；县级以上地方各级人民政府及其工作部门的规定；乡、镇人民政府的规定。当然，除此之外，像国务院部门的司局发文，有时也可以归入“其他规范性文件”。

这些“规范性文件”往往都是行政机关为行使行政职权而制定和发布的，制定规范性文件的行为本身就是行使行政职权的重要形式。由于行政机关的多层级和行政管理的宽领域，“其他规范性文件”是面广量大的。因此，人民法院在审理案件（尤其是行政案件）时，如何确定其法律地位，无论对行政管理还是案件处理，均具有不容忽视的意义。

六、法律解释的审判依据意义

（一）《纪要》有关内容的意旨

如前所述，《纪要》将行政机关的“具体应用解释”与“其他规范性文件”在审判中的地位当作同样的情况加以明确，即在“具体应用解释”合法、有效并合理、正当时，法院在裁判中承认其法律效力，可以据此衡量具体行政行为的合法性。但是，这种解释只是非法律规范意义上的补充法律依据。

按照我国法律解释体制，与审判依据相关的法律解释涉及立法解释、行政解释和司法解释。尽管这些法律解释的法律地位和法律效力并不相同，但对于法院审理案件均具有相应的意义。

（二）立法解释、行政解释和司法解释

我国《立法法》将法律渊源划分为法律、行政法规、地方性法规和规章四

个基本层次，因而《立法法》规定的“立法”二字中的“法”是广义的，包括这四种基本形式，我们可以将法律解释概称这四种法律渊源的解释，也即法律解释的对象可以是所有这些法律渊源。由制定机关对其制定的法律、行政法规、地方性法规或者规章，按照法定程序作出的正式解释，均可以称为“立法解释”，即这种立法解释是一种广义上的立法解释，如国务院按照《行政法规制定程序条例》规定的程序对行政法规的解释，以及规章制定部门按照《规章制定程序条例》规定的程序对规章的解释。《立法法》第二章第四节规定的“法律解释”，则可以称为狭义的“立法解释”。《立法法》仅对（狭义的）法律的立法解释作出了规定，而有关行政法规又对行政法规和规章的“立法解释”作出了规定。

立法解释的范围都是特定的或者限定的，也即仅限于列举的范围。立法者没有以概括性的规定垄断法律解释权，或许是因为立法机关是明智的，因为不但立法机关不可能为各种法律解释问题提供答案，而且，倘若如此，执法或者司法机关也就成为傀儡了。对此，我们必须给予清晰的认识。在我国还不具有在立法后解释问题完全委诸执法司法机关的环境而废除立法解释的情况下，限定立法解释范围完全是必要的。

(三) 各类法律解释的审判依据意义

不同的法律解释具有不同的法律效力，因而也就具有不同的审判依据意义。

1. 立法解释对法院的约束力

立法解释具有完全的法律效力，但不同的立法解释又有不同的法律效力。全国人大常委会的立法解释具有相当于法律的效力，人民法院在审理案件时应当作为直接依据；行政法规和地方性法规的立法解释分别相当于行政法规和地方性法规，人民法院审理案件时应当作为直接依据；规章的立法解释与规章具有同等的法律效方，人民法院审理案件时可以参照适用。

2. 行政解释能否约束法院

如何看待行政解释的法律效力？从上述有关法律规定看，行政解释是一种有权解释，应当具有其相应的法律效力，但其效力的大小则是值得研究的。由于受行政机关层级制度的限制，其在行政机关内部行政解释具有直接的适用效力，行政机关可以作为其执行依据，但在法院审理案件时，显然不能将其作为直接的法律依据看待。因为，首先，行政解释不是一种独立的法律渊源，而只是对法律、行政法规或者规章的解释，因而不能作为人民法院的审判依据。其次，行政解释没有公布程序，未经公布的规范性文件不能作为适用依据。

3. 司法解释的审判依据意义

从成文法意义上说，法院判案依据的是法律、法规，并可以参照规章，司法解释不属于审判依据（法律渊源）之列，而只是依附于法律渊源中的法律之内，构成法律的组成部分。换言之，司法解释既然是对具体应用法律的解释，其对法律规范涵义的澄清，自然成为法律规范的组成部分，适用司法解释（释义性司法解释）就是适用法律规范本身，在这种意义上司法解释又具有审判依据意义。而且，倘若行政法规、地方性法规或者规章与司法解释不一致，又无更高效力的立法解释，司法机关当然首先选择适用法律以及对法律作出的司法解释。

七、《纪要》第二部分："关于法律规范冲突的适用规则"

（一）《纪要》第二部分的意旨

《纪要》第二部分涉及的是"关于法律规范冲突的适用规则"，内容如下："调整同一对象的两个或者两个以上的法律规范因规定不同的法律后果而产生冲突的，一般情况下应当按照立法法规定的上位法优于下位法、后法优于前法以及特别法优于一般法等法律适用规则，判断和选择所应适用的法律规范。冲突规范所涉及的事项比较重大、有关机关对是否存在冲突有不同意见、应当优先适用的法律规范的合法有效性尚有疑问或者按照法律适用规则不能确定如何适用时，依据立法法规定的程序逐级送请有权机关裁决。"

《纪要》以较大的篇幅规定了法律规范冲突的适用规则，主要是细化和解释了行政诉讼法和立法法规定的法律适用规则。

《纪要》之所以在第二部分以占整个内容一半以上的篇幅阐述法律规范冲突的适用规则，主要是因为，关于法院是否可以依据法律适用规则，对发生冲突的法律规范直接进行判断和取舍，当前在理论界和实践中是有争议的，个别地方的法院和审判人员甚至因行使法律适用的判断权而受到无端指责和制裁，但大多数人倾向于法院对于法律规范冲突有直接的判断和适用权，最高人民法院对待该问题始终也是这种态度。而且，立法法规定法律适用规则的意图也很明显，即在发生法律规范冲突时，执行机关能否确定如何适用，是是否送请有权机关裁决的前提条件。如果能够确定如何适用，则适用问题属于执行机关的适用权的范围；如果不能确定如何适用，则要送请有权机关裁决。针对司法实践中的突出问题和立法法有关规定的精神，《纪要》首先明确规定，人民法院在审理行政案件中遇有法律规范冲突时，应当按照立法法及其他有关法律规定的适用规则，选择适用相应的法律规范。其次，《纪要》规定了法院能够直接判断如何适用的具体情形，其中，能够穷尽式列举的就予以列举，否则就采取例示性规定的办法，尽量多列举些具体类型，以便于各地法院的具体应用。再次，对于不能确定如何适用的情形，明确了送请裁决的具体程序。

（二）法律规范的竞合与冲突

法律规范的竞合是指两个以上的法律规范的构成要件发生重合或者交叉，

而使同一法律事实同时为其所规范。换言之，两个以上的法律规范同时适用于某一抽象的或者具体的法律事实，这两个以上的法律规范就发生竞合关系。以其规定的法律效果是否相同为标准，法律规范的竞合可以分为法律规范的重合与法律规范的冲突。前者是指法律效果相同的情形；后者是指法律效果不相同的情形。

如果发生竞合的法律规范规定的法律后果相同，那么这种竞合不会带来法律上的难题。按照我国《立法法》有关规定，在我国法律体系中，法律规范的冲突又分为两种情况，即法律规范的“不一致”与“相抵触”。在涉及法律、行政法规、地方性法规、自治条例和单行条例、规章之间的关系时，《立法法》有的条文使用了“不一致”，有的则使用“相抵触”。通过分析使用“不一致”和“相抵触”措辞的相关法律条文，我们可以发现一个规律，即在相同位阶（或者准相同位阶）的法律规范之间、《立法法》使用的是“不一致”；在不同位阶的法律规范之间，使用的是“相抵触”。

（三）法院在法律规范冲突中的选择适用权

对于法律规范之间的不一致或者相抵触，法院是在审判中直接作出判断，在能够确定如何适用时直接选择适用，无需一概由有权机关裁决，还是只要有不一致或者相抵触，就一概送请有权机关裁决？对此在实际适用中不同部门是有歧见的。有人认为需要一概送请有权机关处理，法院不能在审理案件时直接进行选择适用，有人认为只要能够按照法律适用规则作出选择适用，就在个案中直接确定所适用的法律，无需送请有权机关裁决。这些不同认识不仅引起了审判实践中认识和做法的混乱，还使得不少法院在遇到法律规范冲突时无所适从、谨小慎微或者动辄得咎，妨碍了正常的法律适用。

在法律规范发生冲突时，法院依据法律适用规则选择确定所适用的法律规范并解决冲突，这是任何法治国家均允许的做法，也是一种古老的做法。原因很简单，因为法院既然是司法机关，确定法律的选择适用当然是司法权的应有之义，法官在选择适用法律上具有充分的能动性。如果法官连选择适用法律的权力都没有，也就无司法权可言。实际上，自罗马法至当今各国实践，不管是法律明文规定还是作为一种法律上的公理，像上位法优于下位法、特别法优于普通法、后法优于前法等法律适用规则，其本身都是为解决法律规范冲突而设定和适用的具体法律规则。

（四）法院具有选择适用权的原因

在法律规范发生冲突时，为什么法官当然享有选择适用权，或者说选择适用属于法官的法律适用权的范畴？答案很简单，就是法官必须在整体法律秩序中寻求法律答案。

在审判案件中认定或者宣布下位法与上位法相抵触，通常都不是出于法官的偏好，而是维护整体法律秩序的价值的无奈之举。即便在违宪审查高度发达的美国，时任美国最高法院首席大法官的马歇尔，在首开美国司法审查（违宪审查）之先河的马伯里诉麦迪逊（Marbury v. Madison）一案中也明确指出，司法审查是一项勉为其难的权力，只有在法院为解决手头的案件而不得不行使时，才去行使。他还说，司法机关的任务是“告诉法律是什么”。如果法院运用法律，它必须求全责备，包括求诸书面宪法。例如，美国在其司法审查中特意强调，法院不仅要审查被诉行政行为所适用的法律，而且要审查其是否与上位法相符合。当然，法院决定“法律是什么”乃是有限制的，即必须只能在“必要之时”。只要将法律规范适用于个案、就必须决定两个相互冲突的规范哪一个适用于该案。

法官有义务“告诉法律是什么”，即使同样适用于某一事项（事件）的宪法和法律规定相冲突，法院必须作出判断。

解决法律规范的冲突既是审判案件的必要，又是法官的司法职责。

(五) 法官行使选择适用权必须审慎

立法权是立法机关固有的，立法过程中具有许多价值判断和社会政策的考量，带有很强的政治色彩，且立法者本身具有很大的自由空间，法官对立法者作出决策的具体条件很可能无法充分了解，这就使法官判断法律规范之间是否冲突，可能有很大的难度。倘若轻易判断，也可能侵犯立法机关的正当权限。因此，尽管在发生冲突的法律规范中进行选择适用，乃是司法权的应有之义，但法院在行使选择适用权时必须审慎和克制，不能恣意。正是出于这种考虑，《纪要》特别指出：“冲突规范所涉及的事项比较重大、有关机关对是否存在冲突有不同意见、应当优先适用的法律规范的合法有效性尚有疑问或者按照法律适用规则不能确定如何适用时，依据立法法规定的程序逐级送请有权机关裁决。”

八、上位法与下位法冲突的适用规则

(一)《纪要》有关内容的意旨

当前许多具体行政行为是依据下位法作出的，并未援引和适用上位法。在这种情况下，下位法与上位法相抵触问题是否属于法院对具体行政行为的合法性审查的范围，在审判实践中是有争议的。

不管具体行政行为是否依据上位法，只要其依据的法规或者规章与上位法相抵触，法院就应当依职权对其依据的法规或规章是否符合上位法进行审查。这是司法审查维护法制统一的制度功能所决定的。其次，对于下位法是否与上位法是否符合的判断权，乃属于法院的法律适用权的范畴，即在下位法与上位法不一致（相抵触）时，一法院有权力也有义务选择适用上位法。这种选择适用与宣告地方性法规无效是不同的，即法律并未赋予法院宣告法规或者规章无效的权力，但却赋予法院在裁判案件中的选择适用权，且选择适用只是个案中的适用，不是一般性地否定法规或者规章的效力，而选择适用的根据是上位法的效力高于下位法。

为此，《纪要》指出："下位法的规定不符合上位法的，人民法院原则上应当适用上位法。当前许多具体行政行为是依据下位法作出的，并未援引和适用上位法。在这种情况下，为维护法制统一，人民法院审查具体行政行为的合法性时，应当对下位法是否符合上位法一并进行判断。经判断下位法与上位法相抵触的，应当依据上位法认定被诉具体行政行为的合法性。"这说明，无论具体行政行为是否援引上位法，均应当对下位法与上位法是否相抵触一并审查。这样的适用态度，既符合合法性审查维护法制统一的功能和参考了国外的通行做法，也与我国立法法有关规定的精神相一致。

（二）下位法与上位法相抵触的典型情况

一般地说，相抵触是指调整同一对象的法律规范之间的"有你无我、有我无你"式的不相容性。由于法律部门的多样化和法律规范的属性的不同，认定异位法之间的相抵触存在着很大的差异。例如，由于《行政处罚法》规定上位法已经作出行政处罚规定的，行政法规、地方性法规或者规章必须在上位法规定的"给予行政处罚的行为、种类和幅度的范围内规定"，认定下位法与上位法在行政处罚上的规定是否相抵触的标准就很明确，即下位法规定的行政处罚超出上位法有关"给予行政处罚的行为、种类和幅度的范围"的，构成相抵触。但是，在其他法律领域，情况就相当复杂，因而对于下位法与上位法是否相抵触划分出一个统一的一般标准，就很困难，也是困扰司法实践的一大难题。

为便于掌握，《纪要》列举了下位法与上位法相抵触的典型情况，即："从审判实践看，下位法不符合上位法的常见情形有：下位法缩小上位法规定的权利主体范围，或者违反上位法立法目的扩大上位法规定的权利主体范围；下位法限制或者剥夺上位法规定的权利，或者违反上位法立法目的扩大上位法规定的权利范围；下位法扩大行政主体或其职权范围；下位法延长上位法规定的履行法定职责期限；下位法以参照、准用等方式扩大或者限缩上位法规定的义务或者义务主体的范围、性质或者条件；下位法增设或者限缩违反上位法规定的适用条件；下位法扩大或者限缩上位法规定的给予行政处罚的行为、种类和幅度的范围；下位法改变上位法已规定的违法行为的性质；下位法超出上位法规定的强制措施的适用范围、种类和方式，以及增设或者限缩其适用条件；法规、规章或者其他规范文件设定不符合行政许可法规定的行政许可，或者增设违反上位法的行政许可条件；其他相抵触的情形。"

如果用法律规范逻辑结构的理论分析，《纪要》列举的这些抵触情形涉及到法律规范的假定、处理和制裁上的抵触。例如，就其涉及授予权利的规定的抵触而言，通常情况下，凡上位法授予权利主体的权利，下位法不得限制或者剥夺，而倘若下位法扩大权利或权利主体的范围，除非违反上位法的明确意图，都是允许的。这是说，对于下位法限制或者剥夺权利的规定是从严的，而扩张权利是从宽的。就涉及设定义务（责任）的规定的抵触而言，对于下位法设定义务的规定，应当给予严格的限制。

(三) 实施性规定与上位法的适用关系

下位法可以是上位法的实施性立法，如为执行法律的规定而制定的行政法规［《立法法》第56条第2款第（1）项］、为执行法律、行政法规的规定而需要根据本行政区的实际情况制定的地方性法规［《立法法》第64条第1款第（1）项］、为执行法律或者行政法规制定的部门规章以及为执行法律、行政法规、地方性法规的规定而制定的地方政府规章［《立法法》第73条第2款第（1）项］。就其内容而言，实施性规定针对上位法的相应规定而作出，但较之上位法其内容更为详尽和更有操作性，甚至还常常补充上位法的规定。

由于我国立法层级较多，在我国法律体系中，为实施上位法而制定实施条例、实施细则和实施办法的现象司空见惯，也非常重要，特别是地方性法规和部门规章更是如此。正如《立法法》的起草者对其中原因的解释："法律、行政法规是要在全国范围内施行的，为了符合全国各地情况，有些规定只能比较概括和原则，比较具体的规定，则需要由地方性法规根据本行政区的实际情况加以制定，这样才有利于更好地根据实际情况执行法律和行政法规。""法律和行政法规是适用于全国各地区、各部门和各行各业，是各部门制定规章的依据。从我国多年的立法实践看，法律、行政法规的规定有的比较原则、概括，而把一些具体解释性、专业性的规定，授权国务院各部门制定，这样一是可以避免法律、法规过于冗长繁琐；二是可以保持法律、法规的稳定性，减少过多的修改和调整。"实施性规定的这种特殊地位决定了妥善处理其与上位法的适用关系的重要性。

在我国立法实践中，经常发生上位法修改、废止而实施性规定未作改动亦未废止的现象。此时应当如何确定实施性规定的效力，往往在行政执法和司法中发生争议。

(四) 效力优先与适用优先

实施性规定与上位法的关系，可以概括为效力优先与适用优先的关系。前者是指上位法在位阶或者法律效力上高于或优于实施性规定，在实施性规定与其发生抵触时，适用上位法的规定，体现的是上位法优于下位法；后者是指在实施性规定与上位法不抵触时，下位法可以优先适用和援引。适用优先显然是以效力优先为前提的。

九、特别规定与一般规定的适用关系

(一)《纪要》有关规定的意旨

《纪要》对“特别规定与一般规定的适用关系”作出了专题阐述，但并未面面俱到地阐述该适用规则，而只是对同一法律、行政法规、地方性法规、自治条例和单行条例、规章内的不同条文之间的一般规定和特别规定的适用关系，以及新的一般规定与旧的特别规定不一致的适用规则、进行了明确。明确前一个问题，既是考虑立法法对此未作明确规定，又是考虑校正实践中存在的“总则规定优于分则规定”的认识误区；明确后一个问题，既是为澄清无需送请裁决的情形，又是为明确送请裁决的程序。

(二)“特别规定”优于“一般规定”的适用条件

人们通常还根据特别规定自身的内涵，将其界定为“根据某种特殊情况和需要规定的调整某种特殊问题的法律规范”，即在适用的人、事或者地域上不同于一般规定。对应于“一般规定”的“特别规定”，特别规定通常界定为与一般规定相矛盾或者相冲突的规定，即特别规定与一般规定本身南辕北辙，类似于下位法与上位法相抵触的那种不相容的情况。只不过这种不一致乃是为法律所允许，如后法有意改变前法的规定，或者上位法允许下位法作出与其不同的特殊规定。因此，这种法律规定内容的客观上的不相容，不是法律评价意义上的不相容。

《立法法》使用了“特别规定”和“一般规定”的措辞，且仅对同位法（“同一机关制定的法律、行政法规、地方性法规、自治条例和单行条例、规章”）中的特别规定与一般规定的适用关系作出了规定。

《立法法》对于特别法优于普通法的适用规则有明文规定，但其规定的适用范围又有明确的限定。首先，《立法法》只明文规定了同位法中的特别规定与一般规定的适用关系。该法第 83 条规定：“同一机关制定的法律、行政法规、地方性法规、自治条例和单行条例、规章，特别规定与一般规定不一致的，适用特别规定。”其次，新的一般规定与旧的特别规定不一致的情况，并不当然适用特别法优于普通法的原则。按照《立法法》第 85 条、第 86 条的有关规定，同一机关制定的法律、行政法规、地方性法规和规章的新的一般规定与旧的特别规定不一致，由有权机关作出裁决。因此，就同一机关制定的法律规范而言，特别规定优于一般规定的规则是有条件的，即特别规定与一般规定同时施行或者在后施行的，才能够优先适用。

(三) 特别规定与一般规定及分则规定与总则规定

同一法律内部的不同法条之间有特别规定与一般规定的，仍然适用特别规定优于一般规定的规则，但立法法未涉及此种情况。鉴于司法实践中有“总则规定优于分则规定”的不妥说法（其效果恰恰与特别规定优于一般规定相反），为澄清该问题，《纪要》特别指出：“同一法律、行政法规、地方性法规、自治条例和单行条例、规章内的不同条文对相同事项有一般规定和特别规定的，优先适用特别规定。”

详言之，特别法优于普通法原则除适用于不同法律之间外，还适用于同一法律的不同法条之间。特别是，在同一法律之内有总则规定与分则规定、一般规定与具体规定、原则规定与规则规定之类的区分，在两者之间规定不一致时，分则规定、具体规定与规则规定都是优先适用的。在同一法律之内有如此不同规定的，应当认为立法者有意作如此安排，而不能认为这些规定相互矛盾甚至相互抵触。而且，同一法律之内的特别规定实际上乃是一般规定的例外。

（四）新的一般规定与旧的特别规定的适用关系

法律之间、行政法规之间或者地方性法规之间对同一事项的新的一般规定与旧的特别规定不一致的，并不当然适用特别规定优于一般规定的规则，也即立法者在后的一般规定并不必然具有取代先前的特别规定的暗含意图。正是基于这种理由，立法法规定，在这种情况下应当送请制定机关裁决。

但是，有些情况下立法者已对新旧规定的适用表明了态度，能够直接确定如何适用，此时就没有必要再按照裁决程序办理。

十、部门规章与地方性法规冲突的选择适用

（一）《纪要》有关内容的意旨

《纪要》根据常见的情形，对部门规章与地方性法规相冲突的选择适用规则列举了一些典型情况，作为通常情况下进行选择适用的指导。

应当注意，《纪要》列举的上列选择适用标准，乃是“一般可以”选择适用的情形，即在通常情况下可以如此选择，但毕竟部门规章与地方性法规冲突的情况比较复杂，倘若选择适用时有些拿不准，最好逐级上报裁决。《纪要》其他部分使用“一般可以”措辞的内容，均是这种含义和意图。

（二）部门规章与地方性法规之间的“准同位法”关系

在《立法法》施行之前，部门规章与地方性法规之间的适用关系或者位阶关系似乎比较清楚（或者说许多人认为比较清楚），即依据《行政诉讼法》第52条关于“人民法院审理行政案件，以法律和行政法规、地方性法规为依据”以及第53条关于“人民法院审理行政案件，参照国务院部、委……制定、发布的规章”的规定，认为地方性法规的效力优于部门规章。即便《立法法》施行以后，仍有人依据《立法法》有关条文采用“行政法规、地方性法规、规章”的先后排序，而认定地方性法规的效力当然优于部门规章。但是，从《立

法法》有关规定的精神看，这种结论是不准确的。而且，按照《立法法》的有关规定，在部门规章与地方性法规发生冲突时，我们亦不宜再援引《行政诉讼法》第53条的规定，简单地直接认定应依据地方性法规而不适用部门规章。这也可以说，《立法法》对地方性法规与部门规章之间关系的规定，改变了原来的一些思路。

从《立法法》有关规定看，部门规章与地方性法规之间的位阶关系很特殊，即其既非典型意义上的同位法（立法法草案曾规定部门规章与地方政府规章之间具有同等效力，但后来被删除），又没有上位法与下位法的关系，而在其内容发生交叉重合或者冲突时又会出现适用上的选择关系。

（三）解决地方性法规与部门规章冲突的权限标准

从部门规章和地方性法规的立法权限范围看，两者既有不同之处，又有交叉。例如，对于执行法律或者行政法规的事项，部门规章与地方性法规的规定可能发生交叉或者重合；尚未制定法律或者行政法规的事项，国务院部门为执行国务院决定或者命令而制定的规章，可能与地方性法规先行规定的事项发生重合；地方性法规就地方事务作出的规定，可能为其所独有。正是在这种交叉重合与各不相同之中，我们可以确定一些优先适用的标准，而只有在确实无法判断何者优先适用时，才有必要送请有权机关进行裁决。《纪要》划分出下列选择适用标准：

第一，法律、行政法规授权国务院主管部门对其规定的事项作出实施性或者解释性规定的，部门规章对行政法规的实施性或者解释性规定应当优先适用。这些规章属于法律或者行政法规的实施性或者解释性规定。在部门规章中占有较大比例。

第二，尚未制定法律、行政法规的，部门规章对于国务院决定、命令授权的事项，或者对于中央宏观调控的事项、需要全国统一的市场活动规则及对外贸易和外商投资等需要全国统一规定的事项作出的规定，应当优先适用。因为：首先，贯彻国务院决定、命令是国务院部门的基本职能，在国务院决定、命令授权或者要求国务院部门作出实施性规定时，其规定具有优先适用性，更利于国务院决定或者命令的实施。其次，国务院部门对某些事项具有专属的职权，其在其专属职权范围内制定的规章的适用应当具有排他性或者优先性。通常而言，需要制定统一规范或者标准的事项，或者涉及财政、税收、海关、金融、外贸等国家统一管理事务的事项，部门规章的规定应当优先适用。

第三，法律、行政法规对其规定的事项授权地方性法规根据本行政区域的实际情况作出具体规定的，地方性法规根据本行政区域的实际情况作出的具体规定应当优先适用。《国务院关于贯彻实施〈中华人民共和国立法法〉的通知》(2000年6月8日）指出："对各地方可以根据当地实际情况分别规定的事项，国务院部门不宜也不必作统一规定。”这意味着，根据国家有关规定无需在全国范围统一执行的事项，地方性法规的规定应当优先适用。

第四，地方性法规对属于地方性事务的事项作出的规定应当优先适用。因为，对地方性事务行使立法权，是中央授予地方立法机关的专属权力，其规定亦更加符合地方实际。《国务院关于贯彻实施〈中华人民共和国立法法〉的通知》（2000 年 6 月 8 日）亦指出：“对各地方可以根据当地实际情况分别规定的事项，国务院部门不宜也不必作统一规定。”这里也有地方性法规对地方性事务作出的规定，应当优先适用的意思，所谓地方性事务，是与全国性事务对应的，是指不需要或者在特定时期内不需要作全国统一规定的、具有地方特色的事务。当然，地方性事务不可能穷尽式地列举，可以根据国家有关规定或者具体情况确定。

第五，尚未制定法律、行政法规而国务院亦未作出决定、命令的事项，地方性法规根据本行政区的具体情况作出的规定，应当优先适用。因为，如果部门规章对此作出规定，实际上超越了宪法和《立法法》规定的部门规章的权限范围，其规定自然不能适用。

十一、规章冲突的选择适用

（一）部门规章与地方政府规章冲突的选择适用

国务院部门与地方政府相应的部门有指导或者领导关系，但在行政领导关系上，国务院部门是国务院的组成部门，地方政府是地方行政机关，均属国务院领导，它们之间没有领导与被领导关系。因此，它们制定的规章也没有高低上下之分，具有相同的位阶。

按照《立法法》第 71 条第 1 款规定，部门规章规定的事项应当属于执行法律或者国务院的行政法规、决定、命令的事项。该法第 73 条第 2 款规定：“地方政府规章可以就下列事项作出规定：（一）为执行法律、行政法规、地方性法规的规定需要制定规章的事项；（二）属于本行政区域的具体行政管理事项。”据此，既然部门规章与地方政府规章规定的内容可能发生重合，其相互之间发生冲突也就难以避免。为此，《立法法》第 86 条第 1 款第（3）项规定，“部门规章之间、部门规章与地方政府规章之间对同一事项的规定不一致时，由国务院裁决”。

尽管《立法法》第 86 条第 1 款第（3）项并未将“不能确定如何适用”规定为由国务院裁决的前提条件，但从实际情况看，在有些情况下无需就部门规章与地方政府规章之间的不一致动辄送请国务院裁决，而可以根据相关规定直接确定如何适用。因为，在人民法院审理案件中，规章只是处于被“参照”的地位，如果几个规章对同一事项作出了不同的规定，人民法院在其中作出适用上的选择，自然是参照适用的题中之义。而且，在许多情况下，部门规章与地方政府规章之间的冲突，可以采取类似于部门规章与地方性法规的选择适用规则进行选择适用。

为此，《纪要》指出，部门规章与地方政府规章之间对相同事项的规定不一致的，人民法院一般可以按照下列情形适用：（一）法律或者行政法规授权部门规章作出实施性规定的，其规定优先适用；（二）尚未制定法律、行政法规的，部门规章对于国务院决定、命令授权的事项，或者对属于中央宏观调控的事项、需要全国统一的市场活动规则及对外贸易和外商投资等事项作出的规定，应当优先适用；（三）地方政府规章根据法律或者行政法规的授权，根据本行政区域的实际情况作出的具体规定，应当优先适用；（四）地方政府规章对属于本行政区域的具体行政管理事项作出的规定，应当优先适用；（五）能够直接适用的其他情形。不能确定如何适用的，应当中止行政案件的审理，逐级上报最高人民法院送请国务院裁决。

（二）部门规章冲突的选择适用

不同的国务院部门所制定的规章具有相同的法律位阶。由于职权划分不清、有些部门超越职权制定规章等种种原因，国务院不同部门制定的规章之间也存在相互冲突的现象，即有时同时对同一事项作出规定，而其规定之间不一致。在国务院部门规章发生冲突的情况下，人民法院一般可以按照下列情形选择适用：

第一，“适用与上位法不相抵触的部门规章规定”。这是按照相抵触标准决定规章选择适用的规则。

第二，优先适用依专属职权制定的规章，即“与上位法均不抵触的，优先适用根据专属职权制定的规章规定”。

第三，优先适用联合制定的规章，即“两个以上的国务院部门就涉及其职权范围的事项联合制定的规章规定，优先于其中一个部门单独作出的规定。”

（三）其他规范性文件冲突的选择适用

实践中经常遇到其他规范性文件的冲突，其情形类似于规章之间的冲突。为解决这些冲突，《纪要》指出：“国务院部门或者省、市、自治区人民政府制定的其他规范性文件对相同事项的规定不一致的，参照上列精神处理。”

十二、《纪要》第三部分：关于新旧法律规范的适用规则

（一）《纪要》第三部分的意图

《纪要》第三部分指出：“根据行政审判中的普遍认识和做法，行政相对人的行为发生在新法施行以前，具体行政行为作出在新法施行以后，人民法院审查具体行政行为的合法性时，实体问题适用旧法规定，程序问题适用新法规

定，但下列情形除外：（一）法律、法规或规章另有规定的；（二）适用新法对保护行政相对人的合法权益更为有利的；（三）按照具体行政行为的性质应当适用新法的实体规定的。”

该部分显然是解决法律规范发生变更时新旧法的适用问题，其中涉及溯及力及其相关的问题。

（二）实体从旧与程序从新规则

《纪要》第三部分内容首先肯定了实体从旧与程序从新规则。换言之，在法律适用上，有两项重要的原则，即实体从旧和程序从新的适用规则。具体说，在旧法时发生的行为，在新法生效后进行处理的，包括审判案件或者行政执法，实体问题适用旧的法律规定（行为发生时有效的法律规定），程序问题适用处理时有效的程序法律规定。

就实体问题而言，从旧体现了不溯及既往原则。就程序问题而言，处理法律问题之时当然适用现行有效的程序规范，不可能适用旧的程序规范，因而仅仅是现行法律的适用问题，不存在是否溯及既往问题。有人将程序从新理解为程序法可以溯及既往，实际上这是一种误解。因为，在程序从新的情况下，也仅仅是将新的程序运用于正在发生的行为，而不是溯及以往的程序行为。也正是由于这种貌似溯及既往的特性，有人将其称为“不真正的溯及效力”。

（三）三种例外情况

《纪要》规定了实体从旧与程序从新规则的三种例外情况，即法律、法规或规章另有规定的；适用新法对保护行政相对人的合法权益更为有利的；按照具体行政行为的性质应当适用新法的实体规定的。其中第二种情况乃是从新从轻规则。

第一，从新从轻规则。

涉及刑罚和行政处罚的，均适用从新从轻原则。例如，新法之前实施的违法行为，在新法之后予以查处的，如果新法对同类行为规定的处罚较轻，可以适用新法规定给予处罚；倘若新法对同类行为不再规定处罚，甚至可以按照新法不予处罚，以体现法律在惩罚上的宽大为怀理念。

第二，按照行为性质应适用新法。

第三种例外情形最为典型的例子就是行政许可。在行政许可申请受理之后而作出行政许可行为之前，作为行政许可依据的法律规范发生变化的，应当按照新法的规定实施许可。因为，如不按照新法实施行政许可，行政许可行为就可能与新法建立的法律秩序相背离，不符合作出许可时的法律秩序。当然，是否绝对地没有例外，也是值得研究的。例如，倘若适用变更前的法律规范对申请人更为有利，变更后的法律并未废止或禁止该许可，且适用变更前的法律规范并不违反公共利益的，可以适用申请时的法律规范。

十三、《纪要》第四部分：例示性规定的解释规则

（一）《纪要》第四部分的意图

《纪要》第四部分专门就例示性规定及其解释规则作出明确，即“法律规范在列举其适用的典型事项后，又以‘等’、‘其他’等词语进行表述的，属于不完全列举的例示性规定。以‘等’、‘其他’等概括性用语表示的事项，均为明文列举的事项以外的事项，且其所概括的情形应为与列举事项类似的事项。”

《纪要》之所以将例示性规定单列出来加以说明，乃是考虑到，在行政执法和行政审判中，对于以“等”、“其他”等字词为标志的例示性规定，在理解上常有“等”内还是“等”外的争议，以及对未列举的概括规定有任意解释的现象，《纪要》试图就例示性规定统一认识和做法。

（二）例示性规定及其解释规则

例示性规定是例示加概括的法条规定的简称，即以例示用语（举例子的术语）加上概括用语所组成的一种法条类型。例示规定在法条中比比皆是。

法条中的“等”字规定是非常有学问的，而“等”字以及类似于“等”字的规定俯拾即是，因而“等”字规定又是非常重要的。在法理上，“等”字以及类似于“等”字的规定都可以归入例示规定之列。此外，与例示规定对应的是列举规定，两者既有相同之处又有区别。列举规定是列举排斥性规定的简称，即法条将其所规范的事项列举出来，并将其适用范围仅限于所列举的事项，而排除此外的其他事项的适用。

五、行政强制执行

最高人民法院
关于开展行政诉讼简易程序试点工作的通知

2010年11月17日　　　　法〔2010〕446号

各省、自治区、直辖市高级人民法院，新疆维吾尔自治区高级人民法院生产建

设兵团分院：

为保障和方便当事人依法行使诉讼权利，减轻当事人诉讼负担，保证人民法院公正、及时审理行政案件，经中央批准，现就在部分基层人民法院开展行政诉讼简易程序试点工作的有关问题通知如下：

一、下列第一审行政案件中，基本事实清楚、法律关系简单、权利义务明确的，可以适用简易程序审理：

（一）涉及财产金额较小，或者属于行政机关当场作出决定的行政征收、行政处罚、行政给付、行政许可、行政强制等案件；

（二）行政不作为案件；

（三）当事人各方自愿选择适用简易程序，经人民法院审查同意的案件。

发回重审、按照审判监督程序再审的案件不适用简易程序。

二、适用简易程序审理的案件，被告应当在收到起诉状副本或者口头起诉笔录副本之日起 10 日内提交答辩状，并提供作出行政行为时的证据、依据。被告在期限届满前提交上述材料的，人民法院可以提前安排开庭日期。

三、适用简易程序审理的案件，经当事人同意，人民法院可以实行独任审理。

四、人民法院可以采取电话、传真、电子邮件、委托他人转达等简便方式传唤当事人。经人民法院合法传唤，原告无正当理由拒不到庭的，视为撤诉；被告无正当理由拒不到庭的，可以缺席审判。

前述传唤方式，没有证据证明或者未经当事人确认已经收到传唤内容的，不得按撤诉处理或者缺席审判。

五、适用简易程序审理的案件，一般应当一次开庭并当庭宣判。法庭调查和辩论可以围绕主要争议问题进行，庭审环节可以适当简化或者合并。

六、适用简易程序审理的行政案件，应当在立案之日起 45 日内结案。

七、当事人就适用简易程序提出异议且理由成立的，或者人民法院认为不宜继续适用简易程序的，应当转入普通程序审理。

八、最高人民法院确定的行政审判联系点法院（不包括中级人民法院）可以开展行政诉讼简易程序试点。

各高级人民法院可以选择法治环境较好、行政审判力量较强和行政案件数量较多的基层人民法院开展行政诉讼简易程序试点，并报最高人民法院备案。

第三编　国家赔偿

最高人民法院
印发《关于国家赔偿案件案由的规定》的通知

2012年1月13日　　法发〔2012〕32号

各省、自治区、直辖市高级人民法院，解放军军事法院，新疆维吾尔自治区高级人民法院生产建设兵团分院：

最高人民法院《关于国家赔偿案件案由的规定》已于2011年12月26日由最高人民法院审判委员会第1537次会议通过，自2012年2月15日起施行。现印发给你们，请认真贯彻执行。

附：

关于国家赔偿案件案由的规定

为正确适用法律，根据《中华人民共和国国家赔偿法》，结合国家赔偿工作实际，对国家赔偿案件案由规定如下：

一、违法刑事拘留赔偿［国家赔偿法第十七条第（一）项］。违反刑事诉讼法的规定对公民采取拘留措施的，或者依照刑事诉讼法规定的条件和程序对公民采取拘留措施，但是拘留时间超过刑事诉讼法规定的时限，其后决定撤销案件、不起诉或者判决宣告无罪终止追究刑事责任的赔偿案件。

二、无罪逮捕赔偿［国家赔偿法第十七条第（二）项］。对公民采取逮捕措施后，决定撤销案件、不起诉或者一审判决宣告无罪终止追究刑事责任的赔偿案件。

三、二审无罪赔偿（国家赔偿法第二十一条第四款）。二审改判无罪的赔偿案件。

四、重审无罪赔偿（国家赔偿法第二十一条第四款）。二审发回重审后作无罪处理的赔偿案件。

五、再审无罪赔偿［国家赔偿法第十七条第（三）项］。依照审判监督程序再审改判无罪，原判刑罚已经执行的赔偿案件。

六、刑讯逼供致伤、致死赔偿［国家赔偿法第十七条第（四）项］。刑讯逼供造成公民身体伤害或者死亡的赔偿案件。

七、殴打、虐待致伤、致死赔偿［国家赔偿法第十七条第（四）项］。以殴打、虐待等行为或者唆使、放纵他人以殴打、虐待等行为造成公民身体伤害或者死亡的赔偿案件。

八、违法使用武器、警械致伤、致死赔偿［国家赔偿法第十七条第（五）项］。违法使用武器、警械造成公民身体伤害或者死亡的赔偿案件。

九、刑事违法查封、扣押、冻结、追缴赔偿［国家赔偿法第十八条第（一）项］。在刑事诉讼过程中，违法对财产采取查封、扣押、冻结、追缴等措施的赔偿案件。

十、错判罚金、没收财产赔偿［国家赔偿法第十八条第（二）项］。依照审判监督程序再审改判无罪，原判罚金、没收财产已经执行的赔偿案件。

十一、违法司法罚款赔偿（国家赔偿法第三十八条）。人民法院在民事诉讼、行政诉讼过程中，违法司法罚款造成损害的赔偿案件。

十二、违法司法拘留赔偿（国家赔偿法第三十八条）。人民法院在民事诉讼、行政诉讼过程中，违法司法拘留造成损害的赔偿案件。

十三、违法保全赔偿（国家赔偿法第三十八条）。人民法院在民事诉讼、行政诉讼过程中，违法采取保全措施造成损害的赔偿案件。

十四、错误执行赔偿（国家赔偿法第三十八条）。人民法院在民事诉讼、行政诉讼过程中，对判决、裁定及其他生效法律文书执行错误造成损害的赔偿案件。

最高人民法院
关于国家赔偿案件立案、案由有关问题的通知

2012年1月13日　　　　　　　　法发〔2012〕33号

各省、自治区、直辖市高级人民法院，解放军军事法院，新疆维吾尔自治区高级人民法院生产建设兵团分院：

《最高人民法院关于国家赔偿案件立案工作的规定》（以下简称《立案规定》）、《最高人民法院关于国家赔偿案件案由的规定》（以下简称《案由规定》）已于2011年12月26日由最高人民法院审判委员会第1537次会议讨论通过，自2012年2月15日起施行，《最高人民法院关于刑事赔偿和非刑事司法赔偿案件立案工作的暂行规定（试行）》、《最高人民法院关于刑事赔偿和非刑事司法赔偿案件案由的暂行规定（试行）》同时废止。为正确适用《立案规定》和《案由规定》，切实保障公民、法人和其他组织依法行使请求国家赔偿的权利，把好案件受理关，现就有关问题通知如下：

一、关于国家赔偿案件的立案审查

赔偿请求人向作为赔偿义务机关的人民法院提出赔偿申请，或者依照国家赔偿法第二十四条、第二十五条的规定向人民法院赔偿委员会提出赔偿申请的，由收到申请的人民法院立案部门负责立案审查。与国家赔偿相关的涉法信访接待工作，由人民法院立案信访部门负责。

二、关于立案审查工作的有关事宜

赔偿请求人向作为赔偿义务机关的人民法院提出赔偿申请的，收到申请的人民法院立案部门应当根据《立案规定》第四条的规定予以审查。经审查符合立案条件的，立案部门应当编立案号，在立案之日起五日内向赔偿请求人送达受理案件通知书，并在调齐赔偿申请所涉案件的相关卷宗材料后，一并移送该院理赔机构办理。调取卷宗材料的时间应从作出赔偿决定的期限内予以扣除。

赔偿请求人依照国家赔偿法第二十四条、第二十五条的规定向人民法院赔偿委员会提出赔偿申请的，收到申请的人民法院立案部门根据《立案规定》第五条至第八条的规定予以审查。经审查符合立案条件的，立案部门应当编立案号，在立案之日起五日内向赔偿请求人、赔偿义务机关、复议机关送达受理案件通知书，并向赔偿义务机关、复议机关送达国家赔偿申请书或者《申请赔偿登记表》副本。赔偿义务机关为下一级人民法院的，立案部门还应当向下一级人民法院调齐赔偿申请所涉案件的相关卷宗材料后，一并移送该院赔偿委员会审理。调取卷宗材料的时间应从作出赔偿决定的期限内予以扣除。

对前述两类案件经审查不符合立案条件的，由收到申请的人民法院立案部门在七日内作出不予受理决定，加盖人民法院院印，并在作出决定之日起十日内送达赔偿请求人。

三、关于国家赔偿案件案由的适用

对于赔偿请求人提出的赔偿申请属于《立案规定》第一条规定情形的，应当根据《案由规定》确定案由。在适用《案由规定》第六条至第十条时，一般应根据赔偿申请的具体情况择一确定案由，如赔偿申请涉及违法使用警械造成公民死亡的，案由为违法使用警械致死赔偿，如赔偿申请涉及虐待造成公民身体伤害的，案由为虐待致伤赔偿。

赔偿请求人提出的赔偿申请涉及同一赔偿义务机关的两个以上司法行为，且对应同一权利，应当一并审理的，可以确定并列案由。如赔偿申请既涉及刑事违法查封，又涉及刑事违法追缴的，案由为刑事违法查封、追缴赔偿；如赔偿申请既涉及违法保全，又涉及错误执行的，案由为违法保全、错误执行赔偿。《立案规定》和《案由规定》适用过程中有何新情况和新问题，应当及时报告最高人民法院。

最高人民法院办公厅
关于国家赔偿法实施中若干问题的座谈会纪要

2012 年 12 月 25 日　　　　法办〔2012〕490 号

为进一步贯彻实施修正后的国家赔偿法，保障赔偿请求人请求赔偿的权利，保证人民法院依法公正审查处理各类国家赔偿案件，规范和加强国家赔偿工作，最高人民法院对修正后的国家赔偿法实施中的新情况、新问题进行了专题调研。2012 年 10 月 17 日，最高人民法院在贵州贵阳召开座谈会，各高级人民法院参加。会议总结了修正后的国家赔偿法实施中若干新情况、新问题，并依据《中华人民共和国国家赔偿法》及其司法解释，对亟待解决的若干问题形成共识，现将有关内容纪要如下：

一、人民法院办理自赔案件，决定准予赔偿请求人撤回赔偿申请，赔偿请求人收到该决定书后，在国家赔偿法第三十九条规定的时效内又向作为赔偿义务机关的人民法院提出赔偿申请，且有证据证明其撤回赔偿的申请确属违背真实意思表示或者有其他正当理由的，人民法院应予受理。

二、人民法院赔偿委员会审理国家赔偿案件，决定准予赔偿请求人撤回赔偿申请，赔偿请求人收到该决定书后又向人民法院赔偿委员会申请作出赔偿决定的，收到申请的人民法院应当依照国家赔偿法第三十条的规定审查处理。

三、赔偿请求人在刑事诉讼程序结束前书面承诺放弃请求国家赔偿的权利，其后在国家赔偿法第三十九条规定的时效内又向作为赔偿义务机关的人民法院提出赔偿申请，收到申请的人民法院应当依照《最高人民法院关于国家赔偿案件立案工作的规定》（以下简称《赔偿立案规定》）予以审查立案。

四、人民法院办理自赔案件，与赔偿请求人达成协议并作出国家赔偿决定书后，赔偿请求人反悔并依照国家赔偿法第二十四条的规定向上一级人民法院赔偿委员会提出赔偿申请，收到申请的人民法院应当依照《赔偿立案规定》予以审查立案。

人民法院办理自赔案件，与赔偿请求人达成协议，但未在规定期限内作出国家赔偿决定书，赔偿请求人依照国家赔偿法第二十四条的规定向上一级人民法院赔偿委员会提出赔偿申请，收到申请的人民法院应当依照《赔偿立案规定》予以审查立案。

五、人民法院或人民法院赔偿委员会受理国家赔偿案件后，经审查，赔偿义务机关已履行赔偿协议，且给付的金额能够填平补齐赔偿请求人实际损失的，应当决定驳回赔偿请求人提出的赔偿申请。

六、赔偿请求人以赔偿义务机关及其工作人员行使职权侵犯其财产权为由提出赔偿申请，人民法院经审查发现该财产权属尚存在争议的，应当决定不予受理。

已经受理案件的，人民法院或人民法院赔偿委员会应当决定驳回赔偿请求人提出的赔偿申请，并告知其经民事诉讼程序确认财产权属后再行申请赔偿。

七、在涉及普通合伙、合伙企业债权债务清算的民事案件中，部分合伙人以民事诉讼保全措施侵犯其财产权为由提出赔偿申请，人民法院经审查发现该民事案件尚在审理中的，应当决定不予受理。

已经受理案件的，人民法院或人民法院赔偿委员会应当决定驳回赔偿请求人提出的赔偿申请，并告知其在有关债权债务清算案件审理终结并最终确认权利义务关系后再行申请赔偿。

八、赔偿请求人认为人民法院有国家赔偿法第三十八条规定情形的，应当在民事诉讼、行政诉讼程序或者执行程序终结后提出赔偿申请。有下列情形之一的，人民法院应当依照《最高人民法院关于适用〈中华人民共和国国家赔偿法〉若干问题的解释（一）》第八条的解释精神，予以审查立案：

（一）不属于被执行人的财产，且经民事诉讼程序确认权属的；

（二）人民法院生效法律文书已确认相关行为违法的；

（三）赔偿请求人有证据证明其与民事诉讼、行政诉讼程序或者执行程序无关的。

九、人民法院办理自赔案件，应当充分听取赔偿请求人的意见。案件争议较大或者案情疑难、复杂的，人民法院可以组织赔偿请求人、原案件承办人以及其他相关人员进行听证。

人民法院赔偿委员会审理国家赔偿案件，对符合《最高人民法院关于人民法院赔偿委员会审理国家赔偿案件程序的规定》第十四条规定情形的，可以组织赔偿请求人和赔偿义务机关进行质证。

人民法院或人民法院赔偿委员会进行听证、质证的，应当对听证、质证的情况制作笔录。

十、人民法院赔偿委员会审理国家赔偿案件，赔偿请求人和赔偿义务机关应当依照国家赔偿法第二十六条的规定，对自己提出的主张承担举证责任。

赔偿义务机关主张其行为合法的，应当就其合法性承担举证责任。

被羁押人在羁押期间死亡或丧失行为能力的，赔偿义务机关应当对其行为与被羁押人死亡或者丧失行为能力是否存在因果关系承担举证责任。

十一、批准逮捕与提起公诉不是同一人民检察院的，由作出逮捕决定的人民检察院作为赔偿义务机关。

十二、在行政非诉强制执行中，由人民法院进行合法性审查，行政机关组织具体实施的案件，赔偿请求人仅就具体实施行为申请赔偿的，人民法院应告知其向作出具体实施行为的行政机关提出赔偿申请。

十三、第一审人民法院判处被告人成立数罪，第二审人民法院撤销其中部分罪名，实际羁押期限超出生效刑事判决确定刑期的，国家不承担赔偿责任。

第一审人民法院判处被告人成立两罪，第二审人民法院撤销其中一罪，并依照刑事诉讼法第十五条的规定，对另一罪不追究刑事责任的，国家不承担赔偿责任。

十四、依照国家赔偿法第十七条第（四）项的规定，行使侦查、检察、审判职权的机关以及看守所、监狱管理机关及其工作人员，有放纵他人虐待、违法不履行或怠于履行法定职责等不作为情形，且与公民在羁押期间死亡或者受到伤害存在因果关系的，受害人有取得赔偿的权利。

人民法院赔偿委员会应当根据赔偿义务机关就前款所述不作为情形对于造成损害结果所起的作用，决定其应当承担赔偿责任的比例和份额。

十五、国家赔偿法第十九条第（一）项规定的“公民自己故意作虚伪供述”，是指非因他人强迫或胁迫，赔偿请求人本人故意作出虚伪供述，导致其被羁押或被刑罚处罚的情形。

十六、修正后的国家赔偿法实施前，人民法院已将错判的罚金返还给赔偿请求人，赔偿请求人依照修正后的国家赔偿法向人民法院再行主张支付利息的，人民法院不予支持。

十七、人民法院或人民法院赔偿委员会审查处理国家赔偿案件并决定赔偿的，不得以赔偿请求人已获得原单位补发工资、奖金、津贴和补贴为由，拒绝赔偿或者在决定中扣除其依法应当获得的赔偿金。

十八、行使侦查职权的机关违反刑事诉讼法的规定延长拘留时限，其后决定撤销案件、不起诉或者判决宣告无罪终止追究刑事责任的，侵犯人身自由的赔偿金应自拘留之日起计算。

十九、人民法院作出民事判决认定民事诉讼强制措施或保全措施合法，当事人不服，经第二审程序或审判监督程序作出生效民事判决撤销该认定的，当事人可以依照国家赔偿法的规定向作为赔偿义务机关的人民法院提出赔偿申请。

二十、赔偿请求人依照《最高人民法院关于适用〈中华人民共和国国家赔偿法〉若干问题的解释（一）》第七条、第八条规定，在刑事、民事、行政诉讼或者执行程序终结后提出赔偿申请，相关诉讼、执行程序期间不计入赔偿请求时效。

二十一、人民法院赔偿委员会审理国家赔偿案件期间，赔偿请求人与赔偿义务机关达成赔偿协议，人民法院赔偿委员会经审查认为该协议不违反法律规定，应当根据协议内容制作国家赔偿决定书，并撤销原赔偿决定、复议决定。

二十二、人民法院赔偿委员会依照《最高人民法院关于人民法院赔偿委员会审理国家赔偿案件程序的规定》第十九条第二项、第三项规定依法重新作出决定的，应当撤销原赔偿决定、复议决定。

二十三、人民法院或人民法院赔偿委员会依照国家赔偿法第三十五条规定，决定为受害人消除影响，恢复名誉，赔礼道歉的，应写入国家赔偿决定书的决定主文。

【解　读】

《关于国家赔偿法实施中若干问题的座谈会纪要》条文注解

法律的生命在于实施，难点也在于实施。2010 年修正的《国家赔偿法》实施后，为了尽快掌握该法实施中的新情况、新问题，积极回应国家赔偿审判实践需要，最高人民法院赔偿办于 2011 年开展“修正的国家赔偿法实施后新情况、新问题”专题调研。调研中，赔偿办向各高院征集了国家赔偿审判工作中五大方面共计 50 余个问题，并在辽宁、云南等省、市召开会议，与各高院赔偿办负责人对上述问题进行集中研究，对其中一些问题形成了规范思路。2012年10月，最高人民法院在贵阳市召开国家赔偿工作座谈会，会议依据《国家赔偿法》及其司法解释，按照"先易后难"、"成熟稳妥"等原则，对亟待解决的若干新情况、新问题形成共识，撰写成《关于国家赔偿法实施中若干问题的座谈会纪要》（以下简称《纪要》）。《纪要》共23条，按规范内容可分立案审查等9个方面。现对《纪要》有关条款注解如下，以期对正确理解并参照适用《纪要》起到一定的帮助作用。

一、关于立案受理方面的问题（第1条至第7条）

1. 人民法院办理自赔案件，决定准予赔偿请求人撤回赔偿申请，赔偿请求人收到该决定书后，在《国家赔偿法》第39条规定的时效内又向作为赔偿义务机关的人民法院提出赔偿申请，且有证据证明其撤回赔偿的申请确属违背真实意思表示或者有其他正当理由的，人民法院应予受理。

2. 人民法院赔偿委员会审理国家赔偿案件，决定准予赔偿请求人撤回赔偿申请，赔偿请求人收到该决定书后又向人民法院赔偿委员会申请作出赔偿决定的，收到申请的人民法院应当依照《国家赔偿法》第30条的规定审查处理。

【条文注解】

调研中有法院提出，一些赔偿请求人在撤回赔偿申请后，又以同一事实和理由向赔偿义务机关或者人民法院赔偿委员会申请赔偿，对此是否还要立案受理。《纪要》第1、2条对此类问题进行了回应。

第1条明确规定，赔偿请求人在自赔程序中撤回申请后又向赔偿义务机关请求赔偿的，总的要求是原则上不予受理、特殊情形除外，即赔偿请求人有证据证明其撤回申请确属违背真实意思表示或者有其他正当理由。所谓"违背真实意思表示"，通常表现为：（1）认识错误和重大误解，赔偿请求人对撤回申请行为的性质和法律效果等发生认知错误，使行为后果与自己的真实意思相悖；（2）诈欺，赔偿请求人因有关人员的故意诈欺而陷入错误；（3）胁迫，赔偿请求人因有关人员以未来不法损害相恐吓或实施身体强制，使其陷入恐惧而申请撤回；（4）乘人之危，即有关人员利用赔偿请求人的急迫需要或危难处境，迫使其违背本意接受不利条件而撤回赔偿申请。所谓"其他正当理由"，实践中一般指促成赔偿请求人撤回赔偿申请的事由没有实现，如赔偿义务机关承诺赔偿补偿，或者予以帮扶救助，但实际未予兑现的，等等。必须注意的是，赔偿请求人又申请赔偿的，其申请不能超过国家赔偿法规定的请求时效。还需要说明的是，《纪要》第1条的内容已被《关于人民法院办理自赔案件程序的规定》第9条第2款所吸收，其解释精神在于衡平诉权保护和法的安定性两种价值，明确除特定情形以外，原则上不允许赔偿请求人反复变化，破坏国家赔偿法律关系以及各方行为选择的安定性和稳定性。

第 2 条规定，在人民法院赔偿委员会审查程序中，赔偿委员会作出准予撤回的决定书（参见国家赔偿案件文书样式 24）并送达赔偿请求人后，赔偿请求人又以同一事由向人民法院赔偿委员会申请作出赔偿决定的，收到申请的人民法院应当依照《国家赔偿法》第 30 条的规定审查处理。人民法院赔偿委员会审查程序是“一赔终决”的制度，赔偿委员会作出的决定书是发生法律效力的决定，必须执行。因此，赔偿委员会决定准许赔偿请求人撤回赔偿申请之后，赔偿请求人又以同一事由申请赔偿的，只能依照国家赔偿审判监督程序处理。

3. 赔偿请求人在刑事诉讼程序结束前书面承诺放弃请求国家赔偿的权利，其后在《国家赔偿法》第 39 条规定的时效内又向作为赔偿义务机关的人民法院提出赔偿申请，收到申请的人民法院应当依照《最高人民法院关于国家赔偿案件立案工作的规定》（以下简称《赔偿立案规定》）予以审查立案。

【条文注解】

调研中，有法院提出，改判无罪的赔偿请求人曾在刑事诉讼程序中书面承诺放弃请求国家赔偿的权利，后来又申请赔偿的，是否还应当受理。《纪要》第 3 条规定，对此类情形，人民法院应当依法立案受理。第 3 条主要针对的是实践中发生的所谓“判赔交易”情形，即某些法院以改判无罪作为“交换”条件，要求赔偿请求人承诺放弃请求赔偿的权利。无论如何，不管是从宪法法律的精神还是从国家赔偿法的规范基础来看，“判赔交易”都是不可取的。首先，“以事实为依据，以法律为准绳”，依法公正审判各类案件，是宪法法律赋予人民法院的神圣职责，人民法院不得以法定职责作为规避国家赔偿责任的交易对象；其次，公民的权利受宪法法律的保护，其合法权益遭受公权力不法侵害的，宪法法律赋予其向国家求偿的权利，非依法定免责情形，人民法院不得以任何借口拒绝公民伸张权利的请求；最后，改判无罪是公民依法获得刑事赔偿请求权的前提，判决宣告无罪前，赔偿请求人并未获得赔偿请求权，更无从处分这一权利的可能，故其放弃求偿的承诺实际不发生法律效力。实践中，除了“判赔交易”以外，还有因其他原因发生此类情形的可能，如人民法院在改判无罪前，提前对赔偿请求人予以补偿，或者返还被扣押的财物，或者帮扶解困，赔偿请求人以此承诺放弃赔偿权利，但之后又提起赔偿请求等。对其他情形，为避免审判人员陷入对个案具体情形的“无益”辨析，拖累国家赔偿工作效率，故第 3 条采取“一刀切”的方式，即凡赔偿请求人在刑事诉讼程序结束前书面承诺放弃请求国家赔偿权利，而后又申请赔偿的，一应依照《赔偿立案规定》予以审查立案。

4. 人民法院办理自赔案件，与赔偿请求人达成协议并作出国家赔偿决定书后，赔偿请求人反悔并依照《国家赔偿法》第 24 条的规定向上一级人民法院赔偿委员会提出赔偿申请，收到申请的人民法院应当依照《赔偿立案规定》予以审查立案。

人民法院办理自赔案件，与赔偿请求人达成协议，但未在规定期限内作出国家赔偿决定书，赔偿请求人依照《国家赔偿法》第 24 条的规定向上一级人民法院赔偿委员会提出赔偿申请，收到申请的人民法院应当依照《赔偿立案规定》予以审查立案。

【条文注解】

《纪要》第 4 条处理的是赔偿请求人反悔“自赔协议”后再申请赔偿是否应予立案的问题，其规范要旨在于：在法定期间内，赔偿请求人对自赔协议（不管是否以国家赔偿决定书的形式）的反悔，不影响其依照《国家赔偿法》第 24 条向上一级人民法院赔偿委员会申请赔偿的权利，人民法院对其程序性权利应依法予以保护。第 1 款明确，赔偿义务机关与赔偿请求人达成协议并以此作出国家赔偿决定书，赔偿请求人反悔的，可以向上一级人民法院赔偿委员会申请作出赔偿决定，其依据即《国家赔偿法》第 24 条第 2 款。第 2 款明确，自赔协议未作成国家赔偿决定书，赔偿请求人亦可依据《国家赔偿法》第 24 条第 1 款向上一级人民法院赔偿委员会申请作出赔偿决定。需要注意的是，赔偿请求人反悔自赔协议并向上一级人民法院赔偿委员会申请赔偿，其申请行为不得超过《国家赔偿法》第 24 条规定的期间内。

5. 人民法院或人民法院赔偿委员会受理国家赔偿案件后，经审查，赔偿义务机关已履行赔偿协议，且给付的金额能够填平补齐赔偿请求人实际损失的，应当决定驳回赔偿请求人提出的赔偿申请。

【条文注解】

《纪要》第 5 条所明确的，可称为“不重复赔偿原则”其规范主旨在于保护赔偿义务机关先行赔偿、主动赔偿和努力化解涉赔矛盾的积极性，堵住少数赔偿请求人滥用诉权，向国家漫天要价的“后门”。从体例来看，第 5 条实际是从实体法律适用的角度，对《纪要》第 1 条、第 2 条和第 4 条的内容予以补充。需要注意的是，第 5 条在自赔程序、赔偿委员会审查程序中皆可适用。对于如何判断赔偿义务机关给付的金额能够实质性的填补赔偿请求人损失，应以给付的金额与国家赔偿法规定的项目、标准和数额进行比对，等于或者超过法定赔偿范围的，可视为已经填平补齐赔偿请求人的实际损失。

6. 赔偿请求人以赔偿义务机关及其工作人员行使职权侵犯其财产权为由提出赔偿申请，人民法院经审查发现该财产权属尚存在争议的，应当决定不予受理。

已经受理案件的，人民法院或人民法院赔偿委员会应当决定驳回赔偿请求人提出的赔偿申请，并告知其经民事诉讼程序确认财产权属后再行申请赔偿。

【条文注解】

调研中有法院提出，在一些民事、行政司法赔偿案件中，赔偿请求人所主张的财产权益存在争议，其就此主张赔偿的，应如何处理。《纪要》第 6 条对此类问题作出了原则性的回答。

毫无疑义，《国家赔偿法》第 2 条明确，仅公民、法人和其他组织的合法权益遭受侵犯时，有关主体得请求国家赔偿。从语义来看，"合法权益"应当与赔偿请求人存在正当的法律联系，如所有权，依法设立的用益物权，法定或者经登记具备对抗效力的优先权，以及其他合法占有、使用财产的事实状态等。"名不正则言不顺"，但凡财产权益与赔偿请求人的法律关系属于不明确的状态，原则上应当在明确财产权属之后再请求赔偿。实践中，针对"财产权属尚存在争议"的具体表现形式大约有以下几种：(1) 财产权属存在法律纠纷，尚在民事诉讼审理程序当中的；(2) 动产（含动产权利凭证）由第三人占有，且第三人明确向人民法院提出对该动产拥有所有权的主张，赔偿请求人亦无其他证据证明该财产归自己所有的；(3) 不动产或者特定动产（准不动产）没有登记或者登记在第三人名下的；等等。当然，第 6 条更多地体现为一种法律适用的基本精神，是否属于财产权属存在争议的情形，尚需在具体案件中结合相应的背景和条件加以分析。还需说明的是，第 6 条主要适用于立案环节，第 2 款对已经进入自赔或者赔偿委员会审查程序的案件进行了例外规定，即受理案件后才发现财产权属存在争议的，人民法院或人民法院赔偿委员会应当决定驳回赔偿请求人的申请，告知其经民事诉讼程序确认财产权属后再行申请赔偿。

7. 在涉及普通合伙、合伙企业债权债务清算的民事案件中，部分合伙人以民事诉讼保全措施侵犯其财产权为由提出赔偿申请，人民法院经审查发现该民事案件尚在审理中的，应当决定不予受理。

已经受理案件的，人民法院或人民法院赔偿委员会应当决定驳回赔偿请求人提出的赔偿申请，并告知其在有关债权债务清算案件审理终结并最终确认权利义务关系后再行申请赔偿。

【条文注解】

第 7 条实际上是对第 6 条所包含具体情形的规则演进，具体规范因合伙债权债务清算案件所导致的赔偿请求问题。在我国民商事法律体系中，合伙表现为多种形式，如个人合伙（《民法通则》第 30 条）、合伙企业（《合伙企业法》第 2 条）、法人合伙、企业联营合伙（最高人民法院 1992 年 3 月 18 日法函〔1992〕34 号）等。第 7 条中所谓"普通合伙"，系指个人合伙而言，而"合伙企业"则包括合伙企业、法人合伙等合伙形态。合伙是两个或者两个以上的民事主体（自然人、法人或者其他组织）自愿签订合伙合同，共同出资经营，共享收益、共担风险，对外负无限连带责任的联合体。在通常情况下，合伙人财产与合伙财产的边界总体是较为模糊的。因此，在尚未审理终结的涉及普通合伙、合伙企业债权债务清算的民事案件中，合伙人财产实际处于权利享有、义务承担不清晰，具体财产份额不明确的状态，部分合伙人以涉案民事诉讼保全行为侵犯其财产权益为由主张赔偿的，其所主张的财产权益实际也处于归属、份额不明的状态，此时应待民事案件审理终结，财产权益归属、份额明确后再请求赔偿，人民法院或者人民法院赔偿委员会可不予受理。已经受理案件的，人民法院或人民法院赔偿委员会应当决定驳回赔偿申请，并告知赔偿请求人在有关案件审理终结并最终确认权利义务关系后再行申请赔偿。

二、关于赔偿程序与其他程序的衔接（第 8 条）

8. 赔偿请求人认为人民法院有《国家赔偿法》第 38 条规定情形的，应当在民事诉讼、行政诉讼程序或者执行程序终结后提出赔偿申请。有下列情形之一的，人民法院应当依照《最高人民法院关于适用〈中华人民共和国国家赔偿法〉若干问题的解释（一）》第 8 条的解释精神，予以审查立案：

（1）不属于被执行人的财产，且经民事诉讼程序确认权属的；

（2）人民法院生效法律文书已确认相关行为违法的；

（3）赔偿请求人有证据证明其与民事诉讼、行政诉讼程序或者执行程序无关的。

【条文注解】

《纪要》第 8 条重申了赔偿程序与民事诉讼、执行程序衔接的基本原则[见《最高人民法院关于适用〈中华人民共和国国家赔偿法〉若干问题的解释（一）》第 7 条、第 8 条]，同时明确了人民法院可以突破该原则受理赔偿申请的三种例外。需要说明的是，第 8 条已经被《关于国家赔偿法实施中若干问题的座谈会纪要（二）》（以下简称《纪要二》）第 3 条所吸收，且表述得更为完善，建议予以参照。总的来说，《纪要》第 8 条和《纪要二》第 3 条关于程序衔接例外情形的规定，体现了以下法律适用精神：（1）事实行为无须等待程序终结，比如人民法院实施对妨害诉讼采取的强制措施过程中，造成公民身体伤害或者死亡的；（2）已经确认职权行为违法，且在程序内无法补救损失的，比如人民法院已依法撤销对妨害诉讼采取的强制措施的，人民法院生效法律文书已确认相关保全、执行行为违法的等；（3）已经确认财产权属的，比如确实不属于被执行人的财产，且经民事诉讼程序（执行异议之诉或者民事审判监督程序）确认权属的；（4）确实无关，如赔偿请求人有证据证明其请求与民事诉讼、行政诉讼程序无关的；等等。

三、关于听证与质证（第9条、第10条）

9. 人民法院办理自赔案件，应当充分听取赔偿请求人的意见。案件争议较大或者案情疑难、复杂的，人民法院可以组织赔偿请求人、原案件承办人以及其他相关人员进行听证。

人民法院赔偿委员会审理国家赔偿案件，对符合《最高人民法院关于人民法院赔偿委员会审理国家赔偿案件程序的规定》第14条规定情形的，可以组织赔偿请求人和赔偿义务机关进行质证。

人民法院或人民法院赔偿委员会进行听证、质证的，应当对听证、质证的情况制作笔录。

【条文注解】

修正的《国家赔偿法》提升了赔偿程序的正当性和透明度，该法第13条、第23条规定赔偿义务机关应当充分听取赔偿请求人的意见，第27条规定人民法院赔偿委员会可以听取赔偿请求人和赔偿义务机关的陈述与申辩，并可以进行质证。《纪要》第9条根据以上法条，针对实践中由法院提出在赔偿委员会程序中是否还需要听证的问题，明确赔偿程序中对听证与质证的区分适用，即自赔程序适用听证，赔偿委员会程序适用质证。

10. 人民法院赔偿委员会审理国家赔偿案件，赔偿请求人和赔偿义务机关应当依照《国家赔偿法》第26条的规定，对自己提出的主张承担举证责任。

赔偿义务机关主张其行为合法的，应当就其合法性承担举证责任。

被羁押人在羁押期间死亡或丧失行为能力的，赔偿义务机关应当对其行为与被羁押人死亡或者丧失行为能力是否存在因果关系承担举证责任。

【条文注解】

《纪要》第10条重申了国家赔偿案件举证责任的一般原则，明确了赔偿义务机关对其职权行为合法性进行说明的义务，规定了特殊情形下举证责任倒置的原则。需要说明的是，《最高人民法院关于人民法院赔偿委员会适用质证程序审理国家赔偿案件的规定》实施后，该解释第5条、第6条和第7条对举证问题进行了更精确、更详细、更完善的规定。比如，在“谁主张，谁举证”的原则下，明确了“没有证据或者证据不足以证明其事实主张的，由负有举证责任的一方承担不利后果”；涉及需要证明的事实并且由赔偿义务机关负举证责任的，除行为合法性以外，还扩张至“赔偿义务机关无过错”、“因赔偿义务机关过错致使赔偿请求人不能证明的待证事实”，以及“赔偿义务机关行为与被羁押人在羁押期间死亡或者丧失行为能力不存在因果关系”，等等。

四、关于确定赔偿义务机关（第11条、第12条）

11. 批准逮捕与提起公诉不是同一人民检察院的，由作出逮捕决定的人民检察院作为赔偿义务机关。

【条文注解】

调研中有法院提出，实践中存在决定逮捕与提起公诉并非同一检察机关的情形，且发生过提起公诉的检察机关主动要求承担赔偿责任的，对此应如何确定赔偿义务机关。事实上，《国家赔偿法》第 21 条第（3）项已明确，对公民采取逮捕措施后决定撤销案件、不起诉或判决宣告无罪的，“作出逮捕决定的机关”为赔偿义务机关。可见，无罪逮捕赔偿由决定逮捕的检察机关承担责任并无疑义。实践中若发生批准逮捕与提起公诉并非同一人民检察院的情形，仍应依照该法条，按照“谁侵权谁赔偿”、“谁出错谁负责”的相对原则确定赔偿义务机关。

12. 在行政非诉强制执行中，由人民法院进行合法性审查，行政机关组织具体实施的案件，赔偿请求人仅就具体实施行为申请赔偿的，人民法院应告知其向作出具体实施行为的行政机关提出赔偿申请。

【条文注解】

调研中有法院提出，行政机关负责实施的行政非诉强制执行案件，赔偿请求人对具体实施行为申请赔偿的，应如何确定赔偿义务机关。《纪要》第 12 条明确，该情形下应向具体实施的行政机关请求赔偿。事实上，该问题还涉及不同行政非诉强制执行模式下如何确定赔偿义务机关。对此，行政诉讼法、行政强制法没有明确规定。实践中大概分为四类：一是法院审查裁定，行政机关具体组织实施；二是法院组织实施，地方党委、政府等部门协调配合；三是法院裁定，委托行政机关执行；四是所谓“执行令状”的模式。① 以上四种模式下，凡被申请赔偿的对象为具体实施行为，且该行为非由人民法院负责实施的，原则上不应由人民法院受理，其中尤以第一种、第二种模式最为典型。

五、关于刑事赔偿（第 13 条至第 15 条）

13. 第一审人民法院判处被告人成立数罪，第二审人民法院撤销其中部分罪名，实际羁押期限超出生效刑事判决确定刑期的，国家不承担赔偿责任。

第一审人民法院判处被告人成立两罪，第二审人民法院撤销其中一罪，并依照《刑事诉讼法》第 15 条的规定，对另一罪不追究刑事责任的，国家不承担赔偿责任。（条文注解略）

14. 依照《国家赔偿法》第 17 条第（4）项的规定，行使侦查、检察、审判职权的机关以及看守所、监狱管理机关及其工作人员，有放纵他人虐待、违

① 杨科雄：《行政非诉强制执行基本原理与实务操作》，中国法制出版社 2014 年版，第 74～77 页。

法不履行或怠于履行法定职责等不作为情形，且与公民在羁押期间死亡或者受到伤害存在因果关系的，受害人有取得赔偿的权利。

人民法院赔偿委员会应当根据赔偿义务机关就前款所述不作为情形对于造成损害结果所起的作用，决定其应当承担赔偿责任的比例和份额。

【条文注解】

自20世纪90年代以来，国家机关及其工作人员不履行或怠于履行法定职责（义务）导致侵权损害后果，应当纳入国家赔偿的范围，已是理论与实务界的共识。修正的《国家赔偿法》规定了积极的不作为（或不真正的不作为）侵权形态，如第17条第（4）项“放纵他人以殴打、虐待等行为造成公民身体伤害或者死亡的”，但对不作为侵权损害赔偿责任的一般条款和消极的不作为（或真正的不作为），并无文义上的宣示。对此，《纪要》第14条明确规定，侦查、检察、审判机关以及看守所、监狱管理机关及其工作人员不作为侵权的，应当承担赔偿责任，其份额应由不作为对损害结果所起的作用来确定。实践中，《国家赔偿法》上的不作为侵权行为通常有三种形态：（1）以故意不作为达成侵权的效果，如放纵他人殴打、虐待等；（2）违法不履行或怠于履行法定职责，导致公民人身、财产权益遭受损害等；（3）故意不作为和消极不作为的混合形态等。需要注意的是，不作为侵权常与其他因素结合，如他人侵权、受害人与有过失等，呈现“多因一果”的状态，而不作为的主观因素也存在故意、一般过失和重大过失的区别。在具体办案时，要认真考察不同原因对于损害后果的发生或者扩大所发挥的作用力，还要考察国家机关工作人员所持不同主观因素对损害后果的内在联系，依法合理地确定相应责任份额。

15.《国家赔偿法》第19条第（1）项规定的“公民自己故意作虚伪供述”，是指非因他人强迫或胁迫，赔偿请求人本人故意作出虚伪供述，导致其被羁押或被刑罚处罚的情形。

【条文注解】

调研中有法院提出，能否为《国家赔偿法》第19条中的“虚伪供述”提供一个判断标准，《纪要》第15条对此进行了尝试。虚伪供述是虚伪表示的一种，又称“假装行为”，是典型的意思欠缺（真意欠缺）类型，是国家赔偿法定免责事由之一。第15条以四个要素作为“虚伪供述”的判断标准：（1）表意主体，系本人供述；（2）主观因素，必须是故意欺骗、误导司法机关；（3）外部条件，必须没有外来强迫或者胁迫；（4）条件关系，虚伪供述与错误羁押之间存在因果关系。需要说明的是，审判实践中不能把公民此前作了有罪供述、之后又翻供的情形直接等同于虚伪供述，从而期冀以此免责；而根据《最高人民法院关于是否存在故意作虚伪供述情形，应由赔偿义务机关负举证责任的答复》（〔2013〕赔他字第5号），公民是否存在虚伪供述的情形，应由赔偿义务机关负举证责任。

六、关于损害赔偿（第16条至第18条）

16. 修正的《国家赔偿法》实施前，人民法院已将错判的罚金返还给赔偿请求人，赔偿请求人依照修正的《国家赔偿法》向人民法院再行主张支付利息的，人民法院不予支持。

【条文注解】

《纪要》第16条是针对调研中有法院提出的个别案例所作出的规定。2010年《国家赔偿法》实施后，《最高人民法院关于适用〈中华人民共和国国家赔偿法〉若干问题的解释（一）》遵循了新法不溯及既往的基本原则。因此，在新法实施前，赔偿义务机关已经完成的财物退赔行为，系遵照当时施行的《国家赔偿法》的行为模式，其规范结果和法律意义应当予以维持，法的可预见性和安定性应予以维护，赔偿请求人依照新法第36条第7项赔偿义务机关向主张支付利息的，不应支持。本条适用具有个例性，随着修正的《国家赔偿法》不断实施，此类个案将逐渐减少。

17. 人民法院或人民法院赔偿委员会审查处理国家赔偿案件并决定赔偿的，不得以赔偿请求人已获得原单位补发工资、奖金、津贴和补贴为由，拒绝赔偿或者在决定中扣除其依法应当获得的赔偿金。

【条文注解】

《纪要》第17条是对调研中部分法院所提问题的回应，实际上重申了《最高人民法院关于国家赔偿不应扣除已补发工资的答复》（〔1999〕赔他字第23号）的解释精神。国家赔偿与单位补发工资性质不同，前者是国家对受害人损害赔偿责任的承担，后者是受害人本应获得而遗失的利益，是一种善后、补偿政策的体现，不能混淆，更不能相抵。需要进一步注意的是，这一精神不仅限于受害人工资与赔偿金的关系，在个人侵权与国家赔偿相结合的案件中，侵权人对受害人的赔偿和补偿亦不应从赔偿金中扣除，不能因赔偿请求人已获得补偿而剥夺其享有申请国家赔偿的权利，其案例和答复可见《最高人民法院关于赔偿请求人已获补偿金后仍有权申请国家赔偿的答复》（〔2008〕赔他字第7号）。

18. 行使侦查职权的机关违反《刑事诉讼法》的规定延长拘留时限，其后决定撤销案件、不起诉或者判决宣告无罪终止追究刑事责任的，侵犯人身自由的赔偿金应自拘留之日起计算。

【条文注解】

《纪要》第18条明确了侦查机关违法超期拘留计算人身自由赔偿金的期间。《国家赔偿法》第17条第1项规定，违反《刑事诉讼法》的规定对公民采取拘留措施的，或者依照《刑事诉讼法》规定的条件和程序对公民采取拘留措施，但是拘留时间超过《刑事诉讼法》规定的时限，其后决定撤销案件、不起诉或者判决宣告无罪终止追究刑事责任的，受害人有取得赔偿的权利。其中针对该项第二种情形，属于违法超期拘留的，计算侵犯人身自由的期间并不仅限于超过的时间，而应从宽保护，把期间上溯至拘留之日起。

七、关于民事、行政司法赔偿（第19条）

19. 人民法院作出民事判决认定民事诉讼强制措施或保全措施合法，当事人不服，经第二审程序或审判监督程序作出生效民事判决撤销该认定的，当事人可以依照《国家赔偿法》的规定向作为赔偿义务机关的人民法院提出赔偿申请。

【条文注解】

调研中有的法院提出，民事判决认定涉案采取的诉讼强制措施、保全措施合法，当事人对此主张赔偿的，应如何处理。《纪要》第19条明确，人民法院的民事判决对诉讼强制措施、保全措施合法性的认定，系审判权对有关事实的确认。当事人对此不服的，须经第二审程序或审判监督程序作出生效民事判决撤销该认定后，方可就此申请赔偿。

八、关于赔偿请求时效（第20条）

20. 赔偿请求人依照《最高人民法院关于适用〈中华人民共和国国家赔偿法〉若干问题的解释（一）》第7条、第8条的规定，在刑事、民事、行政诉讼或者执行程序终结后提出赔偿申请，相关诉讼、执行程序期间不计入赔偿请求时效。

【条文注解】

《国家赔偿法》第39条规定了时效制度，要点有三：（1）请求时效为2年，自知道或者应当知道职权行为侵权之日起计算；（2）被羁押等限制人身自由期间不计算在时效内；（3）时效中止仅适用于请求时效的最后六个月。应当说，该规定是比较原则、比较宽泛的，特别是《最高人民法院关于适用〈中华人民共和国国家赔偿法〉若干问题的解释（一）》实施后，其所确立的诉讼、执行程序终结再请求赔偿的原则，与《国家赔偿法》第39条第1款有潜在的冲突。因此，《纪要》第20条对此予以统一明确，如果原则上确定刑事、民事、行政诉讼或者执行程序终结后才能申请赔偿，那么相关诉讼、执行程序期间则不应计入赔偿请求时效。事实上，最高人民检察院在2002年的个案答复中也体现了“法定程序期间不计入时效”的原则，具体可参考《最高人民检察院刑事赔偿工作办公室关于人民检察院对人民法院终审裁定抗诉的，应视为时效中断，请求赔偿的实效应当从驳回抗诉、维持原判之日起计算的答复》。

九、关于国家赔偿决定书（第21条至第23条）

21. 人民法院赔偿委员会审理国家赔偿案件期间，赔偿请求人与赔偿义务机关达成赔偿协议，人民法院赔偿委员会经审查认为该协议不违反法律规定，应当根据协议内容制作国家赔偿决定书，并撤销原赔偿决定、复议决定。

22. 人民法院赔偿委员会依照《最高人民法院关于人民法院赔偿委员会审理国家赔偿案件程序的规定》第19条第2项、第3项的规定依法重新作出决定的，应当撤销原赔偿决定、复议决定。

【条文注解】

《纪要》第21条、第22条，是对《最高人民法院关于人民法院赔偿委员会审理国家赔偿案件程序的规定》第11条、第19条的补充，进一步明确，赔偿委员会根据协议制作国家赔偿决定书，或者重新决定的，应当一并撤销原赔偿决定、复议决定。

23. 人民法院或人民法院赔偿委员会依照《国家赔偿法》第35条的规定，决定为受害人消除影响，恢复名誉，赔礼道歉的，应写入国家赔偿决定书的决定主文。

【条文注解】

"消除影响、恢复名誉，赔礼道歉"是法律责任的典型形式，其立法例可见《民法通则》第134条，《侵权责任法》第15条第7项、第8项等。审判实践证明，作为非财产损害"行为型"的责任承担方式，"消除影响、恢复名誉，赔礼道歉"在国家赔偿精神损害抚慰中有不可替代的作用，应当予以重视。此前，最高人民法院曾对"孙连贵申请国家赔偿"一案作出批复（〔1999〕赔他字第3号批复），提出"消除影响、恢复名誉、赔礼道歉不宜作为决定书中的主文的内容"。随着时代的发展，这一认识显示出不足之处，应当与时俱进，予以修正。人民法院或人民法院赔偿委员会依照《国家赔偿法》第35条的规定，决定为受害人消除影响，恢复名誉，赔礼道歉的，应当写入国家赔偿决定书的决定主文。

（撰稿人：杨　磊）

最高人民法院办公厅
关于在文书中如何引用国家赔偿法名称的通知

2013 年 6 月 3 日　　　　　　　　　　法办〔2013〕68 号

各省、自治区、直辖市高级人民法院，解放军军事法院，新疆维吾尔自治区高级人民法院生产建设兵团分院：

2012 年 10 月 26 日，第十一届全国人民代表大会常务委员会第二十九次会议审议通过了《全国人民代表大会常务委员会关于修改〈中华人民共和国国家赔偿法〉的决定》。为统一在文书中引用国家赔偿法的名称，现通知如下：

自收到本通知之日起，在文书中引用 2010 年 4 月 29 日修正以前的国家赔偿法，一律称“1994 年《中华人民共和国国家赔偿法》”；引用 2010 年 4 月 29 日修正的国家赔偿法，一律称“2010 年《中华人民共和国国家赔偿法》”；引用 2012 年 10 月 26 日修正的国家赔偿法，一律称“《中华人民共和国国家赔偿法》”。以前发布的通知与本通知不一致的，以本通知为准。

最高人民法院
关于进一步加强国家赔偿司法公开工作的若干意见

2014 年 12 月 11 日　　　　　　　　　　法〔2014〕320 号

为落实司法公开原则，促进司法公正，提升司法公信力，保障社会公众的知情权和监督权，进一步加强和规范人民法院国家赔偿司法公开工作，提出以下意见：

一、人民法院国家赔偿司法公开工作应当坚持依法、及时、主动的原则，不断完善国家赔偿司法公开工作制度，健全国家赔偿司法公开工作规范，自觉接受社会公众监督，切实满足社会公众对国家赔偿司法公开工作的知情权、监督权。

二、人民法院应当通过便捷、有效的方式，将国家赔偿案件的立案条件、法律文书样式、赔偿请求人重要权利义务等内容向社会公众和赔偿请求人公开。

三、人民法院应当借助信息化手段，将国家赔偿案件立案、质证、决定等办案流程及时向当事人或社会公众公开，严格规范办案行为，确保审判流程公开的质量和效果。

四、审判人员、书记员、翻译人员、鉴定人、勘验人的姓名应当向赔偿请求人和赔偿义务机关公开，主动接受赔偿请求人和赔偿义务机关的监督。

五、对需要进行质证的国家赔偿案件，除涉及国家秘密、个人隐私或者法律另有规定的以外，质证应当公开进行。

人民法院赔偿委员会决定公开质证的，应当在质证三日前公告案由、赔偿请求人和赔偿义务机关的名称，以及质证的时间、地点。

六、人民法院应当对国家赔偿案件的质证过程进行同步录音录像，赔偿请求人和赔偿义务机关有权依申请查阅。

七、除涉及国家秘密、个人隐私、未成年人违法犯罪以及其他不适宜公开的案件外，发生法律效力的国家赔偿裁判文书应当在中国裁判文书网公布。各级人民法院对其在中国裁判文书网公布的裁判文书质量负责。

八、国家赔偿裁判文书应当充分表述赔偿请求人和赔偿义务机关的诉辩意见、证据的采信理由、事实的认定、适用法律的推理与解释过程，做到说理公开。

九、人民法院应当积极回应社会公众的关切，通过新闻发布、媒体访谈等形式，公布社会关注度高，具有教育、示范和指导意义的国家赔偿典型案例，增进社会公众对国家赔偿工作的理解和认同。

十、建立健全人民法院赔偿委员会生效赔偿决定的执行信息公开机制，以规范国家赔偿决定的执行，督促赔偿义务机关主动、及时履行赔偿义务。

最高人民法院
关于进一步加强国家赔偿司法便民工作的若干意见

2014年12月15日　　　　法〔2014〕321号

为切实保障赔偿请求人行使国家赔偿请求权，坚持司法为民，维护赔偿请求人的合法权益，进一步加强和规范人民法院国家赔偿司法便民工作，提出以下意见。

一、人民法院应当在立案或诉讼服务窗口配备必要的工作人员，负责做好有关国家赔偿的信访接待、疑问解答，引导赔偿请求人合理表达诉求等方面的工作。有条件的人民法院应当通过互联网、诉讼服务场所的电子终端设备或者书面的方式提供国家赔偿申请指南供赔偿请求人查询。

二、经济困难的赔偿请求人依法申请国家赔偿的，人民法院应当在立案时以书面方式告知赔偿请求人可以向赔偿义务机关所在地的法律援助机构申请法律援助。

三、人民法院审理国家赔偿案件，可以邀请人大代表、政协委员、基层组织参加国家赔偿案件的协调工作，促进国家赔偿纠纷实质性化解。

四、赔偿请求人因客观原因不能自行收集的证据，可以申请人民法院赔偿委员会调取。对涉及国家利益、社会公共利益和他人合法权益的事实，人民法院赔偿委员会应当向有关单位和人员调查情况、收集证据。

五、人民法院国家赔偿案件的裁判文书用语要论证充分、说理透彻，便于赔偿请求人正确理解。赔偿请求人和赔偿义务机关、复议机关对国家赔偿决定文书有意见的，承办法官应当做好判后答疑、法律释明等工作。

六、赔偿请求人凭生效的国家赔偿决定书申请支付赔偿金的，作为赔偿义务机关的人民法院收到申请后，应当及时向有关的财政部门提出支付申请并积极沟通协调。

七、人民法院应当采取有效措施完善国家赔偿裁判文书和诉讼档案公开查询制度。赔偿请求人或其委托代理人向人民法院依法申请查阅或者复制已经审结的国家赔偿案件诉讼档案的，人民法院应当提供方便。

八、人民法院审理国家赔偿案件应当积极做好相关善后安抚工作。对赔偿请求人因生活困难需要协调政府有关部门提供社会救助的，应当通过联动机制等多种渠道帮助进行沟通协调。

最高人民法院办公厅 印发《关于国家赔偿法实施中若干问题的座谈会纪要（二）》的通知

2013年12月12日　　　　法办〔2013〕151号

各省、自治区、直辖市高级人民法院，解放军军事法院，新疆维吾尔自治区高级人民法院生产建设兵团分院：

现将《关于国家赔偿法实施中若干问题的座谈会纪要（二）》印发给你们，请结合国家赔偿工作实际参照执行。执行中遇到问题，请及时层报我院。

附：

关于国家赔偿法实施中若干问题的座谈会纪要（二）

为正确贯彻实施《中华人民共和国国家赔偿法》，进一步加强人民法院国家赔偿工作对公民、法人和其他组织合法权益的司法保障，最高人民法院于2013年10月31日在山东省淄博市召开了全国法院国家赔偿工作座谈会，就亟待解决的若干法律适用问题形成共识，现将有关内容纪要如下：

一、赔偿请求人委托他人代理申请赔偿，除向人民法院提交本人身份证明外，还应当提交被委托人的身份证明和委托人签名或者盖章的授权委托书。委托律师的，应当提交律师执业证书、授权委托书和律师事务所证明；委托有关社会团体或者所在单位推荐的人，应当提交被推荐人的身份证明，以及有关社会团体或者所在单位的推荐证明。

法人或者其他组织委托他人代理申请赔偿，除按本条第一款提交相关证明材料外，还应当提交法人或者其他组织盖章确认的法定代表人身份证明书或者组织负责人的身份证明。进入破产程序的企业法人，由依法成立的破产管理人申请或者委托他人代理申请赔偿。

赔偿请求人身份证明或者授权委托材料不齐全的，人民法院收到赔偿申请的时间应当自收到补正材料之日起计算。

二、境外自然人、法人或者其他组织申请赔偿，其提交的在我国境外生成的身份证明、组织证明和授权委托书，应当经所在国公证机关证明，并经我国驻该国使领馆认证，或者履行我国与该国订立的有关条约中规定的证明手续。

三、赔偿请求人认为人民法院及其工作人员在民事诉讼、行政诉讼过程中违法采取对妨害诉讼的强制措施、保全措施或者对决、裁定及其他生效法律文书执行错误，侵犯其合法权益的，应当在民事诉讼、行政诉讼程序终结后请求赔偿，但以下情形除外：

（一）人民法院已依法撤销对妨害诉讼采取的强制措施的；

（二）人民法院实施对妨害诉讼采取的强制措施过程中，造成公民身体伤害或者死亡的；

（三）不属于被执行人的财产，且经民事诉讼程序确认权属的；

（四）人民法院生效法律文书已确认相关行为违法的；

（五）赔偿请求人有证据证明其请求与民事诉讼、行政诉讼程序无关的。

四、《最高人民法院关于国家赔偿案件立案工作的规定》第五条至第八条规定的“法律规定的请求期间”，是指赔偿请求人不服赔偿义务机关或者复议机关的决定，依照国家赔偿法第二十四条第二十五条的规定，在三十日内向有管辖权的人民法院赔偿委会申请作出赔偿决定的期间。赔偿请求人因不可抗力或者其他障碍不能在法定请求期间内提出申请的，请求期间中止。

在立案审查阶段，人民法院难以查明赔偿请求人是否存在因不可抗力或者其他障碍未按期申请赔偿的情形，且赔偿请求人提供了初步证据的，应当先予受理。受理后，经审查发现赔偿请求人确属无正当理由逾期申请赔偿的，应当作出程序性驳回的决定。

五、人民法院赔偿委员会审查国家赔偿案件，遗漏赔偿请求提出的赔偿请求，作出赔偿决定确有违反国家赔偿法规定的，应当依据国家赔偿法第三十条的规定，由本院院长决定或者由上级人民法院指令重新审查。

六、赔偿请求人向人民法院赔偿委员会申请作出赔偿决定时，增加新的赔偿请求的，人民法院赔偿委员会应当组织赔偿请求人和赔偿义务机关就新增请求进行协商，协商不成的，人民法院赔偿委员会应当对新增请求一并审查处理。

赔偿请求人依照国家赔偿法第三十条的规定向人民法院赔偿委员会申诉时，增加新的赔偿请求的，不予审查处理。

七、人民法院审查国家赔偿案件时，发现赔偿请求人提出的请求事项或者主张的赔偿数额少于国家赔偿法规定的赔偿项目和赔偿标准的，应当向其释明有关法律规定并记录在案。

八、赔偿义务机关或者复议机关已作出不予赔偿的决定，人法院赔偿委员会经审查认为赔偿请求人提出的赔偿申请事项不属于国家赔偿受案范围的，应当撤销原决定，驳回赔偿请求人的赔偿申请。

九、有下列情形的，不计入人民法院赔偿委员会审查国家赔偿案件的期限：

（一）需要向赔偿义务机关、有关人民法院或者其他国家机关调取案卷或者其他材料的；

（二）需要向最高人民法院请示法律适用问题的；

（三）人民法院赔偿委员会委托鉴定、评估的。

十、用益物权人、担保权人、承租人或者其他合法占有、使用财产的人，认为人民法院在民事诉讼、行政诉讼过程中，违法采取保全措施或者对判决、裁定及其他生效法律文书执行错误，给其合法权益造成损害并依照国家赔偿法第三十八条申请赔偿的，人民法院应当依据《最高人民法院关于国家赔偿案件立案工作的规定》予以受理。

人民法院发现上述财产权益存在争议的，应当决定不予受理。已经受理的，应当决定驳回赔偿请求人的赔偿申请，并告知其经民事诉讼程序确认财产权益后再行申请国家赔偿。

十一、罚款或者罚金、追缴或者没收的金钱已经上缴国库，依照生效赔偿决定应当予以返还的，由赔偿义务机关根据生效赔偿决定向有关财政部门申请支付赔偿金。

没收实物财产已经上缴国库，能够返还的，由赔偿义务机关贵协调返还原物；不能返还的，依照国家赔偿法第三十六条的规定支付相应的赔偿金。

十二、受托法院对判决、裁定及其他生效法律文书执行错误，系因委托法院作出执行裁定错误所致的，应由委托法院作为赔偿义务机关；因受托法院具体执行行为违法所致的，应由受托法院作为赔偿义务机关。

十三、根据行政诉讼法第六十六条规定，人民法院审理行政机关申请强制执行其具体行政行为的案件，由于据以强制执行的根据错误，导致人民法院执行错误，或者人民法院虽裁定准予强制执行，但由行政机关具体组织实施造成损害的，不属于国家赔偿法第三十八条规定的赔偿范围；但人民法院自己负责执行，在执行中有违法扩大执行范围、执行对象错误、执行行为侵害他人合法权益以及其他违法行为的除外。

十四、在立案、申诉和信访等过程中，因哄闹、冲击人民法院，殴打法院工作人员，妨碍人民法院正常工作秩序，被人民法院采取司法拘留的强制措施，公民据此申请赔偿的，适用国家赔偿法第三十八条的规定予以审查处理。

十五、人民法院根据当事人的申请采取保全措施，有下列情形之一，造成被保全人合法权益损害的，不适用《最高人民法院关于民事、行政诉讼中司法赔偿若干问题的解释》第七条第（一）项的规定：

（一）明显超过申请保全数额或者保全范围的；

（二）不符合当事人申请保全的特定财产标的的；

（三）对自行保管的查封、扣押财产不履行监管职责的。

十六、根据《最高人民法院关于民事、行政诉讼中司法赔偿若干问题的解释》第七条第（五）项的规定，人民法院查封、扣押财产，指定第三人、申请执行人或者被执行人作为保管人，因保管人不履行监管职责或者擅自处分保管物，导致查封、扣押财产毁损、灭失的，国家不承担赔偿责任。但是，人民法院明知保管人有上述情形而不及时采取措施加以制止的，应当承担相应的赔偿责任。

十七、因房屋登记机构登记错误，导致人民法院对判决、裁定及其他生效法律文书执行错误，不属于国家赔偿法第三十八条规定的赔偿范围。

十八、赔偿请求人与赔偿义务机关就各自主张的财产损失均不能举证证明时，人民法院赔偿委员会可以委托价格鉴定机构对涉案财产进行价格鉴定。

十九、人民法院审查国家赔偿案件，决定程序性驳回赔偿请求人的，决定主文应表述为“驳回赔偿申请”；决定实体性驳回赔偿请求人的，决定主文应表述为“不予赔偿”。

最高人民法院　司法部
关于印发《关于加强国家赔偿法律援助工作的意见》的通知

2014年1月2日　　　　司发通〔2014〕1号

各省、自治区、直辖市高级人民法院、司法厅（局），解放军军事法院、总政司法局，新疆维吾尔自治区高级人民法院生产建设兵团分院、新疆生产建设兵团司法局：

为进一步规范和促进人民法院办理国家赔偿案件的法律援助工作，最高人民法院、司法部制定了《关于加强国家赔偿法律援助工作的意见》。现印发你们，请遵照执行。

附：

关于加强国家赔偿法律援助工作的意见

为切实保障困难群众依法行使国家赔偿请求权，规范和促进人民法院办理国家赔偿案件的法律援助工作，结合法律援助工作实际，就加强国家赔偿法律援助相关工作提出如下意见：

一、提高对国家赔偿法律援助工作重要性的认识

依法为申请国家赔偿的困难群众提供法律援助服务是法律援助工作的重要职能。在人民法院办理的国家赔偿案件中，申请国家赔偿的公民多属弱势群体，身陷经济困难和法律知识缺乏双重困境，亟需获得法律援助。加强国家赔偿法律援助工作，保障困难群众依法行使国家赔偿请求权，是新形势下适应人民群众日益增长的司法需求、加强法律援助服务保障和改善民生工作的重要方面，对于实现社会公平正义、促进社会和谐稳定具有重要意义。各级人民法院和司法行政机关要充分认识加强国家赔偿法律援助工作的重要性，牢固树立群众观点，认真践行群众路线，进一步创新和完善工作机制，不断提高国家赔偿法律援助工作的能力和水平，努力使困难群众在每一个国家赔偿案件中感受到公平正义。

二、确保符合条件的困难群众及时获得国家赔偿法律援助

人民法院和司法行政机关应当采取多种形式公布国家赔偿法律援助的条件、程序、赔偿请求人的权利义务等，让公众了解国家赔偿法律援助相关知识，引导经济困难的赔偿请求人申请法律援助。人民法院应当在立案时以书面方式告知申请国家赔偿的公民，如果经济困难可以向赔偿义务机关所在地的法律援助机构申请法律援助。法律援助机构要充分发挥基层法律援助工作站点在解答咨询、转交申请等方面的作用，畅通“12348”法律服务热线；有条件的地方可以在人民法院设立法律援助工作站，拓宽法律援助申请渠道，方便公民寻求国家赔偿法律援助。法律援助机构对公民提出的国家赔偿法律援助申请，要依法进行审查，在法定时限内尽可能缩短时间，提高工作效率；对无罪被羁押的公民申请国家赔偿，经人民法院确认其无经济来源的，可以认定赔偿请求

人符合经济困难标准；对申请事项具有法定紧急或者特殊情况的，法律援助机构可以先行给予法律援助，事后补办有关手续。

三、加大国家赔偿法律援助工作保障力度

人民法院要为法律援助人员代理国家赔偿法律援助案件提供便利，对于法律援助人员申请人民法院调查取证的，应当依法予以积极支持；对法律援助人员复制相关材料的费用，应当予以免收。人民法院办理国家赔偿案件，要充分听取法律援助人员的意见，并记录在案；人民法院办理国家赔偿案件作出的决定书、判决书和裁定书等法律文书应当载明法律援助机构名称、法律援助人员姓名以及所属单位情况等。司法行政机关要综合采取增强社会认可度、完善激励表彰机制、提高办案补贴标准等方法，调动法律援助人员办理国家赔偿法律援助案件积极性，根据需要与有关机关、单位进行协调，加大对案件办理工作支持力度。人民法院和法律援助机构要加强工作协调，就确定或更换法律援助人员、变更听取意见时间、终止法律援助等情况及时进行沟通，相互通报案件办理进展情况。人民法院和司法行政机关要建立联席会议制度，定期交流工作开展情况，确保相关工作衔接顺畅。

四、提升国家赔偿法律援助工作质量和效果

法律援助机构要完善案件指派工作，根据国家赔偿案件类型，综合法律援助人员专业特长、赔偿请求人特点和意愿等因素，合理确定承办机构及人员，有条件的地方推行点援制，有效保证办案质量；要引导法律援助人员认真做好会见、阅卷、调查取证、参加庭审或者质证等工作，根据法律法规和有关案情，从维护赔偿请求人利益出发提供符合标准的法律服务，促进解决其合法合理赔偿请求。承办法官和法律援助人员在办案过程中要注重做好解疑释惑工作，帮助赔偿请求人正确理解案件涉及的政策法规，促进赔偿请求人服判息诉。司法行政机关和法律援助机构要加强案件质量管理，根据国家赔偿案件特点完善办案质量监督管理机制，综合运用案件质量评估、案卷检查评比、回访赔偿请求人等方式开展质量监管，重点加强对重大疑难复杂案件办理的跟踪监督，促进提高办案质量。人民法院发现法律援助人员有违法行为或者损害赔偿请求人利益的，要及时向法律援助机构通报有关情况，督促法律援助人员依法依规办理案件。

五、创新国家赔偿法律援助效果延伸机制

人民法院和法律援助机构要建立纠纷调解工作机制，引导法律援助人员选择对赔偿请求人最有利的方式解决纠纷，对于案情简单、事实清楚、争议不大

的案件，根据赔偿请求人意愿，尽量采用调解方式处理，努力实现案结事了。要建立矛盾多元化解机制，指导法律援助人员依法妥善处理和化解纠纷，努力解决赔偿请求人的合理诉求，做好无罪被羁押公民的安抚工作，并通过引进社会工作者加入法律援助工作、开通心理热线等方式，加强对赔偿请求人的人文关怀和心理疏导，努力实现法律效果与社会效果的统一。要建立宣传引导机制，加大宣传力度，充分利用报刊、电视、网络等媒体，广泛宣传国家赔偿法律援助工作，及时总结推广工作中涌现出的好经验好做法，为国家赔偿法律援助工作开展营造良好氛围，并对法律援助工作中涌现的先进典型和经验，通过多种形式进行宣传推广，进一步巩固工作成果。

【解　　读】

解读《关于加强国家赔偿法律援助工作的意见》

2014 年 1 月 2 日，最高人民法院、司法部制定出台了《关于加强国家赔偿法律援助工作的意见》（司发通〔2014〕1 号，以下简称《意见》），从五个方面对国家赔偿法律援助进行了规定，以切实保障困难群众依法行使国家赔偿请求权，规范和促进人民法院办理国家赔偿案件的法律援助工作。

一、加强国家赔偿法律援助工作的背景

法律援助，是指为保障弱势群体的合法权益，维护社会公平、实现法律面前人人平等，以国家为主导、以社会为补充，为弱势群体提供免费法律帮助的一种法律制度。法律援助作为由国家组织法律服务人员，为符合一定经济困难标准的公民或特殊案件的当事人提供减、免有关费用的法律服务，以保障其合法权益得以实现的一项法律制度，是目前世界上通行的一种司法救助制度。法律援助制度诞生于 15 世纪的英国，1887 年法国制定了世界上第一部法律援助法，至今，世界上已有 140 多个国家建立了法律援助制度。联合国在《公民权利和政治权利国际公约》中把“获得法律援助”明确规定为法治国家公民应享有的一项权利。

2003 年 9 月 1 日《法律援助条例》的施行，确立了我国法律援助制度的基本框架，明确了经济困难的公民有权获得免费法律服务，法律援助是政府的责任，鼓励社会各方力量参与法律援助工作。为加强和规范涉诉法律援助工作，2005 年 9 月 22 日，最高人民法院与司法部共同制定发布了《关于民事诉

讼法律援助工作的规定》；2005 年 9 月 28 日，最高人民法院又与最高人民检察院、公安部、司法部联合出台了《关于刑事诉讼法律援助工作的规定》，加强了对刑事法律援助工作的指导。党的十八大以来，我国更加重视法律援助工作，为经济困难的赔偿请求人提供法律援助服务，符合“法律面前人人平等”的宪法基本原则，符合党的十八大报告中提出的依法治国，建立以权利公平、机会公平、规则公平为主要内容的社会公平保障体系的精神。

国家赔偿是人民法院审判工作的重要组成部分，加强国家赔偿法律援助是近年来国家赔偿和法律援助工作的重点。2013 年 1 月 1 日，重庆市施行的《重庆市实施〈中华人民共和国国家赔偿法〉办法》第 4 条明确规定：“赔偿请求人申请国家赔偿，符合法律、法规规定条件的，可以依法向法律援助机构申请法律援助。法律援助机构应当依法提供法律服务，维护赔偿请求人的合法权益。”2013 年 3 月 11 日，福建省高级人民法院赔偿办与福建省法律援助中心出台会议纪要，着力加强福建省人民法院受理国家赔偿案件的法律援助工作。2014 年 1 月 2 日，最高人民法院、司法部制定出台了《意见》，以进一步维护社会公平正义，尊重和保障人权，提高司法公信力，不断满足人民群众日益增长的司法需求，特别是在人民法院审理国家赔偿案件中更好地维护经济困难群众的合法权益，实现习近平总书记提出的“努力让人民群众在每一个司法案件中都感受到公平正义”的司法工作目标。

二、加强国家赔偿法律援助工作的必要性与价值

法律援助，实际上是从法律制度的某一个特定的角度和方面来实现兼顾公平，尽量不再增加贫穷者的负担，最大限度地使他们的合法权益得到维护，也即通过利益关系的调整，使贫穷者得到了一次收入上的再分配。① 加强国家赔偿法律援助工作，确保有限的人力、物力用于急需要法律援助的人，可以使身陷经济困难和法律知识缺乏双重困境的赔偿请求人在关键时候得到法律援助之手的帮助，从而有助于保障弱势群体的合法权益，有助于实现司法公正，有助于促进社会安定、和谐、有序。

（一）加强国家赔偿法律援助，是保障困难群众平等权的应有之义

为经济困难的赔偿请求人提供法律援助，正是通过给社会弱势群体提供法律援助，保障每一个公民不分社会地位高低和财产多寡，都能够平等地获得法律服务和进入诉讼程序，从而更好地行使诉讼权利，实现自己的合法权益。加强国家赔偿法律援助，在以下两个方面能有效地保证困难群众平等权的实现。

其一是困难群众知道合法权益受到侵害时有申请国家赔偿的权利，并及时

---

① 参见青锋著：《中国律师制度论纲》，中国法制出版社 1997 年版，第 408 页。

提出赔偿申请。在司法实践中，经济困难的群众在权益受到损害时，往往并不知道有权申请国家赔偿或者不知道如何提出国家赔偿申请。例如，2009年至2011年，全国法院决定刑事赔偿的案件数量低于宣告无罪案件的数量。再从某省高、中两级法院赔偿委员会2005年至2010年审结的国家赔偿确认案件调查结果来看，赔偿请求人在2年内提出确认申请的只占29.80%，换言之，70%以上的确认申请都超过了有关规定限定的2年期间，甚至有12.65%的确认申请为10年后提出的。这部分案件的赔偿请求人基本上都不知道可以提出国家赔偿请求，没有在合法权益受到损害的第一时间申请国家赔偿。对此，加强国家赔偿法律援助，使困难群众知道合法权益受到侵害时有申请国家赔偿的权利，并及时提出赔偿申请，能有效地保证其平等权的实现。

其二是困难群众知道申请国家赔偿时有申请法律援助的权利。尽管《法律援助条例》已于2003年9月1日起施行，但近年来经济困难的赔偿请求人申请法律援助受制于各种因素，申请法律援助的比例并不高，并且在提供法律援助的国家赔偿案件中，多是以法院通知的形式提供法律援助。以福建省某市国家赔偿法律援助案件为例，国家赔偿（行政赔偿）中申请法律援助的案件为通知提供法律援助案件的十分之一。对此，加强国家赔偿法律援助，使困难群众知道申请国家赔偿时还有申请法律援助的权利，能有效地保证其平等权的实现。

（二）加强国家赔偿法律援助，是保证案件处理实质公正的重要举措

加强国家赔偿法律援助，主要通过以下三个方面提高赔偿请求人申请赔偿的能力，使双方达到实质平等的状态，从而保证人民法院案件处理实质公正：

其一是理性地提出国家赔偿申请。《国家赔偿法》对赔偿范围与标准都予以明确规定，通过法律援助人员提供专业性的法律服务，指导赔偿请求人在申请赔偿时作出正确选择，有利于赔偿请求人依法提出合理的诉求，降低不合理预期，避免出现申请国家赔偿数额不断攀比的情形。从而提升对赔偿决定的认可度。

其二是强化赔偿请求人的证据意识。《国家赔偿法》第26条第1款规定："人民法院赔偿委员会处理赔偿请求，赔偿请求人和赔偿义务机关对自己提出的主张，应当提供证据。"最高人民法院《关于人民法院赔偿委员会审理国家赔偿案件程序的规定》第12条也予以相应的规定："赔偿请求人、赔偿义务机关对自己提出的主张或者反驳对方主张所依据的事实有责任提供证据加以证明。有国家赔偿法第二十六条第二款规定情形的，应当由赔偿义务机关提供证据。没有证据或者证据不足以证明其事实主张的，由负有举证责任的一方承担不利后果。"《国家赔偿法》的规定，在我国当前的国情下，就极易出现先进的

证据规则和赔偿请求人薄弱举证能力之间的矛盾。① 对于赔偿请求人而言，由于欠缺必要的举证能力，通常难以胜任证据的收集、展示等工作，无力履行证明责任，当赔偿请求人不能提出证据或者证据不足以证明其事实主张时，极有可能出现不予赔偿的结果或者赔偿数额无法弥补损害的结果。通过法律援助人员提供法律服务，能有效提升赔偿请求人的举证能力，从而避免出现因举证不能或不力而承担不利结果。

其三是提升赔偿请求人的质证能力。“审判的本质要素在于，一方面，当事人必须有公平的机会来举出根据和说明为什么认为自己的主张才是应该得到承认的；另一方面，法官作出的判断必须建立在合理、客观的事实和规范基础之上，而这两个方面结合在一起，就意味着当事人从事的辩论活动对于法官判断的形成具有决定意义。”② 由于质证的案件属于“赔偿请求人与赔偿义务机关对损害事实及因果关系有争议”的案件，在质证过程中，赔偿请求人需要运用各种质证技能，而质证技能的娴熟运用不是一朝一夕就可以实现的。在司法实践中，因经济困难而需要法律援助的赔偿清求人与赔偿义务机关的质证能力存在的差异性，影响着两者质证地位的实质平等，成为案件处理结果接近实质正义的障碍。通过法律援助人员提供法律服务，能有效提升赔偿请求人的质证能力，从而保证案件处理实质公正。

（三）加强国家赔偿法律援助，是促进社会安定、和谐、有序的必然要求

国家赔偿法律援助通过给弱势群体提供法律服务，引进第三方力量，促进赔偿请求人与赔偿义务机关在赔偿程序中的平衡，保证赔偿决定的实质正义，使官民矛盾在法律框架内得以解决，避免不必要的社会冲突，使社会达到安定、和谐、有序的状态。加强国家赔偿法律援助，主要在以下三个方面促进社会安定、和谐、有序：

其一是有利于协调结案，提高赔偿请求人对法院、法官的信任、理解和尊重。近年来，人民法院着力提高“化民怨、济民权、促稳定”的司法能力，将协调工作贯穿于国家赔偿工作的全过程。例如，2012 年，人民法院行政赔偿案件中成功调解数量同比上升 39.59%，但毋庸讳言的是，国家赔偿协调解决的比例远低于其他类型案件。由于赔偿请求人多是受到公权力侵害者，在一定程度上对包括人民法院在内的国家机关存在抵触情绪，协调解决难度较大。而通过提供法律援助，因法律援助人员无偿提供法律服务，较之于法院更容易为赔偿请求人所全面接受，并且，法律援助人员具有法律专业知识，更容易使赔

① 对法律知识欠缺、诉讼能力差的赔偿请求人，法官应在举证等方面行使必要的阐明权，不能单纯就案问案。——作者注

② ［日］棚獭孝雄著：《纠纷的解决与审判制度》，王亚新译，中国政法大学出版社 1994 年版，第 124 页。

偿请求人在法律规定的范围内接受协商处理纠纷。因此，引入第三方力量，通过法律援助人员畅通协商沟通的渠道，有助于国家赔偿案件的协调解决。国家赔偿案件通过法律援助方式予以协商解决，不仅降低了社会成本，而且有效地实现了国家赔偿纠纷的实质性解决，从而促进社会安定、和谐、有序。

其二是有助于各方当事人的良性互动，促进各方关系的和谐。国家赔偿法律援助法律关系是贯穿于法律援助全过程的基本权利义务关系，这些关系构成国家赔偿法律援助制度的基本框架。在国家赔偿的法律关系中存在的多方当事人，包括了法院（法官）、司法行政机关、法律援助机构（法律援助人员）、赔偿请求人、赔偿义务机关。在司法实践中，因为涉及对象基本上都是国家公权力机关，法律援助机构在受理和办理国家赔偿案件时普遍存在畏难情绪，如难度大、工作量多等，而一些法官也认为法律援助人员在国家赔偿案件中增加了案件处理难度。加强国家赔偿法律援助，有利于搭建法官与法律援助人员、赔偿请求人良性沟通的平台和渠道，加强法官与法律援助人员、法官与赔偿请求人、法律援助人员与赔偿请求人等之间的互动，调动各方的积极性解决官民矛盾。在此过程中，各方形成相互协调、相互制约、功能互补的关系，共同推动国家赔偿案件纠纷的实质性解决。

其三是有助于赔偿请求人服判息讼，提升司法公信力。如前文所述，由于赔偿请求人认为受到了公权力的侵害，对于公权力存在一定的不信任，又缺乏法律专业知识，对《国家赔偿法》理解得有些片面，这在一定程度上加大了法院协调的难度，也导致了赔偿请求人难以服判息讼，容易出现对赔偿决定不理解、不信任、不接受的情况，从而造成国家赔偿决定服判息讼率低、申诉率高。近年来，国家赔偿案件的高申诉率导致上下级法院案件受理的结构严重失衡，层级越高案件越多，呈现倒金字塔形结构。例如，2009 年某省各中级人民法院共受理“一确”案件 88 件，高级人民法院受理确认申诉案件 107 件。加强国家赔偿法律援助，通过为赔偿请求人提供法律服务，引导赔偿请求人理性地提出赔偿请求，有效保障赔偿请求人的合法权益，从而有助于赔偿请求人的服判息讼，提升司法公信力，减少申诉上访，促进社会安定、和谐、有序。

三、加强国家赔偿法律援助工作的主要内容及理解适用

为切实保障困难群众依法行使国家赔偿请求权，规范和促进人民法院办理国家赔偿案件的法律援助工作，具体可从以下十个方面对《意见》进行理解和把握。

（一）强化对国家赔偿法律援助工作重要性的认识

从哲学上而言，任何实践都是在人类通过认识活动所获得的思想、理论指导下的活动，纯粹脱离认识指导的实践活动是不存在的。国家赔偿法律援助工

作近些年的实践效果并不尽如人意，这与对国家赔偿法律援助工作的认识不足存在一定联系。只有正确认识国家赔偿法律援助工作的重要性，才能自觉实现国家赔偿法律援助制度设计的预期效果。强化对国家赔偿法律援助工作重要性的认识，首先需要形成理性的认识，其次是明确理性认识对实践的重要意义。对于前者要明确四个方面：第一，加强国家赔偿法律援助工作，依法维护困难群众合法权益，有利于预防化解涉及困难群众切身利益的矛盾纠纷，让困难群众感受到公平正义；第二，加强国家赔偿法律援助工作，运用法律手段促进解决国家赔偿救济问题，有利于促进法律正确实施，保障司法公正，提升司法公信力；第三，加强国家赔偿法律援助工作，通过提供公正高效的法律援助服务，有利于充分发挥法律援助在服务保障和改善民生中的职能作用，推动提高社会服务管理水平；第四，加强国家赔偿法律援助工作，通过治理的法治化实现社会公平正义，有利于促进社会和谐稳定。对于后者，《意见》中明确，"各级人民法院和司法行政机关要充分认识加强国家赔偿法律援助工作的重要性，牢固树立群众观点，认真践行群众路线，进一步创新和完善工作机制，不断提高国家赔偿法律援助工作的能力和水平，努力使困难群众在每一个国家赔偿案件中感受到公平正义"。

（二）推进国家赔偿法律援助援务公开

在国家赔偿法律援助中，无论是申请国家赔偿，还是申请法律援助，都是公民所享有的权利。作为一项权利，其行使必须以公民享有充分的知情权为前提。国家赔偿法律援助首要的前提，就是让困难群众知道有申请国家赔偿及法律援助的权利，因此要积极推行援务公开。只有援务公开，公民知情权才能更大限度地得到满足，进而才能提及国家赔偿请求权和法律援助请求权的行使。

国家赔偿法律援助援务公开是权利平等的体现，彰显了对基本权利的尊重。援务公开，其实质是国家通过有效途径让困难群众知道其所享有的权利，以及作为申请国家赔偿的困难群众了解自己所享有的权利，从而促进国家赔偿请求权的实现。为了确保国家赔偿法律援助援务公开的效果，《意见》对援务公开主要采取宏观与微观结合、点面结合的方式进行了规定。在宏观层面，国家采取多种形式公布国家赔偿法律援助的条件、程序、赔偿请求人的权利义务等，让公众了解国家赔偿法律援助相关知识。具体如积极开展国家赔偿法律援助普法宣传活动，多用人民群众喜闻乐见的方式、手段和语言，不断扩大国家赔偿法律援助相关知识的普及，确保更多公众的知情权。在微观层面，人民法院采取点对点的方式，在立案时以书面方式告知申请国家赔偿的公民，如果经济困难可以向赔偿义务机关所在地的法律援助机构申请法律援助，从而增强国家赔偿法律援助的针对性和实效性，避免困难群众因缺少了法律援助致使权益无法得到救济。

（三）拓宽国家赔偿法律援助申请渠道

国家赔偿法律援助的对象多属身陷经济困难和法律知识缺乏双重困境的弱势群体，在确保其知情权的前提下，如何拓宽赔偿请求人的申请渠道、畅通申请途径，是国家赔偿法律援助工作发挥作用的关键环节。拓宽申请渠道，不仅需要法律援助机构广泛建立法律援助工作站、联络点，扩大基层法律援助服务网络覆盖范围，使困难群众的法律援助申请及时就近得到受理，而且也需要人民法院采取相应的措施，在人民法院设立法律援助工作站，方便法律援助机构接受法律援助申请，《意见》对拓宽国家赔偿法律援助申请渠道进行了规定，即"充分发挥基层法律援助工作站点在解答咨询、转交申请等方面的作用，畅通'12348'法律服务热线；有条件的地方可以在人民法院设立法律援助工作站，拓宽法律援助申请渠道，方便公民寻求国家赔偿法律援助"。此外，各地在《意见》原则规定的基础上，还可以探索法律援助机构授权律师事务所等法律服务机构代为受理公民申请；对老弱病残等有特殊困难的受援对象推行电话申请、邮寄申请、上门受理等服务方式；有条件的地方开展网上受理申请，充分发挥网络公开、便捷、高效的优势，从而充分拓宽国家赔偿法律援助申请渠道。

（四）提高国家赔偿法律援助申请效率

在国家赔偿法律援助申请的价值选择上，《意见》采取了"效率优先、实现公正"的价值取向。这样的价值取向主要考虑了两个方面的因素：第一，《国家赔偿法》规定的人民法院办理国家赔偿案件的期限，如该法第 23 条第 1 款规定，"赔偿义务机关应当自收到申请之日起两个月内，作出是否赔偿的决定"；第 28 条规定："人民法院赔偿委员会应当自收到赔偿申请之日起三个月内作出决定；属于疑难、复杂、重大案件的，经本院院长批准，可以延长三个月。"在实践中，如人民法院立案后告知赔偿请求人有申请法律援助的权利，但法律援助机构不能及时提供法律援助，那么该权利的设定就失去了原本的意义。第二，在赔偿请求人申请法律援助中，赔偿请求人多是因（或认为）国家机关侵权行为而权益受到损害的公民，及时高效地给予法律援助，较之于公正但延时向符合法律援助条件的赔偿请求人提供法律援助更为重要。《意见》对提高国家赔偿法律援助申请效率规定了两个方面：一是原则性规定，即"法律援助机构对公民提出的国家赔偿法律援助申请，要依法进行审查，在法定时限内尽可能缩短时间"；二是为提高申请效率，对国家赔偿法律援助的特殊情形进行了规定，即"对申请事项具有法定紧急或者特殊情况的，法律援助机构可以先行给予法律援助，事后补办有关手续"。

（五）创新国家赔偿法律援助服务方式

《意见》在起草过程中遵循了"要有突破性"、"要在法律范围内有所延伸"

的指导思想，创新国家赔偿法律援助服务方式，以切实解决群众的现实需求。主要体现在两个方面：第一，推行点援制，即规定法律援助机构要“根据国家赔偿案件类型，综合法律援助人员专业特长、赔偿请求人特点和意愿等因素，合理确定承办机构及人员，有条件的地方推行点援制”。点援制，是指在国家赔偿法律援助中，不再为受援人选任法律援助人员，而是受援人根据案件案由、案情等因素，在法律援助机构建立的人员名册内自主选择法律援助人员。创新点援制的服务方式原因在于国家赔偿案件涉及三大诉讼和侦查、检察、审判、执行、监狱管理等多项职权，且由于属最终的司法救济渠道，案件往往牵涉多个程序和环节，案件代理难度较大。点援制既可以确保受援人选择自己满意的律师，也可以照顾到法律援助人员参加国家赔偿法律援助的意愿，把缺乏办理国家赔偿经验或参与法律援助热情的法律援助人员排除在外，为提高法律援助质量奠定了基础。第二，简化法律援助受理审查程序，规定“对无罪被羁押的公民申请国家赔偿，经人民法院确认其无经济来源的，可以认定赔偿请求人符合经济困难标准”。这是《意见》中最大的突破和亮点，也最能体现国家赔偿法律援助权利救济的价值。无罪被羁押的公民已经遭受了公权力的侵害，并且对于这类人而言，亟须使其重归正常的生活轨迹，故人民法院可根据情况直接确认其无经济来源，减少法律援助机构的审查程序，以便国家尽快地给予合理的赔偿。

（六）加大国家赔偿法律援助保障力度

《意见》综合考虑各方面因素，主要在五个方面加大了国家赔偿法律援助保障力度：第一是原则性规定了“人民法院要为法律援助人员代理国家赔偿法律援助案件提供便利”，明确了国家赔偿法律援助中人民法院有为法律援助人员提供便利的义务。第二，细化了《国家赔偿法》第 27 条“人民法院赔偿委员会处理赔偿请求，采取书面审查的办法。必要时，可以向有关单位和人员调查情况、收集证据”的规定，明确人民法院调查取证的职责，即“对于法律援助人员申请人民法院调查取证的，应当依法予以积极支持”。第三，考虑到国家赔偿案件中申请法律援助的赔偿请求人都是社会的弱势群体，规定了人民法院免收国家赔偿案件材料复制的费用，即人民法院“对法律援助人员复制相关材料的费用，应当予以免收”。第四，为了提升法律援助人员参与国家赔偿法律援助的积极性，规定“司法行政机关要综合采取增强社会认可度、完善激励表彰机制、提高办案补贴标准等方法，调动法律援助人员办理国家赔偿法律援助案件积极性”。第五，为了肯定法律援助机构和法律援助人员所提供的公共服务，规定了“人民法院办理国家赔偿案件作出的决定书、判决书和裁定书等法律文书应当载明法律援助机构名称、法律援助人员姓名以及所属单位情况等”。

（七）加强国家赔偿法律援助中各方关系的良性互动

为促进国家赔偿法律援助中各方关系的良性互动，《意见》规定了三个方面的内容：第一是细化了《国家赔偿法》第 27 条“赔偿请求人与赔偿义务机关对损害事实及因果关系有争议的，赔偿委员会可以听取赔偿请求人和赔偿义务机关的陈述和申辩，并可以进行质证”的规定，明确人民法院听取意见的职责，即“人民法院办理国家赔偿案件，要充分听取法律援助人员的意见，并记录在案”，以保障法官与法律援助人员的充分沟通。第二是顺畅工作衔接配合机制，尤其是人民法院与法律援助机构在办理案件过程中的相互衔接，即“人民法院和法律援助机构要加强工作协调，就确定或更换法律援助人员、变更听取意见时间、终止法律援助等情况及时进行沟通，相互通报案件办理进展情况”。第三是建立联席会议机制，强化人民法院与法律援助机构、法律援助人员的衔接配合，畅通沟通渠道，保证国家赔偿法律援助工作的无缝衔接，即“人民法院和司法行政机关要建立联席会议制度，定期交流工作开展情况，确保相关工作衔接顺畅”。

（八）提升国家赔偿法律援助工作的质量和效果

《意见》在总结实践经验的基础上，结合人民法院和法律援助机构的相关工作职责，主要从两个方面对提升国家赔偿法律援助案件的质量和效果进行了规定：第一，明确承办法官和法律援助人员具体工作要求，即法律援助机构“要引导法律援助人员认真做好会见、阅卷、调查取证、参加庭审或者质证等工作，根据法律法规和有关案情，从维护赔偿请求人利益出发提供符合标准的法律服务，促进解决其合法合理赔偿请求。承办法官和法律援助人员在办案过程中要注重做好解疑释惑工作，帮助赔偿请求人正确理解案件涉及的政策法规，促进赔偿请求人服判息讼”。在司法实践中，特别是一些赔偿请求人在无证据、无法律规定的情况下盲目求索高额赔偿时，更应当耐心细致地尽到提示释明责任，以尽可能降低赔偿请求人的预期，避免讼累和社会资源的浪费。第二，加强案件质量管理，即司法行政机关和法律援助机构要“根据国家赔偿案件特点完善办案质量监督管理机制，综合运用案件质量评估、案卷检查评比、回访赔偿请求人等方式开展质量监管，重点加强对重大疑难复杂案件办理的跟踪监督，促进提高办案质量。人民法院发现法律援助人员有违法行为或者损害赔偿请求人利益的，要及时向法律援助机构通报有关情况，督促法律援助人员依法依规办理案件”。

（九）建立国家赔偿法律援助效果延伸机制

《意见》对国家赔偿法律援助效果延伸进行了规定：第一，建立纠纷调解工作机制，即人民法院和法律援助机构要“引导法律援助人员选择对赔偿请求人最有利的方式解决纠纷，对于案情简单、事实清楚、争议不大的案件，根据赔偿请求人意愿，尽量采用调解方式处理，努力实现案结事了”。申言之，尊重当事人意愿，根据案情需要引导当事人采取非诉讼方式解决纷争，做到每办一件案子就化解一起纠纷、增加一份和谐。第二，建立矛盾多元化解机制。赔偿请求人是公权力侵权导致受损害的人，金钱方面的赔偿不足以弥补其所遭受的损害，因此应加强对当事人的心理疏导和关爱，帮助赔偿请求人恢复正常生活，即“指导法律援助人员依法妥善处理和化解纠纷，努力解决赔偿请求人的合理诉求，做好无罪被羁押公民的安抚工作，并通过引进社会工作者加入法律援助工作、开通心理热线等方式，加强对赔偿请求人的人文关怀和心理疏导，努力实现法律效果与社会效果的统一。”

（十）扩大国家赔偿法律援助工作的宣传

进一步提升国家赔偿法律援助的社会影响力，及确保国家赔偿法律援助和《意见》施行效果的最大化，离不开相应的宣传工作。并且，做好国家赔偿法律援助宣传工作，对于推动社会各界关心支持法律援助、扩大法律援助工作的社会影响具有重要作用。为了确保宣传工作的系统性和实效性，《意见》对开展宣传进行了规定，即“加大宣传力度，充分利用报刊、电视、网络等媒体，广泛宣传国家赔偿法律援助工作，及时总结推广工作中涌现出的好经验好做法，为国家赔偿法律援助工作开展营造良好氛围，并对法律援助工作中涌现的先进典型和经验，通过多种形式进行宣传推广，进一步巩固工作成果”。在实践中，扩大宣传国家赔偿法律援助工作，应多用人民群众喜闻乐见的方式、手段和语言，充分利用电视广播、报纸杂志以及手机网络等新兴媒体，积极开展各种国家赔偿法律援助主题活动和主题宣传，不断扩大宣传工作覆盖面，增强法律援助宣传工作的针对性和吸引力，提高国家赔偿法律援助在社会和群众中的知晓度，让广大群众了解国家赔偿法律制度，增强运用国家赔偿法律援助维护自身合法权益的意识，不断提高社会群众对国家赔偿法律援助工作的认知率，扩大国家赔偿法律援助工作的社会影响力，形成全社会关心、支持、参与法律援助的良好氛围。

（撰稿人：杨临萍　何　君　徐　超）

【链　　接】

法院要充分听取法律援助人员意见
——最高人民法院、司法部有关负责人就《关于加强国家赔偿法律援助工作的意见》答记者问

2014年1月2日，最高人民法院、司法部制定出台了《关于加强国家赔偿法律援助工作的意见》（以下简称《意见》）。

一、保障国家赔偿请求权行使

问：请介绍一下制定出台《意见》的背景。

答：为符合条件的申请国家赔偿的公民提供法律援助，是法律援助工作的基本职责。2003年国务院《法律援助条例》将“依法请求国家赔偿的”列为六类基本事项范围之一。

从人民法院办理的国家赔偿案件来看，申请国家赔偿的公民多属弱势群体，本身经济状况比较困难，并且缺乏必要的法律知识，不能很好地主张自身合法权益。为更好地保障困难群众依法行使国家赔偿请求权，规范和促进人民法院办理国家赔偿案件的法律援助工作，最高人民法院、司法部制定出台了《意见》。

在我国法治建设深入推进、人民群众权利意识不断增强的新形势下，就人民法院办理的国家赔偿案件法律援助工作进行规范，对于更好地适应人民群众日益增长的司法需求，进一步发挥法律援助在服务保障和改善民生中的作用，实现社会公平正义，促进社会和谐稳定具有重要意义。

二、法定时限内尽快审查办理

问：《意见》为确保符合条件的困难群众及时获得国家赔偿法律援助作了哪些规定？

答：保障符合条件的公民及时获得国家赔偿法律援助是《意见》需要解决的主要问题。对于司法行政机关和法律援助机构，我们在总结近年来开展法律援助便民服务活动相关经验基础上，就有关措施作出规定：

一是推行援务公开。采取多种形式公布国家赔偿法律援助的条件、程序、赔偿请求人的权利义务等，让公众了解国家赔偿法律援助相关知识。

二是畅通申请渠道。充分发挥基层法律援助工作站点在解答咨询、转交申请等方面的作用，畅通“12348”法律服务热线，有条件的地方可以在人民法院设立法律援助工作站，方便公民寻求国家赔偿法律援助。

三是提高审批工作效率。法律援助机构对公民提出的国家赔偿法律援助申请进行审查，要在法定时限内尽可能缩短时间；对无罪被羁押的公民申请国家赔偿，经人民法院确认其无经济来源的，可以认定赔偿请求人符合经济困难标准；对申请事项具有法定紧急或者特殊情况的，法律援助机构可以先行给予法律援助，事后补办有关手续。

与此同时，为方便困难群众及时申请获得国家赔偿，意见规定人民法院应当公布国家赔偿法律援助的条件、程序、赔偿请求人的权利义务；应当在立案时以书面方式告知申请国家赔偿的公民，如果经济困难可以向赔偿义务机关所在地的法律援助机构申请法律援助。

三、跟踪监督促办案质量提高

问：请谈谈《意见》在提高国家赔偿法律援助工作质量和效果方面的具体要求。

答：质量是法律援助工作的生命线。《意见》在总结实践经验基础上，结合人民法院和法律援助机构相关工作职责，提出保障国家赔偿法律援助案件质量的具体措施。

首先，完善案件指派工作。法律援助机构根据国家赔偿案件类型，综合法律援助人员专业特长、赔偿请求人特点和意愿等因素，合理确定承办机构及人员，有条件的地方推行点援制。

其次，明确承办法官和法律援助人员具体工作要求。法律援助机构要引导法律援助人员认真做好会见、阅卷、调查取证、参加庭审或者质证等工作，根据法律法规和有关案情，从维护赔偿请求人利益出发提供符合标准的法律服务，促进解决其合法合理赔偿请求。承办法官和法律援助人员在办案过程中要注重做好解疑释惑工作，帮助赔偿请求人正确理解案件涉及的政策法规，促进赔偿请求人服判息诉。

再次，加强案件质量管理。法律援助机构根据国家赔偿案件特点完善办案质量监督管理机制，综合运用案件质量评估、案卷检查评比、回访赔偿请求人等方式开展质量监管，重点加强对重大疑难复杂案件办理的跟踪监督。人民法院发现法律援助人员有违法行为或者损害赔偿请求人利益的，要及时向法律援助机构通报有关情况，督促法律援助人员依法依规办理案件。

为提升国家赔偿案件办理效果，《意见》结合此类案件特点，就创新国家赔偿法律援助效果延伸机制作了规定：建立纠纷调解工作机制；人民法院和法律援助机构要引导法律援助人员选择对赔偿请求人最有利的方式解决纠纷，对于案情简单、事实清楚、争议不大的案件，根据赔偿请求人意愿，尽量采用调解方式处理，努力实现案结事了。建立矛盾多元化解机制；指导法律援助人员依法妥善处理和化解纠纷，努力解决赔偿请求人的合理诉求，做好无罪被羁押公民的安抚工作，并通过引进社会工作者加入法律援助工作、开通心理热线等方式，加强对赔偿请求人的人文关怀和心理疏导，努力实现法律效果与社会效果的统一。建立宣传引导机制；加大宣传力度，充分利用报刊、电视、网络等媒体，广泛宣传国家赔偿法律援助工作，及时总结推广工作中涌现出的好经验好做法，为国家赔偿法律援助工作开展营造良好氛围，并对法律援助工作中涌现的先进典型和经验，通过多种形式进行宣传推广，进一步巩固工作成果。

四、裁决书载明法律援助信息

问：《意见》就加大国家赔偿法律援助工作保障力度作了哪些规定？

答：为促进国家赔偿法律援助案件顺利办理，《意见》从人民法院、司法行政机关加强办案保障和加强协调配合机制建设方面提出了具体要求。

在加强办案保障方面，人民法院要为法律援助人员代理国家赔偿法律援助案件提供便利，对于法律援助人员申请人民法院调查取证的，应当依法予以积极支持；对法律援助人员复制相关材料的费用，应当予以免收。人民法院办理国家赔偿案件，要充分听取法律援助人员的意见，并记录在案；人民法院办理国家赔偿案件作出的决定书、判决书和裁定书等法律文书应当载明法律援助机构名称、法律援助人员姓名以及所属单位情况等。司法行政机关要综合采取增强社会认可度、完善激励表彰机制、提高办案补贴标准等方法，调动法律援助人员办理国家赔偿法律援助案件积极性，根据需要与有关机关、单位进行协调，加大对案件办理工作支持力度。

在工作衔接配合机制建设方面，人民法院和法律援助机构就确定或更换法律援助人员、变更听取意见时间、终止法律援助等情况及时进行沟通，相互通报案件办理进展情况。人民法院和司法行政机关要建立联席会议制度，定期交流工作开展情况，确保相关工作衔接顺畅。

最高人民法院
关于人民法院赔偿委员会审理国家赔偿案件适用精神损害赔偿若干问题的意见

2014 年 7 月 29 日　　　　法发〔2014〕14 号

2010 年 4 月 29 日第十一届全国人大常委会第十四次会议审议通过的《全国人民代表大会常务委员会关于修改〈中华人民共和国国家赔偿法〉的决定》，扩大了消除影响、恢复名誉、赔礼道歉的适用范围，增加了有关精神损害抚慰金的规定，实现了国家赔偿中精神损害赔偿制度的重大发展。国家赔偿法第三十五条规定："有本法第三条或者第十七条规定情形之一，致人精神损害的，应当在侵权行为影响的范围内，为受害人消除影响，恢复名誉，赔礼道歉；造成严重后果的，应当支付相应的精神损害抚慰金。"为依法充分保障公民权益，妥善处理国家赔偿纠纷，现就人民法院赔偿委员会审理国家赔偿案件适用精神损害赔偿若干问题，提出以下意见：

一、充分认识精神损害赔偿的重要意义

现行国家赔偿法与 1994 年国家赔偿法相比，吸收了多年来理论及实践探索与发展的成果，在责任范围和责任方式等方面对精神损害赔偿进行了完善和发展，有效提升了对公民人身权益的保护水平。人民法院赔偿委员会要充分认识国家赔偿中的精神损害赔偿制度的重要意义，将贯彻落实该项制度作为"完善人权司法保障制度"的重要内容，正确适用国家赔偿法第三十五条等相关法律规定，依法处理赔偿请求人提出的精神损害赔偿申请，妥善化解国家赔偿纠纷，切实尊重和保障人权。

二、严格遵循精神损害赔偿的适用原则

人民法院赔偿委员会适用精神损害赔偿条款，应当严格遵循以下原则：一是依法赔偿原则。严格依照国家赔偿法的规定，不得扩大或者缩小精神损害赔偿的适用范围，不得增加或者减少其适用条件。二是综合裁量原则。综合考虑个案中侵权行为的致害情况，侵权机关及其工作人员的违法、过错程度等相关

因素，准确认定精神损害赔偿责任。三是合理平衡原则。坚持同等情况同等对待，不同情况区别处理，适当考虑个案及地区差异，兼顾社会发展整体水平和当地居民生活水平。

三、准确把握精神损害赔偿的前提条件和构成要件

人民法院赔偿委员会适用精神损害赔偿条款，应当以公民的人身权益遭受侵犯为前提条件，并审查是否满足以下责任构成要件：行使侦查、检察、审判职权的机关以及看守所、监狱管理机关及其工作人员在行使职权时有国家赔偿法第十七条规定的侵权行为；致人精神损害；侵权行为与精神损害事实及后果之间存在因果关系。

四、依法认定“致人精神损害”和“造成严重后果”

人民法院赔偿委员会适用精神损害赔偿条款，应当严格依法认定侵权行为是否“致人精神损害”以及是否“造成严重后果”。

一般情形下，人民法院赔偿委员会应当综合考虑受害人人身自由、生命健康受到侵害的情况，精神受损情况，日常生活、工作学习、家庭关系、社会评价受到影响的情况，并考量社会伦理道德、日常生活经验等因素，依法认定侵权行为是否致人精神损害以及是否造成严重后果。

受害人因侵权行为而死亡、残疾（含精神残疾）或者所受伤害经有合法资质的机构鉴定为重伤或者诊断、鉴定为严重精神障碍的，人民法院赔偿委员会应当认定侵权行为致人精神损害并且造成严重后果。

五、妥善处理两种责任方式的内在关系

人民法院赔偿委员会适用精神损害赔偿条款，应当妥善处理“消除影响，恢复名誉，赔礼道歉”与“支付相应的精神损害抚慰金”两种责任方式的内在关系。

侵权行为致人精神损害但未造成严重后果的，人民法院赔偿委员会应当根据案件具体情况决定由赔偿义务机关为受害人消除影响、恢复名誉或者向其赔礼道歉。

侵权行为致人精神损害且造成严重后果的，人民法院赔偿委员会除依照前述规定决定由赔偿义务机关为受害人消除影响、恢复名誉或者向其赔礼道歉外，还应当决定由赔偿义务机关支付相应的精神损害抚慰金。

六、正确适用“消除影响，恢复名誉，赔礼道歉”责任方式

人民法院赔偿委员会适用精神损害赔偿条款，要注意“消除影响、恢复名

誉”与“赔礼道歉”作为非财产责任方式，既可以单独适用，也可以合并适用。其中，消除影响、恢复名誉应当公开进行。

人民法院赔偿委员会可以根据赔偿义务机关与赔偿请求人协商的情况，或者根据侵权行为直接影响所及、受害人住所地、经常居住地等因素确定履行范围，决定由赔偿义务机关以适当方式公开为受害人消除影响、恢复名誉。人民法院赔偿委员会决定由赔偿义务机关公开赔礼道歉的，参照前述规定执行。

赔偿义务机关在案件审理终结前已经履行消除影响、恢复名誉或者赔礼道歉义务，人民法院赔偿委员会可以在国家赔偿决定书中予以说明，不再写入决定主文。人民法院赔偿委员会决定由赔偿义务机关为受害人消除影响、恢复名誉或者向其赔礼道歉的，赔偿义务机关应当自收到人民法院赔偿委员会国家赔偿决定书之日起三十日内主动履行消除影响、恢复名誉或者赔礼道歉义务。赔偿义务机关逾期未履行的，赔偿请求人可以向作出生效国家赔偿决定的赔偿委员会所在法院申请强制执行。强制执行产生的费用由赔偿义务机关负担。

七、综合酌定“精神损害抚慰金”的具体数额

人民法院赔偿委员会适用精神损害赔偿条款，决定采用“支付相应的精神损害抚慰金”方式的，应当综合考虑以下因素确定精神损害抚慰金的具体数额：精神损害事实和严重后果的具体情况；侵权机关及其工作人员的违法、过错程度；侵权的手段、方式等具体情节；罪名、刑罚的轻重；纠错的环节及过程；赔偿请求人住所地或者经常居住地平均生活水平；赔偿义务机关所在地平均生活水平；其他应当考虑的因素。

人民法院赔偿委员会确定精神损害抚慰金的具体数额，还应当注意体现法律规定的“抚慰”性质，原则上不超过依照国家赔偿法第三十三条、第三十四条所确定的人身自由赔偿金、生命健康赔偿金总额的百分之三十五，最低不少于一千元。

受害人对精神损害事实和严重后果的产生或者扩大有过错的，可以根据其过错程度减少或者不予支付精神损害抚慰金。

八、认真做好法律释明工作

人民法院赔偿委员会发现赔偿请求人在申请国家赔偿时仅就人身自由或者生命健康所受侵害提出赔偿申请，没有同时就精神损害提出赔偿申请的，应当向其释明国家赔偿法第三十五条的内容，并将相关情况记录在案。在案件终结后，赔偿请求人基于同一事实、理由，就同一赔偿义务机关另行提出精神损害赔偿申请的，人民法院一般不予受理。

九、其他国家赔偿案件的参照适用

人民法院审理国家赔偿法第三条、第三十八条规定的涉及侵犯人身权的国家赔偿案件，以及人民法院办理涉及侵犯人身权的自赔案件，需要适用精神损害赔偿条款的，参照本意见处理。

最高人民法院
关于印发《最高人民法院赔偿委员会工作规则》的通知

2014年12月8日　　　　法发〔2014〕22号

本院各单位：

《最高人民法院赔偿委员会工作规则》已于2014年12月4日由最高人民法院赔偿委员会第21次会议修订，现予印发。

附：

最高人民法院赔偿委员会工作规则

（1999年4月26日最高人民法院赔偿委员会第7次会议通过
2014年12月4日最高人民法院赔偿委员会第21次会议修订）

第一条　为了规范赔偿委员会工作，充分发挥其职能作用，根据《中华人民共和国国家赔偿法》和有关法律规定，制定本规则。

第二条　赔偿委员会的职责：

（一）讨论、决定下列国家赔偿案件：

1. 赔偿请求人向本院申请赔偿，应由本院作出决定的案件；

2. 不服本院赔偿委员会的决定，需要重新审查并作出决定的案件；

3. 不服高级人民法院赔偿委员会的决定，向本院申诉，需要直接审查并作出决定的案件；

4. 最高人民检察院向本院提出意见，应当重新审查并作出决定的案件；

5. 请示案件和其他重大、疑难的案件。

（二）讨论国家赔偿司法解释草案。

（三）总结国家赔偿工作经验，监督、指导地方各级法院的国家赔偿工作。

（四）讨论、决定其他有关国家赔偿工作的重大事项。

第三条 赔偿委员会两个月召开一次例会。必要时，经主任提议可随时召开。

赔偿委员会开会应有过半数的委员出席。

第四条 赔偿委员会委员应当按时出席会议。因故不能出席会议的，应当及时向主任请假。

第五条 赔偿委员会会议由主任主持，或者由主任委托副主任主持。

经会议主持人同意，赔偿委员会办公室人员或者其他有关人员可以列席会议。

第六条 赔偿委员会讨论的议题，由主任或者副主任决定。

承办人应当预先做好准备，并于会议一日前将相关材料发送各委员和有关列席人员；开会时，应当根据会议主持人的要求向会议汇报，并负责回答委员提出的问题。

赔偿委员会讨论案件的，承办人应当在会前写出审查报告。合议庭和承办人要对案件事实负责，提出的处理意见应当写明有关的法律根据。

第七条 赔偿委员会实行民主集中制。赔偿委员会讨论的案件，必须获得全体委员半数以上同意方能通过。少数委员的意见可以保留并记录在卷。

第八条 赔偿委员会认为重大、疑难的案件，或者有重大分歧的案件，应当报请主任提交审判委员会讨论决定。

审判委员会的决定，赔偿委员会应当执行。

第九条 赔偿委员会讨论、决定的事项，应当作出会议纪要，经会议主持人审定后附卷备查。

第十条 赔偿委员会办公室负责赔偿委员会的会务工作，负责执行赔偿委员会决定事项。

第十一条 赔偿委员会委员以及其他列席会议的人员，应当遵守保密规定，不得泄露赔偿委员会讨论情况。

第十二条 本规则自通过之日起施行。

最高人民法院
关于进一步加强刑事冤错案件国家赔偿工作的意见

2015 年 1 月 12 日　　　　　　　　法〔2015〕12 号

为进一步提升刑事冤错案件国家赔偿工作质效，切实加强人权司法保护，促进国家机关及其工作人员依法行使职权，根据《中华人民共和国国家赔偿法》，结合工作实际，提出如下意见。

一、坚持依法赔偿。各级人民法院要认真贯彻落实党的十八大和十八届三中、四中全会精神，紧紧围绕习近平总书记提出的“努力让人民群众在每一个司法案件中都感受到公平正义”的目标，认真做好刑事冤错案件的国家赔偿工作。要坚持依法赔偿原则，恪守职权法定、范围法定、程序法定和标准法定的要求，依法、及时、妥善地处理刑事冤错案件引发的国家赔偿纠纷。坚持公开公正原则，严格依法办案，规范工作流程，加强司法公开，自觉接受监督。坚持司法为民原则，不断创新和完善工作机制，延伸国家赔偿工作职能。

二、做好刑事审判与国家赔偿的衔接。各级人民法院要建立健全刑事冤错案件宣告无罪与国家赔偿工作的内部衔接机制，做到关口前移、联合会商、提前应对。对于拟宣告无罪并可能引发国家赔偿的案件，刑事审判（含审判监督）部门要在宣判前及时通知本院国家赔偿办案机构，国家赔偿办案机构接到通知后要及时形成赔偿工作预案，必要时要共同做好整体工作方案。对再审改判宣告无罪并依法享有申请国家赔偿权利的当事人，人民法院要在宣判的同时依照刑事诉讼法司法解释的规定告知其在判决发生法律效力后有依法申请国家赔偿的权利。

三、加强对赔偿请求人的诉权保护和法律释明。各级人民法院要坚持以法治思维、法治方式审查处理刑事冤错案件引发的国家赔偿纠纷，切实依法保障赔偿请求人申请赔偿的权利。要依法做好立案工作，准确把握立案的法定条件，畅通求偿渠道，不得以实体审理标准代替立案审查标准。要认真贯彻执行《最高人民法院、司法部关于加强国家赔偿法律援助工作的意见》，切实为经济困难的赔偿请求人申请赔偿提供便利。要认真对待赔偿请求人提出的各项权利诉求，引导其依法、理性求偿，发现赔偿请求明显超出法律规定的范围或者依法应当赔偿而赔偿请求人没有主张的，人民法院要依法、及时予以释明。

四、提升执法办案的规范性和透明度。各级人民法院要严格执行国家赔偿法和相关司法解释的规定，确保程序合法公正。要不断创新和完善工作机制，加强审判管理，进一步提升立案、审理、决定、执行等各环节的规范化水平。要针对国家赔偿案件的特点，创新司法公开的形式，拓展司法公开的广度和深度，自觉接受人大、政协、检察机关和社会各界的监督。要加强直接、实时监督，对于重大、疑难、复杂案件决定组织听证或者质证的，可以邀请人大代表、政协委员、检察机关代表、律师代表、群众代表等参与旁听，也可以通过其他适当方式公开听证或者质证的过程，进一步提升刑事冤错案件国家赔偿工作的透明度。

五、严格依法开展协商和作出决定。各级人民法院要充分运用国家赔偿法规定的协商机制，与赔偿请求人就赔偿方式、赔偿项目和赔偿数额进行协商。经协商达成协议的，依法制作国家赔偿决定书确认协议内容；协商不成的，依法作出国家赔偿决定。针对具体赔偿项目，有明确赔偿标准的，严格执行法定赔偿标准；涉及精神损害赔偿的，按照《最高人民法院关于人民法院赔偿委员会审理国家赔偿案件适用精神损害赔偿若干问题的意见》办理。要注意加强文书说理，充分说明认定的案件事实和依据，准确援引法律和司法解释规定，确保说理全面、透彻、准确，语言通俗易懂，增强人民群众对国家赔偿决定的认同感。

六、加强国家赔偿决定执行工作。各级人民法院要积极协调、督促财政部门等做好生效国家赔偿决定的执行工作，共同维护生效法律文书的法律权威。赔偿请求人向作为赔偿义务机关的人民法院申请支付赔偿金的，被申请法院要依法审查并及时将审查结果通知赔偿请求人。人民法院受理赔偿请求人的支付申请后，要严格依照预算管理权限在七日内向财政部门提出支付申请。财政部门受理后超过法定期限未拨付赔偿金的，人民法院要积极协调催办并将进展情况及时反馈给赔偿请求人。赔偿请求人就决定执行、赔偿金支付等事宜进行咨询的，人民法院要及时予以回应。

七、积极推进善后安抚和追偿追责等工作。各级人民法院要在依法、及时、妥善处理刑事赔偿案件的同时，根据案件具体情况，沟通协调政府职能部门或者有关社会组织，促进法定赔偿与善后安抚、社会帮扶救助的衔接互补，推动形成刑事冤错案件国家赔偿纠纷的多元、实质化解机制。要深入研究和完善国家赔偿法规定的追偿追责制度，严格依法开展刑事冤错案件的追偿追责工作。积极回应人民群众关切，既要做好正面宣传引导工作，又要根据舆情进展情况，动态、及时、主动、客观地进行回应，为刑事冤错案件的国家赔偿工作营造良好的社会氛围。

八、加强对新情况新问题的调查研究。各级人民法院要不断总结刑事冤错案件国家赔偿工作经验，密切关注重大、疑难、敏感问题和典型案件。对工作中发现的新情况新问题，要认真梳理提炼，深入分析研究，尽早提出对策，必要时及时层报最高人民法院。

最高人民法院
关于人民法院执行《中华人民共和国国家赔偿法》几个问题的解释

1996 年 5 月 6 日　　　　　　　　　　法发〔1996〕15 号

一、根据《中华人民共和国国家赔偿法》（以下简称赔偿法）第十七条第（二）项、第（三）项的规定，依照刑法第十四条、第十五条[①]规定不负刑事责任的人和依照刑事诉讼法第十五条[②]规定不追究刑事责任的人被羁押，国家不承担赔偿责任。但是对起诉后经人民法院判处拘役、有期徒刑、无期徒刑和死刑并已执行的上列人员，有权依法取得赔偿。判决确定前被羁押的日期依法不予赔偿。

二、依照赔偿法第三十一条[③]的规定，人民法院在民事诉讼、行政诉讼过程中，违法采取对妨害诉讼的强制措施、保全措施或者对判决、裁定及其他生效法律文书执行错误，造成损害，具有以下情形之一的，适用刑事赔偿程序予以赔偿：

（一）错误实施司法拘留、罚款的；

---

① 本解释引用的《刑法》第十四条、第十五条对应现行《刑法》第十七条、十八条，内容已修改为："已满十六周岁的人犯罪，应当负刑事责任。已满十四周岁不满十六周岁的人，犯故意杀人、故意伤害致人重伤或者死亡、强奸、抢劫、贩卖毒品、放火、爆炸、投放危险物质罪的，应当负刑事责任。已满十四周岁不满十八周岁的人犯罪，应当从轻或者减轻处罚。因不满十六周岁不予刑事处罚的，责令他的家长或者监护人加以管教；在必要的时候，也可以由政府收容教养。""精神病人在不能辨认或者不能控制自己行为的时候造成危害结果，经法定程序鉴定确认的，不负刑事责任，但是应当责令他的家属或者监护人严加看管和医疗；在必要的时候，由政府强制医疗。间歇性的精神病人在精神正常的时候犯罪，应当负刑事责任。尚未完全丧失辨认或者控制自己行为能力的精神病人犯罪的，应当负刑事责任，但是可以从轻或者减轻处罚。醉酒的人犯罪，应当负刑事责任。"

② 本解释引用的《刑事诉讼法》第十五条对应现行《刑事诉讼法》第十六条。

③ 本解释引用的《国家赔偿法》第三十一条已于 2010 年 12 月 1 日被第一次修正的《国家赔偿法》改为第三十八条。

（二）实施赔偿法第十五条[①]第（四）项、第（五）项规定行为的；

（三）实施赔偿法第十六条[②]第（一）项规定行为的。

人民法院审理的民事、经济、行政案件发生错判并已执行，依法应当执行回转的，或者当事人申请财产保全、先予执行，申请有错误造成财产损失依法应由申请人赔偿的，国家不承担赔偿责任。

三、公民、法人和其他组织申请人民法院依照赔偿法规定予以赔偿的案件，应当经过依法确认。未经依法确认的，赔偿请求人应当要求有关人民法院予以确认。被要求的人民法院由有关审判庭负责办理依法确认事宜，并应以人民法院的名义答复赔偿请求人。被要求的人民法院不予确认的，赔偿请求人有权申诉。

四、根据赔偿法第二十六条、第二十七条[③]的规定，人民法院判处管制、有期徒刑缓刑、剥夺政治权利等刑罚的人被依法改判无罪的，国家不承担赔偿责任，但是，赔偿请求人在判决生效前被羁押的，依法有权取得赔偿。

---

① 本解释引用的《国家赔偿法》第十五条已于2010年12月1日被第一次修正的《国家赔偿法》改为第十七条。修改为："行使侦查、检察、审判职权的机关以及看守所、监狱管理机关及其工作人员在行使职权时有下列侵犯人身权情形之一的，受害人有取得赔偿的权利：（一）违反刑事诉讼法的规定对公民采取拘留措施的，或者依照刑事诉讼法规定的条件和程序对公民采取拘留措施，但是拘留时间超过刑事诉讼法规定的时限，其后决定撤销案件、不起诉或者判决宣告无罪终止追究刑事责任的；（二）对公民采取逮捕措施后，决定撤销案件、不起诉或者判决宣告无罪终止追究刑事责任的；（三）依照审判监督程序再审改判无罪，原判刑罚已经执行的；（四）刑讯逼供或者以殴打、虐待等行为或者唆使、放纵他人以殴打、虐待等行为造成公民身体伤害或者死亡的；（五）违法使用武器、警械造成公民身体伤害或者死亡的。"

② 本解释引用的《国家赔偿法》第十六条已于2010年12月1日被第一次修正的《国家赔偿法》改为第十八条。修改为："行使侦查、检察、审判职权的机关以及看守所、监狱管理机关及其工作人员在行使职权时有下列侵犯财产权情形之一的，受害人有取得赔偿的权利：（一）违法对财产采取查封、扣押、冻结、追缴等措施的；（二）依照审判监督程序再审改判无罪，原判罚金、没收财产已经执行的。"

③ 本解释引用的《国家赔偿法》第二十六条已于2010年12月1日被第一次修正的《国家赔偿法》改为第三十三条，修改为："侵犯公民人身自由的，每日赔偿金按照国家上年度职工日平均工资计算。"下同。

本解释引用的《国家赔偿法》第二十七条已于2010年12月1日被第一次修正的《国家赔偿法》改为第三十四条，修改为："侵犯公民生命健康权的，赔偿金按照下列规定计算：（一）造成身体伤害的，应当支付医疗费、护理费，以及赔偿因误工减少的收入。减少的收入每日的赔偿金按照国家上年度职工日平均工资计算，最高额为国家上年度职工年平均工资的五倍；（二）造成部分或者全部丧失劳动能力的，应当支付医疗费、护理费、残疾生活辅助具费、康复费等因残疾而增加的必要支出和继续治疗所必需的费用，以及残疾赔偿金。残疾赔偿金根据丧失劳动能力的程度，按照国家规定的伤残等级确定，最高不超过国家上年度职工年平均工资的二十倍。造成全部丧失劳动能力的，对其扶养的无劳动能力的人，还应当支付生活费；（三）造成死亡的，应当支付死亡赔偿金、丧葬费，总额为国家上年度职工年平均工资的二十倍。对死者生前扶养的无劳动能力的人，还应当支付生活费。前款第二项、第三项规定的生活费的发放标准，参照当地最低生活保障标准执行。被扶养的人是未成年人的，生活费给付至十八周岁止；其他无劳动能力的人，生活费给付至死亡时止。"

五、根据赔偿法第十九条第四款“再审改判无罪的，作出原生效判决的人民法院为赔偿义务机关”① 的规定，原一审人民法院作出判决后，被告人没有上诉，人民检察院没有抗诉，判决发生法律效力的，原一审人民法院为赔偿义务机关；被告人上诉或者人民检察院抗诉，原二审人民法院维持一审判决或者对一审人民法院判决予以改判的，原二审人民法院为赔偿义务机关。

六、赔偿法第二十六条关于“侵犯公民人身自由的，每日的赔偿金按照国家上年度职工日平均工资计算”中规定的上年度，应为赔偿义务机关、复议机关或者人民法院赔偿委员会作出赔偿决定时的上年度；复议机关或者人民法院赔偿委员会决定维持原赔偿决定的，按作出原赔偿决定时的上年度执行。

国家上年度职工日平均工资数额，应当以职工年平均工资除以全年法定工作日数的方法计算。年平均工资以国家统计局公布的数字为准。

最高人民法院
印发《关于审理行政赔偿案件若干问题的规定》的通知

1997 年 4 月 29 日　　　　法发〔1997〕10 号

全国地方各级人民法院，各级军事法院，各铁路运输中级法院和基层法院，各海事法院：

现将《最高人民法院关于审理行政赔偿案件若干问题的规定》印发给你们，请在行政审判工作中执行。执行中有何意见和问题，请及时报告我院。

① 本解释引用的《国家赔偿法》第十九条第四款已于 2010 年 12 月 1 日被第一次修正的《国家赔偿法》改为第二十一条第四款，修改为：“再审改判无罪的，作出原生效判决的人民法院为赔偿义务机关。二审改判无罪，以及二审发回重审后作无罪处理的，作出一审有罪判决的人民法院为赔偿义务机关。”

附：

最高人民法院
关于审理行政赔偿案件若干问题的规定

为正确审理行政赔偿案件，根据《中华人民共和国国家赔偿法》和《中华人民共和国行政诉讼法》的规定，对审理行政赔偿案件的若干问题作以下规定：

一、受案范围

第一条 《中华人民共和国国家赔偿法》第三条、第四条①规定的其他违法行为，包括具体行政行为和与行政机关及其工作人员行使行政职权有关的，给公民、法人或者其他组织造成损害的，违反行政职责的行为。

第二条 赔偿请求人对行政机关确认具体行政行为违法但又决定不予赔偿，或者对确定的赔偿数额有异议提起行政赔偿诉讼的，人民法院应予受理。

第三条 赔偿请求人认为行政机关及其工作人员实施了国家赔偿法第三条第（三）、（四）、（五）项和第四条第（四）项规定的非具体行政行为的行为侵犯其人身权、财产权并造成损失，赔偿义务机关拒不确认致害行为违法，赔偿请求人可直接向人民法院提起行政赔偿诉讼。

第四条 公民、法人或者其他组织在提起行政诉讼的同时一并提出行政赔偿请求的，人民法院应一并受理。

赔偿请求人单独提起行政赔偿诉讼，须以赔偿义务机关先行处理为前提。赔偿请求人对赔偿义务机关确定的赔偿数额有异议或者赔偿义务机关逾期不予赔偿，赔偿请求人有权向人民法院提起行政赔偿诉讼。

第五条 法律规定由行政机关最终裁决的具体行政行为，被作出最终裁决

---

① 本规定引用的《国家赔偿法》第三条已于2010年12月1日被第一次修正的《国家赔偿法》修改为："行政机关及其工作人员在行使行政职权时有下列侵犯人身权情形之一的，受害人有取得赔偿的权利：（一）违法拘留或者违法采取限制公民人身自由的行政强制措施的；（二）非法拘禁或者以其他方法非法剥夺公民人身自由的；（三）以殴打、虐待等行为或者唆使、放纵他人以殴打、虐待等行为造成公民身体伤害或者死亡的；（四）违法使用武器、警械造成公民身体伤害或者死亡的；（五）造成公民身体伤害或者死亡的其他违法行为。"下同。

本规定引用的《国家赔偿法》第四条已于2010年12月1日被第一次修正的《国家赔偿法》修改为："行政机关及其工作人员在行使行政职权时有下列侵犯财产权情形之一的，受害人有取得赔偿的权利：（一）违法实施罚款、吊销许可证和执照、责令停产停业、没收财物等行政处罚的；（二）违法对财产采取查封、扣押、冻结等行政强制措施的；（三）违法征收、征用财产的；（四）造成财产损害的其他违法行为。"下同。

的行政机关确认违法，赔偿请求人以赔偿义务机关应当赔偿而不予赔偿或逾期不予赔偿或者对赔偿数额有异议提起行政赔偿诉讼，人民法院应依法受理。

第六条　公民、法人或者其他组织以国防、外交等国家行为或者行政机关制定发布行政法规、规章或者具有普遍约束力的决定、命令侵犯其合法权益造成损害为由，向人民法院提起行政赔偿诉讼的，人民法院不予受理。

二、管辖

第七条　公民、法人或者其他组织在提起行政诉讼的同时一并提出行政赔偿请求的，人民法院依照行政诉讼法第十七条、第十八条、第二十条①的规定管辖。

第八条　赔偿请求人提起行政赔偿诉讼的请求涉及不动产的，由不动产所在地的人民法院管辖。

第九条　单独提起的行政赔偿诉讼案件由被告住所地的基层人民法院管辖。

中级人民法院管辖下列第一审行政赔偿案件：

（1）被告为海关、专利管理机关的；

（2）被告为国务院各部门或者省、自治区、直辖市人民政府的；

（3）本辖区内其他重大影响和复杂的行政赔偿案件。

高级人民法院管辖本辖区内有重大影响和复杂的第一审行政赔偿案件。

最高人民法院管辖全国范围内有重大影响和复杂的第一审行政赔偿案件。

第十条　赔偿请求人因同一事实对两个以上行政机关提起行政赔偿诉讼的，可以向其中任何一个行政机关住所地的人民法院提起。赔偿请求人向两个以上有管辖权的人民法院提起行政赔偿诉讼的，由最先收到起诉状的人民法院管辖。

第十一条　公民对限制人身自由的行政强制措施不服，或者对行政机关基于同一事实对同一当事人作出限制人身自由和对财产采取强制措施的具体行政行为不服，在提起行政诉讼的同时一并提出行政赔偿请求的，由受理该行政案件的人民法院管辖；单独提起行政赔偿诉讼的，由被告住所地或原告住所地或

---

①　本规定引用的《国家赔偿法》第十七条已于2010年12月1日被第一次修正的《国家赔偿法》改为第十八条，修改为："行政案件由最初作出行政行为的行政机关所在地人民法院管辖。经复议的案件，也可以由复议机关所在地人民法院管辖。经最高人民法院批准，高级人民法院可以根据审判工作的实际情况，确定若干人民法院跨行政区域管辖行政案件。"

本规定引用的《国家赔偿法》第十八条已于2010年12月1日被第一次修正的《国家赔偿法》改为第十九条。

本规定引用的《国家赔偿法》第十九条已于2010年12月1日被第一次修正的《国家赔偿法》改为第二十条。

不动产所在地的人民法院管辖。

第十二条 人民法院发现受理的案件不属于自己管辖，应当移送有管辖权的人民法院；受移送的人民法院不得再行移送。

第十三条 人民法院对管辖权发生争议的，由争议双方协商解决，协商不成的，报请他们的共同上级人民法院指定管辖。如双方为跨省、自治区、直辖市的人民法院，高级人民法院协商不成的，由最高人民法院及时指定管辖。

依前款规定报请上级人民法院指定管辖时，应当逐级进行。

三、诉讼当事人

第十四条 与行政赔偿案件处理结果有法律上的利害关系的其他公民、法人或者其他组织有权作为第三人参加行政赔偿诉讼。

第十五条 受害的公民死亡，其继承人和其他有抚养关系的亲属以及死者生前抚养的无劳动能力的人有权提起行政赔偿诉讼。

第十六条 企业法人或者其他组织被行政机关撤销、变更、兼并、注销，认为经营自主权受到侵害，依法提起行政赔偿诉讼，原企业法人或其他组织，或者对其享有权利的法人或其他组织均具有原告资格。

第十七条 两个以上行政机关共同侵权，赔偿请求人对其中一个或者数个侵权机关提起行政赔偿诉讼，若诉讼请求系可分之诉，被诉的一个或者数个侵权机关为被告；若诉讼请求系不可分之诉，由人民法院依法追加其他侵权机关为共同被告。

第十八条 复议机关的复议决定加重损害的，赔偿请求人只对作出原决定的行政机关提起行政赔偿诉讼，作出原决定的行政机关为被告；赔偿请求人只对复议机关提起行政赔偿诉讼的，复议机关为被告。

第十九条 行政机关依据行政诉讼法第六十六条①的规定申请人民法院强制执行具体行政行为，由于据以强制执行的根据错误而发生行攻赔偿诉讼的，申请强制执行的行政机关为被告。

第二十条 人民法院审理行政赔偿案件，需要变更被告而原告不同意变更的，裁定驳回起诉。

四、起诉与受理

第二十一条 赔偿请求人单独提起行政赔偿诉讼，应当符合下列条件：

（1）原告具有请求资格；

① 本规定引用的《国家赔偿法》第六十六条已于2010年12月1日被第一次修正的《国家赔偿法》改为第九十七条，修改为：“公民、法人或者其他组织对行政行为在法定期间不提起诉讼又不履行的，行政机关可以申请人民法院强制执行，或者依法强制执行。”

（2）有明确的被告；

（3）有具体的赔偿请求和受损害的事实根据；

（4）加害行为为具体行政行为的，该行为已被确认为违法；

（5）赔偿义务机关已先行处理或超过法定期限不予处理；

（6）属于人民法院行政赔偿诉讼的受案范围和受诉人民法院管辖；

（7）符合法律规定的起诉期限。

第二十二条　赔偿请求人单独提起行政赔偿诉讼，可以在向赔偿义务机关递交赔偿申请后的 2 个月届满之日起 3 个月内提出。

第二十三条　公民、法人或者其他组织在提起行政诉讼的同时一并提出行政赔偿请求的，其起诉期限按照行政诉讼起诉期限的规定执行。

行政案件的原告可以在提起行政诉讼后至人民法院一审庭审结束前，提出行政赔偿请求。

第二十四条　赔偿义务机关作出赔偿决定时，未告知赔偿请求人的诉权或者起诉期限，致使赔偿请求人逾期向人民法院起诉的，其起诉期限从赔偿请求人实际知道诉权或者起诉期限时计算，但逾期的期间自赔偿请求人收到赔偿决定之日起不得超过 1 年。

第二十五条　受害的公民死亡，其继承人和有抚养关系的人提起行政赔偿诉讼，应当提供该公民死亡的证明及赔偿请求人与死亡公民之间的关系证明。

第二十六条　当事人先后被采取限制人身自由的行政强制措施和刑事拘留等强制措施，因强制措施被确认为违法而请求赔偿的，人民法院按其行为性质分别适用行政赔偿程序和刑事赔偿程序立案受理。

第二十七条　人民法院接到原告单独提起的行政赔偿起诉状，应当进行审查，并在 7 日内立案或者作出不予受理的裁定。

人民法院接到行政赔偿起诉状后，在 7 日内不能确定可否受理的，应当先予受理。审理中发现不符合受理条件的，裁定驳回起诉。

当事人对不予受理或者驳回起诉的裁定不服的，可以在裁定书送达之日起 10 日内向上一级人民法院提起上诉。

五、审理和判决

第二十八条　当事人在提起行政诉讼的同时一并提出行政赔偿请求，或者因具体行政行为和与行使行政职权有关的其他行为侵权造成损害一并提出行政赔偿请求的，人民法院应当分别立案，根据具体情况可以合并审理，也可以单独审理。

第二十九条　人民法院审理行政赔偿案件，就当事人之间的行政赔偿争议进行审理与裁判。

第三十条 人民法院审理行政赔偿案件在坚持合法、自愿的前提下，可以就赔偿范围、赔偿方式和赔偿数额进行调解。调解成立的，应当制作行政赔偿调解书。

第三十一条 被告在一审判决前同原告达成赔偿协议，原告申请撤诉的，人民法院应当依法予以审查并裁定是否准许。

第三十二条 原告在行政赔偿诉讼中对自己的主张承担举证责任。被告有权提供不予赔偿或者减少赔偿数额方面的证据。

第三十三条 被告的具体行政行为违法但尚未对原告合法权益造成损害的，或者原告的请求没有事实根据或法律根据的，人民法院应当判决驳回原告的赔偿请求。

第三十四条 人民法院对赔偿请求人未经确认程序而直接提起行政赔偿诉讼的案件，在判决时应当对赔偿义务机关致害行为是否违法予以确认。

第三十五条 人民法院对单独提起行政赔偿案件作出判决的法律文书的名称为行政赔偿判决书、行政赔偿裁定书或者行政赔偿调解书。

六、执行与期间

第三十六条 发生法律效力的行政赔偿判决、裁定或调解协议，当事人必须履行。一方拒绝履行的，对方当事人可以向第一审人民法院申请执行。

申请执行的期限，申请人是公民的为 1 年，申请人是法人或者其他组织的为 6 个月。

第三十七条 单独受理的第一审行政赔偿案件的审理期限为 3 个月，第二审为 2 个月；一并受理行政赔偿请求案件的审理期限与该行政案件的审理期限相同。如因特殊情况不能按期结案，需要延长审限的，应按照行政诉讼法的有关规定报请批准。

七、其他

第三十八条 人民法院审理行政赔偿案件，除依照国家赔偿法行政赔偿程序的规定外，对本规定没有规定的，在不与国家赔偿法相抵触的情况下，可以适用行政诉讼的有关规定。

第三十九条 赔偿请求人要求人民法院确认致害行为违法涉及的鉴定、勘验、审计等费用，由申请人预付，最后由败诉方承担。

第四十条 最高人民法院以前所作的有关司法解释与本规定不一致的，按本规定执行。

第四编　国家司法救助

最高人民法院
关于加强和规范人民法院国家司法救助工作的意见

2016年7月1日　　　　法发〔2016〕16号

为加强和规范审判、执行中困难群众的国家司法救助工作，维护当事人合法权益，促进社会和谐稳定，根据中共中央政法委员会、财政部、最高人民法院、最高人民检察院、公安部、司法部《关于建立完善国家司法救助制度的意见（试行）》，结合人民法院工作实际，提出如下意见。

第一条　人民法院在审判、执行工作中，对权利受到侵害无法获得有效赔偿的当事人，符合本意见规定情形的，可以采取一次性辅助救济措施，以解决其生活面临的急迫困难。

第二条　国家司法救助工作应当遵循公正、公开、及时原则，严格把握救助标准和条件。

对同一案件的同一救助申请人只进行一次性国家司法救助。对于能够通过诉讼获得赔偿、补偿的，一般应当通过诉讼途径解决。

人民法院对符合救助条件的救助申请人，无论其户籍所在地是否属于受案人民法院辖区范围，均由案件管辖法院负责救助。在管辖地有重大影响且救助金额较大的国家司法救助案件，上下级人民法院可以进行联动救助。

第三条　当事人因生活面临急迫困难提出国家司法救助申请，符合下列情形之一的，应当予以救助：

（一）刑事案件被害人受到犯罪侵害，造成重伤或者严重残疾，因加害人死亡或者没有赔偿能力，无法通过诉讼获得赔偿，陷入生活困难的；

（二）刑事案件被害人受到犯罪侵害危及生命，急需救治，无力承担医疗救治费用的；

（三）刑事案件被害人受到犯罪侵害而死亡，因加害人死亡或者没有赔偿能力，依靠被害人收入为主要生活来源的近亲属无法通过诉讼获得赔偿，陷入生活困难的；

（四）刑事案件被害人受到犯罪侵害，致使其财产遭受重大损失，因加害人死亡或者没有赔偿能力，无法通过诉讼获得赔偿，陷入生活困难的；

（五）举报人、证人、鉴定人因举报、作证、鉴定受到打击报复，致使其人身受到伤害或财产受到重大损失，无法通过诉讼获得赔偿，陷入生活困难的；

（六）追索赡养费、扶养费、抚育费等，因被执行人没有履行能力，申请执行人陷入生活困难的；

（七）因道路交通事故等民事侵权行为造成人身伤害，无法通过诉讼获得赔偿，受害人陷入生活困难的；

（八）人民法院根据实际情况，认为需要救助的其他人员。

涉诉信访人，其诉求具有一定合理性，但通过法律途径难以解决，且生活困难，愿意接受国家司法救助后息诉息访的，可以参照本意见予以救助。

第四条　救助申请人具有以下情形之一的，一般不予救助：

（一）对案件发生有重大过错的；

（二）无正当理由，拒绝配合查明案件事实的；

（三）故意作虚伪陈述或者伪造证据，妨害诉讼的；

（四）在审判、执行中主动放弃民事赔偿请求或者拒绝侵权责任人及其近亲属赔偿的；

（五）生活困难非案件原因所导致的；

（六）已经通过社会救助措施，得到合理补偿、救助的；

（七）法人、其他组织提出的救助申请；

（八）不应给予救助的其他情形。

第五条　国家司法救助以支付救助金为主要方式，并与思想疏导相结合，与法律援助、诉讼救济相配套，与其他社会救助相衔接。

第六条　救助金以案件管辖法院所在省、自治区、直辖市上一年度职工月平均工资为基准确定，一般不超过三十六个月的月平均工资总额。

损失特别重大、生活特别困难，需适当突破救助限额的，应当严格审核控制，救助金额不得超过人民法院依法应当判决给付或者虽已判决但未执行到位的标的数额。

第七条　救助金具体数额，应当综合以下因素确定：

（一）救助申请人实际遭受的损失；

（二）救助申请人本人有无过错以及过错程度；

（三）救助申请人及其家庭的经济状况；

（四）救助申请人维持其住所地基本生活水平所必需的最低支出；

（五）赔偿义务人实际赔偿情况。

第八条　人民法院审判、执行部门认为案件当事人符合救助条件的，应当告知其有权提出国家司法救助申请。当事人提出申请的，审判、执行部门应当将相关材料及时移送立案部门。

当事人直接向人民法院立案部门提出国家司法救助申请，经审查确认符合救助申请条件的，应当予以立案。

第九条 国家司法救助申请应当以书面形式提出；救助申请人书面申请确有困难的，可以口头提出，人民法院应当制作笔录。

救助申请人提出国家司法救助申请，一般应当提交以下材料：

（一）救助申请书，救助申请书应当载明申请救助的数额及理由；

（二）救助申请人的身份证明；

（三）实际损失的证明；

（四）救助申请人及其家庭成员生活困难的证明；

（五）是否获得其他赔偿、救助等相关证明；

（六）其他能够证明救助申请人需要救助的材料。

救助申请人确实不能提供完整材料的，应当说明理由。

第十条 救助申请人生活困难证明，主要是指救助申请人户籍所在地或者经常居住地村（居）民委员会或者所在单位出具的有关救助申请人的家庭人口、劳动能力、就业状况、家庭收入等情况的证明。

第十一条 人民法院成立由立案、刑事审判、民事审判、行政审判、审判监督、执行、国家赔偿及财务等部门组成的司法救助委员会，负责人民法院国家司法救助工作。司法救助委员会下设办公室，由人民法院赔偿委员会办公室行使其职能。

人民法院赔偿委员会办公室作为司法救助委员会的日常工作部门，负责牵头、协调和处理国家司法救助日常事务，执行司法救助委员会决议及办理国家司法救助案件。

基层人民法院由负责国家赔偿工作的职能机构承担司法救助委员会办公室工作职责。

第十二条 救助决定应当自立案之日起十个工作日内作出。案情复杂的救助案件，经院领导批准，可以适当延长。

办理救助案件应当制作国家司法救助决定书，加盖人民法院印章。国家司法救助决定书应当及时送达。

不符合救助条件或者具有不予救助情形的，应当将不予救助的决定及时告知救助申请人，并做好解释说明工作。

第十三条 决定救助的，应当在七个工作日内按照相关财务规定办理手续。在收到财政部门拨付的救助金后，应当在二个工作日内通知救助申请人领取救助金。

对具有急需医疗救治等特殊情况的救助申请人，可以依据救助标准，先行垫付救助金，救助后及时补办审批手续。

第十四条 救助金一般应当一次性发放。情况特殊的，可以分批发放。

发放救助金时，应当向救助申请人释明救助金的性质、准予救助的理由、骗取救助金的法律后果，同时制作笔录并由救助申请人签字。必要时，可以邀请救助申请人户籍所在地或者经常居住地村（居）民委员会或者所在单位的工作人员到场见证救助金发放过程。

人民法院可以根据救助申请人的具体情况，委托民政部门、乡镇人民政府或者街道办事处、村（居）民委员会、救助申请人所在单位等组织发放救助金。

第十五条 各级人民法院应当积极协调财政部门将国家司法救助资金列入预算，并会同财政部门建立国家司法救助资金动态调整机制。

对公民、法人和其他组织捐助的国家司法救助资金，人民法院应当严格、规范使用，及时公布救助的具体对象，并告知捐助人救助情况，确保救助资金使用的透明度和公正性。

第十六条 人民法院司法救助委员会应当在年度终了一个月内就本院上一年度司法救助情况提交书面报告，接受纪检、监察、审计部门和上级人民法院的监督，确保专款专用。

第十七条 人民法院应当加强国家司法救助工作信息化建设，将国家司法救助案件纳入审判管理信息系统，及时录入案件信息，实现四级法院信息共享，并积极探索建立与社会保障机构、其他相关救助机构的救助信息共享机制。

上级法院应当对下级法院的国家司法救助工作予以指导和监督，防止救助失衡和重复救助。

第十八条 人民法院工作人员有下列行为之一的，应当予以批评教育；构成违纪的，应当根据相关规定予以纪律处分；构成犯罪的，应当依法追究刑事责任：

（一）滥用职权，对明显不符合条件的救助申请人决定给予救助的；

（二）虚报、克扣救助申请人救助金的；

（三）贪污、挪用救助资金的；

（四）对符合救助条件的救助申请人不及时办理救助手续，造成严重后果的；

（五）违反本意见的其他行为。

第十九条 救助申请人所在单位或者基层组织等相关单位出具虚假证明，使不符合救助条件的救助申请人获得救助的，人民法院应当建议相关单位或者其上级主管机关依法依纪对相关责任人予以处理。

第二十条 救助申请人获得救助后，人民法院从被执行人处执行到赔偿款或者其他应当给付的执行款的，应当将已发放的救助金从执行款中扣除。

救助申请人通过提供虚假材料等手段骗取救助金的，人民法院应当予以追回；构成犯罪的，应当依法追究刑事责任。

涉诉信访救助申请人领取救助金后，违背息诉息访承诺的，人民法院应当将救助金予以追回。

第二十一条 对未纳入国家司法救助范围或者获得国家司法救助后仍面临生活困难的救助申请人，符合社会救助条件的，人民法院通过国家司法救助与社会救助衔接机制，协调有关部门将其纳入社会救助范围。

【解　　读】

解读《关于加强和规范人民法院国家司法救助工作的意见》

党的十八届三中全会通过的《中共中央关于全面深化改革若干重大问题的决定》明确提出健全国家司法救助制度，2014 年 1 月，中央政法委联合最高人民法院等部门制发《关于建立完善国家司法救助制度的意见（试行）》（中政委〔2014〕3 号，以下简称《中央政法委意见》），为各地开展国家司法救助工作提供了政策指导。为加强和规范审判、执行中对困难群众的国家司法救助工作，维护当事人合法权益，促进社会和谐稳定，2016 年 7 月 6 日，最高人民法院发布了《关于加强和规范人民法院国家司法救助工作的意见》（以下简称《意见》），进一步明确了司法救助的概念、司法救助申请、救助金的标准、拨付救助金的程序和救济等。该意见一方面推动国家司法救助制度的法治化，推动各地法院建立统一的司法救助处理机制，另一方面落实配套资金，完善对因遭受犯罪侵害或民事侵权等无法获得有效赔偿、生活困难的当事人的国家司法救助制度。

一、制定《意见》的背景、原则和依据

（一）制定《意见》的背景

司法救助制度源于国家对涉诉涉法纠纷困难群众的关怀和保护，是法治国家尊重保障人权，维护社会公平正义的重要方式。我国司法救助制度的产生与发展，始终是以加强对生活面临急迫困难的当事人司法救济为核心。近年来，

人民法院为了保障生活面临急迫困难群众的权益，将刑事被害人救助、执行救助、涉诉涉法信访救助以及民事侵权案件受害人救助纳入国家司法救助范畴。特别是党的十八届三中全会通过的《关于全面深化改革若干重大问题的决定》，要求完善人权司法保障制度，健全国家司法救助制度，党的十八届四中全会通过的《关于全面推进依法治国若干重大问题的决定》进一步指出健全司法救助体系，保证人民群众在遇到法律问题或者权利受到侵害时获得及时有效法律帮助，这就将建立完善司法救助制度作为全面深化改革、全面推进依法治国的重要目标之一。为此，最高人民法院印发的《人民法院第四个五年改革纲要(2014—2018)》，将推动完善司法救助制度作为司法改革的重要任务之一，要求推动各地法院建立统一的司法救助处理机制，落实配套资金，完善对因遭受犯罪侵害或民事侵权等无法获得有效救济、生活困难的当事人的国家司法救助制度。

(二) 制定《意见》的原则

《意见》的起草主要坚持以下原则：一是依据现有规范原则。按照党中央的决定和中央政法委、最高人民法院规范性文件开展起草工作，确保《意见》与中央深化改革精神保持一致，确保《意见》的实施能够加强和规范人民法院国家司法救助工作。二是尊重保障人权原则。注重尊重和保障人权的基本原则，在条款设计上，突出保障申请人的权利，强调国家机关依法履行职责。三是坚持开门立规原则。在起草中，尊重其他国家机关职权，积极开展沟通，吸收各机关和部门意见和建议。四是注重可行操作原则。《意见》的起草充分考虑方便救助申请人、救助机关司法适用的需求，确保国家司法救助制度运行的高效便捷。

(三) 制定《意见》的依据和路径

2014 年 1 月，《中央政法委意见》不仅明确界定了国家司法救助对困难群众应急生存照顾的性质，而且将国家司法救助的内涵从刑事诉讼扩展至民事诉讼、执行、涉诉信访等领域的应急困难救助，即确立了国家司法救助的概念，这为新常态下司法救助制度法治化指明了方向。制定《意见》就是为了在审判、执行中落实《中央政法委意见》提出的“切实做好司法过程中对困难群众的救助工作”要求，站在维护当事人合法权益、促进社会和谐稳定的高度，结合人民法院工作实际，对人民法院国家司法救助工作进行加强和规范。由于我国并未就国家司法救助进行立法，因此人民法院关于司法救助工作的规范，适宜制定政策性司法文件，无法制定司法解释。并且，由于《意见》中包含加强和规范国家司法救助工作的内容，还对国家司法救助概念进行了统一规范的使用，因此最终采用最高人民法院《关于加强和规范人民法院国家司法救助工作的意见》的名称。

此外，在《意见》起草过程中，最高人民法院健全国家司法救助工作小组对全国法院国家司法救助开展情况进行了全面系统调研，形成了《人民法院构架司法救助调研报告（2009—2013年）》，对国家司法救助现状、经验问题以及法治化路径等进行了分析。在此基础上，健全国家司法救助工作小组依据《中央政法委意见》，参考各省政法委、高院出台的司法救助意见、最高人民法院《关于规范涉诉信访司法救助工作的意见（试行）》、最高人民检察院《关于贯彻实施〈关于建立完善国家司法救助制度的意见（试行）〉的若干意见》，起草制定了《意见》。

二、国家司法救助的内涵和范围

（一）国家司法救助的内涵

对于人民法院而言，司法救助最初是指对向人民法院提起民事、行政诉讼，但经济确有困难的当事人，人民法院实行诉讼费用的缓交、减交、免交，以保障其正常行使诉讼权利，维护合法权益的法律制度。1999年6月19日，最高人民法院针对1984年出台的《民事诉讼收费办法（试行）》，作出《〈人民法院诉讼收费办法〉补充规定》，第一次正式提出了司法救助的概念。2000年7月，最高人民法院颁布的《关于对经济确有困难的当事人予以司法救助的规定》对司法救助作了初步系统的规定，使得我国司法救助工作第一次走上了正轨，其中第2条将司法救助定义为“人民法院对于民事、行政案件中有充分理由证明自己合法权益受到侵害但经济确有困难的当事人，实行诉讼费用的缓交、减交、免交”，并列举了当事人具有11种情形之一的，可以向人民法院申请司法救助。2005年4月，最高人民法院对该《规定》进行了修订，内容有所增加，明确14类当事人可以向人民法院申请司法救助，操作性得到一定的加强。2006年12月8日，国务院颁布《诉讼费用交纳办法》，直接将司法救助上升为一项基本原则，并在总结原有司法救助制度和实践经验的基础上作了更为详细、具体的规定，较以往更加完善。

对于人民法院而言，司法救助的概念首先出现在民事诉讼费用管理领域，是作为诉讼费用缓收、减收和免收的特定概念。从党的十八届三中全会报告中的健全国家司法救助制度，再到党的十八届四中全会报告中的健全司法救助体系，文件中语词的变化，恰好说明了司法救助体系不仅体现在要让那些权利受到侵害但是因经济困难打不起官司的人，能打得起官司，打得赢官司的诉讼费缓减免的司法救助，而且体现在对因犯罪行为侵害得不到赔偿的刑事被害人和其他因诉讼而导致生活困难的人给予的事后救助，即对无法通过诉讼获得有效赔偿的困难群众给予应急生存照顾的国家司法救助。

对于中央政法委、财政部、最高人民检察院、公安部和司法部等政法机关而言，在《中央政法委意见》颁布之前，并未存在和使用过诉讼费用缓减免意义上的司法救助概念。为保持概念统一，便于规则适用，与其他机关相协调，依据司法实践，人民法院应当统一使用国家司法救助的概念，专指“对受到侵害但无法获得有效赔偿的当事人，由国家给予适当经济资助，帮助他们摆脱生活困境”的相关制度，由政法委、财政机关、检察机关、法院、公安机关和司法行政机关共同实施。具体而言，司法救助与国家司法救助是一个平行的概念，两者不是种属关系，是在国家责任概念下的子概念。即，国家责任包括了法律援助、司法救助、国家司法救助、国家赔偿、社会救助等。[①]

（二）国家司法救助的救助范围

《意见》第1条明确，其适用范围是在“人民法院的审判、执行中”，第3条中与《中央政法委意见》的适用范围一致，即对刑事被害人及其近亲属的救济、对民事侵权受害人的救济、对执行案件受害人的救济、对涉法涉诉信访人的救济四类。

人民法院国家司法救助工作按照救助的时间节点进行分类，可以分为立案救助、审判救助、执行救助、信访救助。此前，各地法院源于维稳压力及经费有限的缘故，通常将国家司法救助工作的重心放在信访阶段。多数地方法院都认为信访救助运行的效果并不佳，甚至一些地方法院认为应当取消人民法院的国家司法救助工作。为了确保国家司法救助效果，人民法院将通过正确把握救助时机，来提升国家司法救助制度的法治化水平。即，将国家司法救助提前至立案、诉讼和执行阶段，减少信访阶段的救助。

人民法院国家司法救助工作按照救助原因进行分类，可以分为刑事司法救助、民事司法救助、行政司法救助、国家赔偿司法救助、执行司法救助等。将“维稳”救助转变为“维权”救助，符合“国家司法救助案件司法化、救助制度法治化”的发展方向。在《中央政法委意见》颁布之前，人民法院的国家司法救助主要是刑事被害人和执行救助，其他类型的救助一般都纳入信访救助范围中，这客观上制约了救助制度法治化，故应当对救助进行类型化，将相关救助从信访救助中剥离开。为了更好地回应现实的需要，在对全国法院近三年司法救助情况进行调研的基础上，2015年5月，最高人民法院印发《关于印发〈关于人民法院案件案号的若干规定〉及配套标准的通知》，首次对司法救助案件的案号进行了系统的规定，将司法救助案件分类为刑事司法救助案件（司救刑）、民事司法救助案件（司救民）、行政司法救助案件（司救行）、国家赔偿司法救助案件（司救赔）、执行司法救助案件（司救执）和涉诉信访司法救助案件（司救访）六类案件。

---

① 为行文方便，以下如无特指，国家司法救助、司法救助、救助等概念均指国家司法救助。

与《中央政法委意见》规定相一致，《意见》第3条第1款第（8）项规定，“当事人因生活面临急迫困难提出国家司法救助申请，符合下列情形之一的，应当予以救助：……（八）人民法院根据实际情况，认为需要救助的其他人员”。这一兜底条款的适用，由人民法院根据实际情况加以把握。例如，无罪的人被刑事拘留后获释，面临生活困难的，如果刑事拘留按照当时的条件和程序判断并不违法，则其难以依法获得国家赔偿；又如，因为执行依据错误，案件需要执行回转，但此后无法执行回转，按照现行国家赔偿法规定，回转执行的申请人也不能依法获得国家赔偿。为保障这些情形下的困难群众的合法权益，当前实践中，人民法院通常通过司法救助予以权利救济。并且，从逻辑和情理上分析，较之于民事、执行程序中困难群众，行政诉讼、国家赔偿程序中的困难群众由于受到了公权力的侵害，更应得到司法关怀。因此，实务中，人民法院可以根据上述第（8）项之规定，将行政诉讼、国家赔偿程序中的困难群众纳入到救助对象，这也与《中央政法委意见》的精神一致。

三、国家司法救助工作的基本原则

《意见》第2条规定了人民法院国家司法救助工作的基本原则。

1. 坚持公正救助原则。这与《中央政法委意见》“严格把握救助标准和条件，兼顾当事人实际情况和同类案件救助数额，做到公平、公正、合理救助，防止因救助不公引发新的矛盾”的规定相一致。

2. 坚持及时救助。这与《中央政法委意见》“对符合救助条件的当事人，办案机关应根据当事人申请或者依据职权及时提供救助，确保及早化解社会矛盾”的规定相一致。

3. 坚持辅助性救助。《意见》第2条第2款规定：对同一案件的同一救助申请人只进行一次司法救助。对于能够通过诉讼获得赔偿、补偿的，一般应当通过诉讼途径解决。

4. 坚持属地救助。《意见》第2条第3款规定：“人民法院对符合救助条件的救助申请人，不论其户籍是否属于受案人民法院辖区范围，均由案件管辖法院负责救助”。在司法实践中，可能会出现相关法院之间推诿负责处理国家司法救助。笔者认为，根据案件所处诉讼程序，结合救助申请人提起救助的时间，还是比较容易确定案件管辖法院。有法院曾建议对案件管辖法院予以明确，规定“由案件一审法院或执行法院负责救助。”如此规定，会出现处于二审案件或者二审生效的再审案件的实际管辖法院，与接受司法救助申请的法院不一致的情形。

5. 坚持联动救助。结合司法实践中凸显的问题和有些地方试行效果良好的经验，《意见》第2条第3款新增了联动救助原则，即“在管辖地有重大影响且救助金额较大的国家司法救助案件，上下级人民法院可以进行联动救助。”联动救助原则是为了解决上下级人民法院在共同处理同一当事人就同一案件提出司法救助申请时责任不清或者需救助金额较高的问题。上下级法院联动救助仅限于影响重大且救助金额需求量较大司法救助案件，一般只针对特殊、个别案件实施，具体实施方式仍需上下级法院配合实施，暂无法作细致规定，一般由上级法院主导进行。

四、国家司法救助的对象

（一）应予救助的对象规定

《意见》第3条第1款规定了人民法院在刑事、民事、执行案件中的国家司法救助的对象。本款是根据《中央政法委意见》中应予救助的对象做出的相应规定。

1. 未作修改或者只作“造成”和“致使”语词调整的四种情形，即“（二）刑事案件被害人受到犯罪侵害危及生命，急需救治，无力承担医疗救治费用的；”以及“（五）举报人、证人、鉴定人因举报、作证、鉴定受到打击报复，致使其人身受到伤害或财产受到重大损失，无法通过诉讼获得赔偿，陷入生活困难的；（六）追索赡养费、扶养费、抚育费等，因被执行人没有履行能力，申请执行人陷入生活困难的；（七）因道路交通事故等民事侵权行为造成人身伤害，无法通过诉讼获得赔偿，受害人陷入生活困难的”。

2. 适用范围从刑事侦查、刑事诉讼缩小到刑事诉讼的三种情形，删去《中央政法委意见》中“因案件无法侦破造成生活困难的”的表述，将相应条款修改为：“（一）刑事案件被害人受到犯罪侵害，造成重伤或者严重残疾，因加害人死亡或者没有赔偿能力，无法通过诉讼获得赔偿，陷入生活困难的；……（三）刑事案件被害人受到犯罪侵害而死亡，因加害人死亡或者没有赔偿能力，依靠被害人收入为主要生活来源的近亲属无法通过诉讼获得赔偿，陷入生活困难的；（四）刑事案件被害人受到犯罪侵害，致使其财产遭受重大损失，因加害人死亡或者没有赔偿能力，无法通过诉讼获得赔偿，陷入生活困难的”。

3. 保留的兜底条款，实施主体由“党委政法委和政法各单位”具体落实为“人民法院”。本条中均有“生活困难”的表述，生活困难一般是指家庭成员中有孤寡老人、接受义务教育的儿童、没有固定生活来源的残疾人或者家庭主要劳动力因重大疾病、意外事故丧失劳动能力，致使家庭没有生活来源或者家庭收入不能维持户口所在地或经常居住地最低生活标准等情形。国家司法救助案件中是否满足生活困难的条件，需要在具体司法救助工作中评估、衡量，不宜以社会救助标准进行一刀切的规定。在司法实践中，多以救助申请人的生活困难证明为重要参考，另见《意见》第10条。

（二）刑事被害人救助

《意见》第3条第1款第（1）至第（4）项是关于刑事被害人救助的相关规定，与2009年3月中央政法委员会、最高人民法院、最高人民检察院、公安部、司法部、财政部、民政部、人力资源和社会保障部联合印发《关于开展刑事被害人救助工作的若干意见》中的规定基本一致。在司法实践中，会出现因证据不足宣告被告人无罪的案件以及久侦不破的案件，被害人或其近亲属因侵害行为造成生活困难的情形，该情形可以根据不同情况适用第（3）、（4）、（5）项。对于第（1）和（3）项中均有"因加害人死亡"而致使被害人及依靠被害人收入为主要生活来源的近亲属无法通过诉讼获得赔偿，陷入生活困难的表述，但是司法实践中，一般加害人死亡案件不会进入审判程序。第（2）项刑事案件被害人受到犯罪侵害生命并急需救助的情形，在法院审理阶段也极少出现。第（4）项中"刑事案件被害人受到犯罪侵害后，致使财产遭受重大损失"中重大损失如何界定问题，这属于法官自由裁量权的范围，应结合案件具体进行认定。因此，《意见》中未作更细规定。

（三）举报人、证人、鉴定人救助

《意见》第3条第1款第（5）项是对举报人、证人、鉴定人救助的相关规定，完整保留了《中央政法委意见》的规定。在司法实践中，对举报人、证人、鉴定人的救助一般是由刑事侦查机关即公安机关和检察机关来实施，在审判中，人民法院需要对证人、鉴定人因作证、鉴定受到打击报复，致使其人身受到伤害或财产受到重大损失，无法通过诉讼获得赔偿，陷入生活困难的实施国家司法救助。该项"人身受到伤害"应该包括最高人民法院、最高人民检察院、公安部、国家安全部、司法部《人体损伤程度鉴定标准》中规定的轻微伤、轻伤和重伤，还应该包括死亡的情形。如举报人、证人、鉴定人因举报、作证、鉴定受到打击报复，致使其死亡的，依靠其收入为主要生活来源的近亲属无法获得赔偿，陷入生活困难的，应该纳入国家司法救助的范畴。

（四）执行救助

《意见》第3条第1款第（6）项是执行救助的相关规定，在追索赡养费、扶养费、抚育费等案件中，因被执行人没有履行能力，申请执行人陷入生活困难的，应当予以救助。该项规定是落实中央政法委《关于切实解决人民法院执行难问题的通知》（政法〔2005〕52号）规定的"探索建立特困群体案件执行的救助办法。各地可积极探索建立特困群体案件执行的救助基金，对于双方当事人均为特困群体的案件，如刑事附带民事赔偿，按一定程序给予申请执行人适当救助，解决其生活困难，维护社会和谐稳定"。在司法实践中，《意见》规定为"追索赡养费、扶养费、抚育费等案件"，结合国家司法救助的经验，也可以扩大至追索社会保险金、劳动报酬、经济补偿金、抚恤金等案件的申请执行人。

（五）民事侵权救助

《意见》第 3 条第 1 款第（7）项是民事侵权救助的相关规定。该项与《中央政法委意见》规定一致，规定为“因道路交通事故等民事侵权行为”造成人身伤害案件的受害人。在司法实践中，除道路交通事故之外，医疗事故、工伤事故、产品质量事故或者其他民事侵权行为均可纳入国家司法救助的范畴。同对举报人、证人、鉴定人的救助，如因民事侵权行为造成被侵权人死亡的，依靠其收入为主要生活来源的近亲属无法获得赔偿，陷入生活困难的，也应该纳入国家司法救助的范畴。

（六）涉诉信访救助

《意见》第 3 条第 2 款是根据《中央政法委意见》中的“涉法涉诉信访人，其诉求具有一定合理性，但通过法律途径难以解决，且生活困难，愿意接受国家司法救助后息诉息访的，可参照执行”进行的相应规定，根据人民法院审判、执行工作的特点，进行了范围缩限，即将“涉法涉诉信访”修改为“涉诉信访”。2014 年 3 月中共中央办公厅、国务院办公厅印发了《关于依法处理涉法涉诉信访问题的意见》，要求“健全国家司法救助制度。各级政法机关要在党委和政府的领导和支持下，统筹解决信访群众的法律问题和实际困难。对于因执法问题给当事人造成伤害或损失的，依法予以纠错、补偿。”2014 年 3 月，为认真贯彻中央改革涉法涉诉信访工作机制要求，最高人民法院办公厅印发了《关于进一步推进涉诉信访工作机制改革的若干意见》，提出改革涉诉信访工作机制，切实把涉诉信访问题解决纳入法治轨道。

“诉求具有一定合理性，但通过法律途径难以解决的”一般是指以下情形：一是法律政策变化或司法程序的原因，案件经过多次审理改判，致使当事人遭受损失；二是案件确有错误，但不属于国家赔偿范围；三是案件有瑕疵但不足以改判，当事人因此遭受损失；四是因当事人举证不能、证据收集困难或法律规定不明确等原因导致败诉，但当事人确实因此遭受损失等情形。

当事人必须愿意接受国家司法救助后息诉息访，是因为人民法院涉诉信访司法救助工作，一方面是解决当事人面临的生活困难；另一方面也是当前化解涉诉信访案件的重要辅助手段，当事人接受救助后不息诉息访，有悖涉诉信访司法救助的宗旨。因此，要求当事人接受国家司法救助后息诉息访，既是对其作出的道义方面的约束，也是人民法院实施救助的前提条件。

本款对涉诉信访司法救助只作原则性规定，由于涉诉信访司法救助案件数量较多，亟须对实践进行规范，并且最高人民法院曾制定《关于规范涉诉信访司法救助工作的意见（试行）》，具体适用中可参照该试行意见。

（七）不予救助的对象

《意见》第 4 条规定了人民法院国家司法救助的例外情形。本条是根据

《中央政法委意见》中关于不予救助的情形来进行的相应的规定。

1. 未作修改保留的两种情形，即“（一）对案件发生有重大过错的”和“（五）生活困难非案件原因所导致的”。

2. 适用范围从刑事诉讼扩大到审判、执行两种情形，即将“无正当理由，拒绝配合查明犯罪事实的”，修改为“（二）无正当理由，拒绝配合查明案件事实的”；将“故意作虚伪陈述或者伪造证据，妨害刑事诉讼的”，修改为“（三）故意作虚伪陈述或者伪造证据，妨害诉讼的”。

3. 对用语进行调整的三种情形：

（1）将“在诉讼执行中主动放弃民事赔偿请求或拒绝加害责任人及其近亲属赔偿的”，修改为“（四）在审判、执行中主动放弃民事赔偿请求或拒绝侵权责任人及其近亲属赔偿的”，一方面将“诉讼执行”修改为规范的“审判、执行”的用语；另一方面，采用在民事侵权案件中规范的侵权责任人的概念取代加害责任人的称谓；

（2）将“通过社会救助措施，已经得到合理补偿、救助的”，修改为“（六）已经通过社会救助措施，已经得到合理补偿、救助的”，目的是强调救助申请人获得合理补偿、救助的现实性，不能因为救助申请人可能获得其他补偿就将该申请人列为不予救助对象，暂停或者终止国家司法救助程序；

（3）将“对社会组织、法人，不予救助”列为除外情形，因为国家司法救助对象限定为公民，并且“社会组织、法人”跟民事法律中“公民、法人和其他组织”表述一致，因此本项修改为“（七）法人、其他组织提出救助申请的”。

4. 增加兜底条款，即“（八）不应给予救助的其他情形”。

有意见建议加入部分不予救助的情形，例如因违法信访被治安处罚、刑事处罚、拒不悔过的；组织参加团伙信访串联信访的；明确表示获得救济金也不息诉罢访的等。这些情形实际与可以给予司法救助的涉诉信访规定不符，因此无需重复表述。

五、国家司法救助的救助方式和救助金

（一）救助方式

《意见》第 5 条规定了人民法院国家司法救助的救助方式，即国家司法救助以支付救助金为主要方式，并与思想疏导相结合，与法律援助、诉讼救济相配套，与其他社会救助相衔接。该条与《中央政法委意见》规定一致。数据显示，2014 年、2015 年，中央财政每年下拨 7 亿元，地方各级财政分别配套安排救助资金 17.7 亿元、22.4 亿元用于国家司法救助资金。2014 年共救助 80042 人。

（二）救助标准

《意见》第6条规定了人民法院国家司法救助的救助标准。第1款规定了救助金的一般标准，将《中央政法委意见》“各地应根据当地经济社会发展水平制定具体救助标准，以案件管辖地上一年度职工月平均工资为基准，一般在三十六个月的工资总额之内”落实为“救助金以案件管辖法院所属省、自治区、直辖市上一年度职工月平均工资为基准，一般不超过三十六月的月平均工资总额”。

在司法实践中，案件管辖地的设区的市并不一定按时、按期公布上一年度职工月平均工资。本款具体规定为省级人力资源和社会保障部门和统计部门每年按期公布的上一年度职工月平均工资，既是便于司法适用，避免适用省市两级不同标准而引发争议，又是人民法院国家司法救助的实际做法。

《意见》第6条第2款规定了救助金的特殊标准，将《中央政法委意见》“损失特别重大、生活特别困难，需适当突破救助限额的，应严格审核控制，救助金额不得超过人民法院依法应当判决的赔偿数额”，落实为“损失特别重大、生活特别困难，需适当突破救助限额的，应严格审核控制，不得超过人民法院依法应当判决或虽已判决但未执行到位的标的数额”。本款根据司法实践情况，将国家司法救助金的特殊标准从单一的审判环节，扩大到审判、执行环节。

关于救助标准，在征求意见时有完全相反的两种意见。第一种意见认为救助标准较低，例如有意见认为，刑事附带民事诉讼判决赔偿金额往往较低，救助数额不能超过判决数额，不利于发挥司法救助可能带来的促成当事双方达成调解协议、严格控制死刑适用的功效；还有意见认为，救助标准不太适合对刑事被害人及其家属的救助，不足以解决被救助人的实际生活困难，并建议增加一款“刑事案件的救助申请人的救助金额可适当超过”，可以根据申请人的实际，给予其超出法院判决的数额。第二种意见是认为救助标准过高，有意见建议以12个月工资总额为限，或者以未执行到位的标的数额的50%为限。从国家司法救助性质为应急困难性质，并非要求弥补申请人的实际损失，同时与《中央政法委意见》标准保持一致，因此作此规定。

（三）救助金额确定

《意见》第7条救助金额确定的综合因素，将《中央政法委意见》规定落实为“救助金具体金额，应当综合以下因素确定：（一）申请人实际遭受的损失；（二）申请人本人有无过错以及过错程度；（三）申请人及其家庭的经济状况；（四）申请人维持其住所地基本生活水平所必需的最低支出；（五）赔偿义务人实际赔偿情况”。该条将《中央政法委意见》中“损害结果”修改为“损失”，这也是与国家司法救助金以支付救助金为主要方式保持一致。

此外，本条第（2）项“申请人本人有无过错以及过错程度”与第 4 条第（1）项不予救助的情形“（一）对案件发生有重大过错的”需要配合适用。如申请人对案件发生有错误，但是未达到重大过错的程度，人民法院仍可以决定给予救助金，但是应当根据情况适当降低救助金额。至于是否构成重大过错，这属于法官自由裁量权的范围，应结合案件情况具体进行认定。

六、国家司法救助的救助程序

（一）救助的启动程序

《意见》第 8 条规定了人民法院国家司法救助的启动程序。

第 8 条第 1 款前半部分是根据《中央政法委意见》中的“（一）告知。人民法院、人民检察院、公安机关、司法行政机关在办理案件、处理涉法涉诉信访问题过程中，对符合救助条件的当事人，应当告知其有权提出救助申请”，具体规定为：“人民法院审判、执行部门认为案件当事人符合救助条件的，应当告知其有权提出国家司法救助申请。”

第 8 条第 1 款后半部分是根据《中央政法委意见》中的“（二）申请。救助申请由当事人向办案机关提出；刑事被害人死亡的，由符合条件的近亲属提出”，具体规定为：“当事人提出申请的，审判、执行部门应当将相关材料及时移送立案部门。当事人直接向人民法院立案部门提出国家司法救助申请，经审查确认符合救助申请条件的，应当予以立案。”

第 8 条第 2 款规定了国家司法救助的统一受理机制，即：“当事人直接向人民法院立案部门提出国家司法救助申请，经审查确认符合救助申请条件的，应当予以立案。”该款规定是在借鉴了社会救助经验的基础上，结合司法实践进行的规定。即，2014 年出台的民政部、教育部、财政部、人力资源社会保障部、住房城乡建设部、国家卫生计生委《关于贯彻落实〈社会救助暂行办法〉的通知》，明确规定建立健全“一门受理，协同办理”机制。故人民法院的司法救助受理可借鉴社会救助的统一受理机制，做到让困难群众求救有门。而人民法院的案件实行立审分离，统一司法救助的受理只涉及人民法院内部机构工作的衔接，较之于社会救助的统一受理更为方便有效。

在以往的司法实践中，国家司法救助的启动都是由案件承办人告知救助申请人提出救助申请，这就在一定程度上决定了司法救助是以原办案法官为中心，而不是以困难群众为中心，其标准多是办案法官认为生活困难应给与救助，而不是生活确有困难，因此必然也存在人情救助或者是困难群众无法获得救助的情形。而统一受理机制可以从以往实践中“法官认为群众生活困难”转变为“群众生活确有困难”，从而切实发挥司法救助生存照顾的功能。概括而言，统一救助受理机制，具有以下四个作用：第一，保障困难群众的权益。人民法院在启动阶段给予救助申请人充分的程序性保护，确保困难群众顺利进入司法救助程序。第二，规范救助受理的申请程序。人民法院通过确定司法救助的受理部门，明确受理救助的条件，可以有效减少救助申请无门的情形，规范司法救助的启动程序。三是科学统计申请司法救助的数量。司法救助作为一项工作，在之前的司法实践中都是从属于案件审理的附属工作，无法进行科学统计，更无法进行救助管理，而由立案部门统一受理并编案号后，可以科学统计申请司法救助的数量，为健全司法救助制度提供确凿的数据基础。四是实现规模经济效益。统一救助的受理机制，指定立案部门受理救助申请，可以提高人民法院司法救助受理工作的效率和方便困难群众的救助申请，从而实现规模经济效益。此外，作为试点单位，天津市高级法院统一司法救助的受理已经取得良好的法律效果和社会效果。

（二）救助的申请程序

《意见》第 9 条和第 10 条规定了国家司法救助的申请程序。

第 9 条第 1 款是根据《中央政法委意见》中的“（二）申请……申请一般采取书面形式。确有困难，不能提供书面申请的，可以采用口头方式”，规定为“国家司法救助申请应当以书面形式提出；救助申请人书面申请确有困难的，可以口头提出，人民法院应当制作笔录”。该款增加了对于口头方式提出申请，应当只作笔录的规定。

第 8 条第 2 款和第 3 款是根据《中央政法委意见》中的“（二）申请……申请人应当如实提供本人真实身份、实际损害后果、生活困难、是否获得其他赔偿等相关证明材料”，规定为“救助申请人提出司法救助申请，一般应当提交以下材料：（一）救助申请书，救助申请书应当载明申请救助的数额及理由；（二）救助申请人的身份证明；（三）实际损害后果的证明；（四）救助申请人及家庭成员生活困难的证明；（五）是否获得其他赔偿、救助等相关证明。当事人确实不能提供完整材料的，应当说明理由”。该两款规定采用列举的方式进一步细化申请材料的规定，同时与同一案件中申请人只能进行一次性救助的原则相符，要求申请人在其他赔偿之外，需要提供获得其他救助的相关证明。

《意见》第 10 条规定了国家司法救助的申请程序，即：“申请人生活困难证明，主要是指当事人户籍所在地或者经常居住地村（居）民委员会或者所在单位出具的有关当事人的家庭人口、劳动能力、就业状况、家庭收入等情况的证明。”

本条是对《中央政法委意见》“（二）申请……申请人应当如实提供本人真实身份、实际损害后果、生活困难、是否获得其他赔偿等相关证明材料”中的生活困难进行的必要解释，同时也是结合了司法实践中的经验进行的相应规定。

此外，在本意见中，根据部分法院的建议，区分使用“当事人”和“申请人”的称谓。已经进入司法救助程序的当事人，包括提交救助申请的当事人以及领取司法救助金的当事人统称为“申请人”或者“救助申请人”，虽符合司法救助条件但未申请司法救助当事人称为“当事人”或者“案件当事人”。

（三）救助的处理程序

《意见》第11条规定了国家司法救助的处理程序。本条规定符合中央深化改革的发展方向，即根据《中央政法委意见》中的“（一）明确工作机构。各地成立由党委政法委牵头，财政和政法各单位等共同参加的国家司法救助领导小组，负责研究制定国家司法救助的制度规范和配套措施，测算资金需求，定期检查各单位工作落实情况。政法各单位应当指定专门机构或者人员负责救助工作”进行的相应规定。

本条规定借鉴了人民检察院改革的经验。最高人民检察院《关于贯彻实施〈关于建立完善国家司法救助制度的意见（试行）〉的若干意见》明确规定，“人民检察院各相关部门在国家司法救助工作中要各司其职、相互配合、形成合力。职务犯罪侦查、侦查监督、公诉、监所检察、民事行政检察、控告检察、刑事申诉检察等办案部门对符合救助条件的当事人，应当告知其有权提出救助申请。刑事申诉检察部门依规定受理救助申请，也可以依据职权启动救助程序，其他办案部门应当将相关材料及时移送刑事申诉检察部门。刑事申诉检察部门在规定期限内，作出是否给予救助和具体救助金额的意见，报检察长审批”。

本条规定在结合司法实践的基础上，遵循了司法实践发展的规律。实践中司法救助的处理机制存在四种形式：一是原案件承办人提出救助意见并层报领导审核、签批；二是由业务庭室研究提出意见后，经院指定的审判业务部门审查并报领导小组审批同意；三是确定金额，分别由业务庭室负责和院指定的审判业务部门审查并报领导小组审批同意；四是由院指定的审判业务部门专门负责，直接作出救助与否的决定。司法救助处理部门的分散造成了司法救助混乱，影响救助工作的开展。为了解决该问题，各地在根据《中央政法委意见》制定实施办法时，多数规范了统一的司法救助办理（管理）部门。

《意见》第11条第1款规定了司法救助委员会的组成和职能，即“人民法院成立由立案、刑事审判、民事审判、行政审判、审判监督、执行、国家赔偿及财务等部门组成的司法救助委员会，负责人民法院国家司法救助工作。司法救助委员会下设办公室，由人民法院赔偿委员会办公室行使其职能。”

《意见》第11条第2款和第3款规定了司法救助委员会的常设部门和职责，即“人民法院赔偿委员会办公室作为司法救助委员会的日常工作部门，负责牵头、协调和处理国家司法救助日常事务，执行司法救助委员会决议及办理国家司法救助案件。”“基层人民法院由负责国家赔偿工作的职能机构承担司法救助委员会办公室工作职责。”

本条确定了人民法院国家司法救助的统一处理机制，这是较优的机制设计且符合法治精神的发展趋势。概括而言，统一司法救助处理机制具有以下几点价值：

第一，规范救助决定标准和救助对象。司法救助工作分散于多个案件承办部门，不利于统一救助标准和对象，从而导致同一法院对相似情形作出不同决定。

第二，统筹救助资金和救助需求的合理配置。在救助资金有限的情况下，统一的救助机构根据实际情况在众多申请救助人中筛选受助对象，可以量入而出，避免导致法院内各部门各自为阵影响统筹协调，从而有利于救助公平合理，提高资金利用效果，防止司法救助资金超过经费保障或司法救助资金闲置。

第三，实现法院内部的合理分工。统一的救助机构和人员，可有效解决目前司法救助工作中的分工混乱问题，更能够明确责任，通过统一的救助机构提供的司法救助服务，如救助决定的作出、救助资金的申请、救助与否的释明、救助资金的支付等，有助于案件承办部门集中精力于案件的审理中。并且，统一的司法救助处理机制，也有利于在法院内部各个部门之间的司法救助进行衡平，防止司法救助只集中于涉诉信访救助。

第四，实现司法救助的专业化。当下，司法救助工作受政策影响较大，统一司法救助机构不仅可以熟悉救助政策的发展，而且通过处理大量司法救助案件积累经验，从而实现司法救助的专业化。并且，由于司法救助的专业化，可以缩短处理周期，提高司法救助工作的及时性，确保有困难的当事人及时得到救助。

第五，统一司法救助有利于做好与其他保障的衔接。司法救助工作能否发挥成效，不仅取决于法院自身救助工作的开展，还取决于司法救助与其他保障能否有效衔接，如与法律援助、社会救助。统一司法救助机构，统一对外交流合作窗口，有利于与相关部门工作衔接，加强与上级单位的沟通和对下级单位的工作指导。

第六，形成法院司法救助的合力。法院内部司法救助分散于各个部门，就会各自为政，缺少司法救助工作的长远规划，无法形成司法救助工作合力，比较突出的是无法有效推进立法和资金保障。实践中，天津等高级法院都通过统一司法救助机构，明确职责，负责与相关党委政法委、政府部门等单位联系协调，以争取司法救助的尽快审批和救助金的及时到位及发放，为法院审判执行工作的顺利开展提供了有力保障。

（四）救助的决定程序

《意见》第12条规定了人民法院国家司法救助决定程序。本条是根据《中央政法委意见》中的“（三）审批。办案机关应当认真核实申请人提供的申请材料，综合相关情况，在10个工作日内作出是否给予救助和具体救助金额的审批意见。决定不予救助的，及时将审批意见告知当事人，并做好解释说明工作”进行的相应规定。

1. 决定期限。“救助决定应当自立案之日起十个工作日内作出。属于复杂的救助案件的，经院领导批准，可以适当延长。”在征求意见中，有意见认为十个工作日的期限太短，实践中难以完成。由于《中央政法委意见》中明确了十个工作日的要求，为与规定保持一致，并同时满足实践工作需要，借鉴诉讼时效的一般规定，增加了“案情复杂的救助案件，经本院院长批准，可以适当延长。”的规定，没有简单确定为三十个工作日或六十个工作日。

2. 决定形式。“办理救助案件应当制作国家司法救助决定书，加盖人民法院印章。国家救助决定书应当及时送达。”根据《意见》确定的司法救助统一处理机制，从立案、处理、决定、送达到公开是完整的案件处理程序，国家救助决定应当制作司法救助决定书。根据最高人民法院《关于规范涉诉信访救助工作意见（试行）》的规定，涉诉信访救助可以采用司法救助通知书的形式。本款中只是明确规定办理救助案件应当制作司法救助决定书，对于不符合救助条件的或具有不予救助情形的案件，虽然规定应将决定及时告知当事人，但并未要求制作不予司法救助决定书。

3. 不予救助的告知。“不符合救助条件或具有不予救助情形的，应当将不予救助的决定及时告知救助申请人，并做好解释说明工作。”司法公开已经成为司法改革的必由之路，亟须进一步加强和完善。最高人民法院《关于司法公开的六项规定》规定了立案公开、庭审公开、执行公开、听证公开、文书公开和审务公开，但是至今仍未有司法救助公开的规定。人民法院作为司法公开的主体，应转变观念、更新理念，以创新社会管理保障公平正义为己任，以不断满足人民群众的新要求、新期待为出发点，以改革创新的精神为动力，不断将司法公开向纵深推进。目前，多数法院没有将予以救助的结果公开，甚至有些法院在救助时和当事人签订了保密协议，但也有部分法院将救助结果公示。笔者认为，将救助结果公开，不仅可以保障符合救助条件的当事人获得救助，而且是对人民法院司法救助工作的监督和制约，可以防止人民法院对不符合救助条件的当事人滥施救助，对获得救助的当事人而言，也是一种制约和监督，可以在一定程度上防止其滥用、挥霍救助金。也有意见担心救助结果公示，可能会导致更多负面作用，但若将不予救助的结果公示，也可能将激化矛盾，事倍功半。因此，本意见并未做明确规定。笔者认为，人民法院可以根据工作实际，合理确定公开范围和时机。长远来看，应逐步扩大公开范围，增强公开的及时性。对于大多数予以救助的结果，给当事人送达司法救助决定书或者通知书并通报其户籍所在地或者经常居住地的村（居）民委员会或者其所在单位即可。

七、国家司法救助金的发放程序

《意见》第13条和第14条规定了人民法院国家司法救助的救助金发放程序。

（一）救助金的支付

《意见》第13条规定了人民法院国家司法救助金的支付程序。本条是根据《中央政法委意见》中的“（四）发放。对批准同意的，财政部门应及时将救助资金拨付办案机关，办案机关在收到拨付款后2个工作日内，通知申请人领取救助资金。对急需医疗救治等特殊情况，办案机关可以依据救助标准，先行垫付救助资金，救助后及时补办审批手续”进行的相应规定。

本条考虑到与财政部门的衔接，因此规定为“决定救助的，应当在七个工作日内按照相关财务规定办理手续。在收到财政部门拨付的救助金后，应在二个工作日内通知救助申请人领取救助金。对具有急需医疗救治等特殊情况的救助申请人，可以依据救助标准，先行垫付救助资金，救助后及时补办审批手续。”

（二）救助金的发放

《意见》第14条规定了人民法院国家司法救助金的发放程序。

1. 一次性发放原则。第14条第1款规定：“救助金一般应当一次性发放。情况特殊的，可以分批发放。”本款规定的救助金一般一次性发放，符合《中央政法委意见》中一次性救助的原则。司法实践中，对于是一次性发放还是分批发放的问题，各地法院做法不一致，大部分法院采取的是一次性发放，有些法院采取分期分批发放。对于本条的规定，在征求意见时也存在争议。特别是在涉诉信访救助案件中，有些当事人拿到救助金后违背息诉息访承诺而继续上访；有些当事人挥霍、滥用救助金，救助金用尽后继续上访。分期分批发放能够对当事人起到约束作用，如果不息诉息访，可以按照事先约定停止发放尚未发放的救助金。本款规定以分批发放为例外，可以使当事人对尚未发放的救助金具有期待性，从而约束、打消其继续上访的可能性；各地法院可以在具体救助中，综合评估当事人的情况，来选择发放方式。

2. 释明责任。第14条第2款前半部分规定“发放救助金时，应当向救助申请人释明救助金的性质、准予救助的理由、骗取救助金的法律后果，同时制作笔录并由救助申请人签字”，这里规定了人民法院在发放救助金时的释明责任。向当事人做释明工作，不仅体现了人民法院司法为民的宗旨，让当事人感受到司法的人文关怀，更重要的是提醒当事人要合理审慎地使用救助金，一定程度上对其起到约束作用。

3. 发放监督程序。第 14 条第 2 款后半部分规定“必要时，可以邀请救助申请人户籍所在地或者经常居住地村（居）民委员会或者所在单位的工作人员到场见证救助金发放过程”，这里规定了关于对救助金发放过程进行监督的内容。实践中，有些救助申请人获得司法救助后效果并不好，因此，通过邀请救助申请人所在地基层组织工作人员当场见证的方式，可起到督促、引导、制约救助申请人合理使用救助金的作用。

4. 委托发放程序。第 14 条第 3 款规定：“人民法院可以根据救助申请人的具体情况，委托民政部门、乡镇人民政府或者街道办事处、村（居）民委员会、救助申请人所在单位等组织发放救助金。”依托基层组织、民政部门或者救助申请人所在单位发放救助金，充分发挥其贴近、熟悉救助申请人情况的便利条件，利于多元化解案件矛盾，实现司法救助的效果最大化。

八、国家司法救助的保障机制

《意见》第 15 条和第 16 条规定了人民法院国家司法救助的保障机制。

（一）救助资金的筹集

《意见》第 15 条规定了人民法院国家司法救助资金的保障。本条是根据《中央政法委意见》中的“（一）国家司法救助资金的筹集。坚持政府主导、社会广泛参与的资金筹措方式。各地国家司法救助资金由地方各级政府财政部门列入预算，统筹安排，并建立动态调整机制。已经建立的刑事被害人救助资金、涉法涉诉信访救助资金等专项资金，统一合并为国家司法救助资金。中央财政通过政法转移支付，对地方所需国家司法救助资金予以适当补助。同时，各地要采取切实有效的政策措施，积极拓宽救助资金来源渠道，鼓励个人、企业和社会组织捐助国家司法救助资金”进行的相应规定。

本条第 1 款规定：“各级人民法院应当积极协调财政部门将国家司法救助资金列入预算，并会同财政部门建立国家司法救助资金动态调整机制。”在国家司法救助资金的筹集、合并刑事被害人救助资金、涉法涉诉信访救助资金等专项资金、统筹安排、动态调整等方面，财政部门起主要作用，因此人民法院应当采取积极协调的方式来保证司法救助金列入预算。

本条第 2 款规定：“对公民、法人和其他组织捐助的国家司法救助资金，人民法院应当严格、规范使用，及时公布救助的具体对象，并告知捐助人救助情况，确保救助资金使用的透明度和公正性。”本款规定人民法院具有积极落实拓宽救助资金来源渠道，鼓励个人、企业和社会组织捐助国家司法救助资金的义务。在司法实践中，对于募集社会捐助资金，应当设立专项资金，确保专款专用。专项资金如何合理放置，应根据实际情况依法进行，较为合适的方式是将专项资金放在公益组织的账户上。例如北京市海淀区人民法院、上海市高级人民法院是将专项资金放在中华慈善基金会和上海市儿童基金会的账户上。

（二）救助资金的监督

《意见》第 15 条规定了人民法院国家司法救助资金的监督。本条是根据《中央政法委意见》中的“（二）资金管理和监督。各级政府财政部门严格资金管理，确保管好、用好救助资金。政法各单位在年度终了 1 个月内，向救助领导小组报送当年发放救助资金的明细情况，接受纪检、监察和审计部门监督，确保专款专用。对个人、企业和社会组织捐助救助资金的，应当告知救助的具体对象，确保资金使用的透明度和公正性”进行的规定。因此，本条明确规定：“人民法院司法救助委员会应当在年度终了一个月内就本院上一年度司法救助情况提交书面报告，接受纪检、监察、审计部门和上级人民法院的监督，确保专款专用。”

九、国家司法救助的监督机制

《意见》第 17 条至第 20 条规定了人民法院国家司法救助的监督机制。

（一）救助信息共享

《意见》第 17 条第 1 款规定了人民法院国家司法救助的信息共享机制。本款是根据《意见》中的“（二）加强组织协调。各地各有关部门要在当地党委、政府统一领导下，各司其职、相互配合、形成合力。政法各单位按照职责范围和案件管辖分工，分别对救助申请进行审批。案件需移送下一办案环节或其他政法单位的，办案机关应将国家司法救助有关材料随案卷一并移送”进行的相应规定。并且，这里对于人民法院司法救助信息共享的要求，也与人民法院加强信息化建设的发展方向相一致。

因此，本款规定为：“人民法院应当加强国家司法救助工作信息化建设，将国家司法救助案件纳入审判管理信息系统，及时录入案件信息，实现四级法院信息共享，并积极探索建立与社会保障机构、其他相关救助机构的救助信息共享机制。”实践中，此规定对于促进国家司法救助大数据平台建设和数据分析，实现司法救助科学发展，避免多头重复救助、救助不均衡等不良现象，具有重要意义。

（二）上级法院的指导和监督

《意见》第 17 条第 2 款规定了上级法院对下级法院国家司法救助工作的指导和监督。本款结合司法实践情况，规定为“上级法院应当对下级法院的国家司法救助工作予以指导和监督，防止救助失衡和重复救助。”

此外，司法实践中对司法救助决定多未实行复议制度，但是从加强对司法救助的监督角度，不羁束司法实践发展，原则性规定了上级法院对下级法院的监督。

（三）对救助工作人员的监督

《意见》第18条规定了对救助工作人员的监督机制。本条是根据《中央政法委意见》中的“（三）责任追究。对截留、侵占、私分或者挪用国家司法救助资金的单位和个人，违反规定发放国家司法救助资金造成重大损失的单位和个人，骗取国家司法救助资金的相关人员，严格依纪依法追究责任，并追回救助资金”进行的相应规定。

本条从批评教育、纪律处分和刑事责任三个层面规定了人民法院工作人员的法律责任，规定为“人民法院工作人员有下列行为之一的，应当予以批评教育；构成违纪的，应当根据相关规定予以纪律处分；构成犯罪的，应当依法追究刑事责任：（一）滥用职权，对明显不符合条件的救助申请人决定给予救助的；（二）虚报、克扣救助申请人救助金的；（三）贪污、挪用救助资金的；（四）对符合救助条件的救助申请人不及时办理救助手续，造成严重后果的；（五）违反本意见的其他行为”。

上述第（一）、（二）和（三）项情形中，相关责任人员在主观上是故意；而第（四）项“不及时办理救助手续”，相关责任人员在主观上是过失。依据《人民法院工作人员处分条例》规定，人民法院工作人员过失行为造成的损害，需要以后果严重为要件，因此第（四）项还规定了“造成严重后果”要件，何种情形构成造成严重后果则由法官自由裁量。

（四）对其他相关人员的监督

《意见》第19条规定了对其他相关人员的监督机制。本条根据《中央政法委意见》中的“（三）责任追究。对截留、侵占、私分或者挪用国家司法救助资金的单位和个人，违反规定发放国家司法救助资金造成重大损失的单位和个人，骗取国家司法救助资金的相关人员，严格依纪依法追究责任，并追回救助资金”进行的相应规定。

根据《意见》第9条第2款的规定，“救助申请人及其家庭成员生活困难”证明是司法救助的必要条件。如果在出具生活困难证明方面，救助申请人所在单位或者基层组织出具虚假证明，则会扰乱司法救助的正常秩序，涉嫌骗取国家司法救助资金。因此，本条规定为：“救助申请人所在单位或者基层组织等相关单位出具虚假证明，使不符合救助条件的救助申请人获得救助的，人民法院应当建议相关单位或者其上级主管机关依法依纪对相关责任人予以处理”。

（五）对救助申请人的监督

《意见》第20条规定了对救助申请人的监督机制。本条是根据《中央政法委意见》中的“（三）责任追究。对截留、侵占、私分或者挪用国家司法救助资金的单位和个人，违反规定发放国家司法救助资金造成重大损失的单位和个人，骗取国家司法救助资金的相关人员，严格依纪依法追究责任，并追回救助资金”所进行的相应规定。

1. 执行款的扣除。第 20 条第 1 款规定：“救助申请人获得救助后，人民法院从被执行人处执行到赔偿款或者其他应当给付的执行款的，应当将已发放的救助金从执行款中扣除。”本款规定反映了国家司法救助应急救困的性质，也符合人民法院有关执行的规定。

2. 骗取救助金的处理。第 20 条第 2 款规定：“救助申请人通过提供虚假材料等手段骗取救助金的，人民法院应当予以追回；构成犯罪的，应当依法追究刑事责任。”对于救助申请人骗取救助金的情形，人民法院追回救助金是符合国家司法救助的基本要求的。

3. 救助金的追回。第 20 条第 3 款规定：“涉诉信访救助申请人领取救助金后，违背息诉息访承诺的，人民法院应当将救助金予以追回。”本款规定与最高人民法院《关于规范涉诉信访司法救助工作的意见（试行）》相符。

十、国家司法救助的衔接机制

《意见》第 21 条规定了国家司法救助的衔接机制。本条是根据《中央政法委意见》中的“国家司法救助……与法律援助、诉讼救济相配套，与其他社会救助相衔接”“（三）建立衔接机制。对于符合司法救助条件的当事人就人身伤害或财产损失提起民事诉讼的，人民法院应当依法及时审查并减免相关诉讼费用，司法行政部门应当依法及时提供法律援助，保障困难群众充分行使诉讼权利。对于未纳入国家司法救助范围或者实施国家司法救助后仍然面临生活困难的当事人，符合社会救助条件的，办案机关协调其户籍所在地有关部门，纳入社会救助范围”所进行的相应规定，是在本意见第 8 条和最高人民法院《关于规范涉诉信访司法救助工作的意见（试行）》的基础上，进一步作出的具体操作性规定。

2014 年 3 月 19 日中共中央办公厅、国务院办公厅印发了《关于依法处理涉法涉诉信访问题的意见》，要求“健全国家司法救助制度。各级政法机关要在党委和政府的领导和支持下，统筹解决信访群众的法律问题和实际困难。对于因执法问题给当事人造成伤害或损失的，依法予以纠错、补偿。对于因遭受犯罪侵害或民事侵权，无法经过诉讼获得有效赔偿，造成当事人生活困难，符合救助规定的，及时给予司法救助。对于给予司法救助后仍然存在实际困难的，通过民政救济、社会救助等方式帮助解决实际困难。”

根据司法实践情况，人民法院需要做好司法救助与社会救助的衔接，因此，本条规定：“对未纳入国家司法救助范围或者获得国家司法救助后仍面临生活困难的救助申请人，符合社会救助条件的，人民法院通过国家司法救助与社会救助衔接机制，协调有关部门将其纳入社会救助范围”。

（撰稿人：刘合华 何 君 徐 超 袁 钢）

最高人民法院
关于印发《人民法院国家司法救助案件办理程序规定（试行）》《人民法院国家司法救助文书样式（试行）》《最高人民法院司法救助委员会工作规则（试行）》的通知

2019年1月4日　　法发〔2019〕2号

各省、自治区、直辖市高级人民法院，解放军军事法院，新疆维吾尔自治区高级人民法院生产建设兵团分院；本院各单位：

为进一步推动人民法院国家司法救助工作规范化，细化操作性规范，我院制定了《人民法院国家司法救助案件办理程序规定（试行）》《人民法院国家司法救助文书样式（试行）》和《最高人民法院司法救助委员会工作规则（试行）》。现将以上文件印发给你们，请认真贯彻执行。执行中发现情况和问题，请及时报告我院司法救助委员会办公室。

附一：

人民法院国家司法救助案件办理程序规定（试行）

为进一步规范人民法院国家司法救助案件办理程序，根据中共中央政法委员会、财政部、最高人民法院、最高人民检察院、公安部、司法部《关于建立完善国家司法救助制度的意见（试行）》和最高人民法院《关于加强和规范人民法院国家司法救助工作的意见》，结合工作实际，制定本规定。

第一条　人民法院的国家司法救助案件，由正在处理原审判、执行案件或者涉诉信访问题（以下简称原案件）的法院负责立案办理，必要时也可以由上下级法院联动救助。

联动救助的案件，由上级法院根据救助资金保障情况决定统一立案办理或者交由联动法院分别立案办理。

第二条 条人民法院通过立案窗口（诉讼服务中心）和网络等渠道公开提供国家司法救助申请须知、申请登记表等文书样式。

第三条 人民法院在处理原案件过程中经审查认为相关人员基本符合救助条件的，告知其提出救助申请，并按照申请须知和申请登记表的指引进行立案准备工作。

原案件相关人员不经告知直接提出救助申请的，立案部门应当征求原案件承办部门及司法救助委员会办公室的意见。

第四条 因同一原案件而符合救助条件的多个直接受害人申请救助的，应当分别提出申请，人民法院分别立案救助。有特殊情况的，也可以作一案救助。

因直接受害人死亡而符合救助条件的多个近亲属申请救助的，应当共同提出申请，人民法院应当作一案救助。有特殊情况的，也可以分别立案救助。对于无正当理由未共同提出申请的近亲属，人民法院一般不再立案救助，可以告知其向其他近亲属申请合理分配救助金。

第五条 无诉讼行为能力人由其监护人作为法定代理人代为申请救助。

救助申请人、法定代理人可以委托一名救助申请人的近亲属、法律援助人员或者经人民法院许可的其他无偿代理的公民作为委托代理人。

第六条 救助申请人在进行立案准备工作期间，可以请求人民法院协助提供相关法律文书。

救助申请人申请执行救助的，应当提交有关被执行人财产查控和案件执行进展情况的说明；申请涉诉信访救助的，应当提交息诉息访承诺书。

第七条 救助申请人按照指引完成立案准备工作后，应当将所有材料提交给原案件承办部门。

原案件承办部门认为材料齐全的，应当在申请登记表上签注意见，加盖部门印章，并在五个工作日以内将救助申请人签字确认的申请须知、申请登记表、相关证明材料以及初审报告等内部材料一并移送立案部门办理立案手续。

第八条 立案部门收到原案件承办部门移送的材料后，认为齐备、无误的，应当在五个工作日以内编立案号，将相关信息录入办案系统，以书面或者信息化方式通知救助申请人，并及时将案件移送司法救助委员会办公室。

原案件承办部门或者立案部门认为申请材料不全或有误的，应当一次性告知需要补正的全部内容，并指定合理补正期限。救助申请人拒绝补正或者无正当理由逾期未予补正的，视为放弃救助申请，人民法院不予立案。

第九条 人民法院办理国家司法救助案件，由司法救助委员会办公室的法官组成合议庭进行审查和评议，必要时也可以由司法救助委员会办公室的法官与原案件承办部门的法官共同组成合议庭进行审查和评议。

合议庭应当确定一名法官负责具体审查，撰写审查报告。

第十条 合议庭审查国家司法救助案件，可以通过当面询问、组织听证、入户调查、邻里访问、群众评议、信函索证、信息核查等方式查明救助申请人的生活困难情况。

第十一条 经审查和评议，合议庭可以就司法救助委员会授权范围内的案件直接作出决定。对于评议意见不一致或者重大疑难的案件，以及授权范围外的案件，合议庭应当提请司法救助委员会讨论决定。司法救助委员会讨论意见分歧较大的案件，可以提请审判委员会讨论决定。

第十二条 人民法院办理国家司法救助案件，应当在立案之日起十个工作日，至迟两个月以内办结。有特殊情况的，经司法救助委员会主任委员批准，可以再延长一个月。

有下列情形之一的，相应时间不计入办理期限：

（一）需要由救助申请人补正材料的；

（二）需要向外单位调取证明材料的；

（三）需要国家司法救助领导小组或者上级法院就专门事项作出答复、解释的。

第十三条 有下列情况之一的，中止办理：

（一）救助申请人因不可抗拒的事由，无法配合审查的；

（二）救助申请人丧失诉讼行为能力，尚未确定法定代理人的；

（三）人民法院认为应当中止办理的其他情形。

中止办理的原因消除后，恢复办理。

第十四条 有下列情况之一的，终结办理：

（一）救助申请人的生活困难在办案期间已经消除的；

（二）救助申请人拒不认可人民法院决定的救助金额的；

（三）人民法院认为应当终结办理的其他情形。

第十五条 人民法院办理国家司法救助案件作出决定，应当制作国家司法救助决定书，并加盖人民法院印章。

国家司法救助决定书应当载明以下事项：

（一）救助申请人的基本情况；

（二）救助申请人提出的申请、事实和理由；

（三）决定认定的事实和证据、适用的规范和理由；

（四）决定结果。

第十六条 人民法院应当将国家司法救助决定书等法律文书送达救助申

请人。

第十七条　最高人民法院决定救助的案件，救助金以原案件管辖法院所在省、自治区、直辖市上一年度职工月平均工资为基准确定。其他各级人民法院决定救助的案件，救助金以本省、自治区、直辖市上一年度职工月平均工资为基准确定。

人民法院作出救助决定时，上一年度职工月平均工资尚未公布的，以已经公布的最近年度职工月平均工资为准。

第十八条　救助申请人有初步证据证明其生活困难特别急迫的，原案件承办部门可以提出先行救助的建议，并直接送司法救助委员会办公室做快捷审批。

先行救助的金额，一般不超过省、自治区、直辖市上一年度职工月平均工资的三倍，必要时可放宽至六倍。

先行救助后，人民法院应当补充立案和审查。经审查认为符合救助条件的，应当决定补足救助金；经审查认为不符合救助条件的，应当决定不予救助，追回已发放的救助金。

第十九条　决定救助的，司法救助委员会办公室应当在七个工作日以内按照相关财务规定办理请款手续，并在救助金到位后两个工作日以内通知救助申请人办理领款手续。

第二十条　救助金一般应当及时、一次性发放。有特殊情况的，应当提出延期或者分批发放计划，经司法救助委员会主任委员批准，可以延期或者分批发放。

第二十一条　发放救助金时，人民法院应当指派两名以上经办人，其中至少包括一名司法救助委员会办公室人员。经办人应当向救助申请人释明救助金的性质、准予救助的理由、骗取救助金的法律后果，指引其填写国家司法救助金发放表并签字确认。

人民法院认为有必要时，可以邀请救助申请人户籍所在地或经常居住地的村（居）民委员会或者所在单位的工作人员到场见证救助金发放过程。

第二十二条　救助金一般应当以银行转账方式发放。有特殊情况的，经司法救助委员会主任委员批准，也可以采取现金方式发放，但应当保留必要的音视频资料。

第二十三条　根据救助申请人的具体情况，人民法院可以委托民政部门、乡镇人民政府或者街道办事处、村（居）民委员会、救助申请人所在单位等组织发放救助金。

第二十四条　救助申请人获得救助后，案件尚未执结的应当继续执行；后续执行到款项且救助申请人的生活困难已经大幅缓解或者消除的，应当从中扣除已发放的救助金，并回笼到救助金账户滚动使用。

救助申请人获得救助后，经其同意执行结案的，对于尚未到位的执行款应当作为特别债权集中造册管理，另行执行。执行到位的款项，应当回笼到救助金账户滚动使用。

对于骗取的救助金、违背息诉息访承诺的信访救助金，应当追回到救助金账户滚动使用。

第二十五条 人民法院办理国家司法救助案件，接受国家司法救助领导小组和上级人民法院司法救助委员会的监督指导。

第二十六条 本规定由最高人民法院负责解释。经最高人民法院同意，各省、自治区、直辖市高级人民法院，解放军军事法院，新疆维吾尔自治区高级人民法院生产建设兵团分院可以在本规定基础上结合辖区实际制定实施细则。

第二十七条 本规定自2019年2月1日起施行。

附二：

人民法院国家司法救助文书样式（试行）

人民法院国家司法救助文书样式（试行）1

人民法院国家司法救助
申请须知
（供告知救助申请人相关规定用）

为便于了解现行国家司法救助政策规定，依法、理性提出救助申请，有效准备证明材料，根据中共中央政法委员会、财政部、最高人民法院、最高人民检察院、公安部、司法部《关于建立完善国家司法救助制度的意见（试行）》，最高人民法院《关于加强和规范人民法院国家司法救助工作的意见》和《人民法院国家司法救助案件办理程序规定（试行）》，特制定本申请须知。请救助申请人认真阅读（或听读）并签字确认。

一、基本条件与受案法院

（一）人民法院在审判、执行、涉诉信访工作中，对权利受到侵害、生活面临急迫困难的当事人等相关人员，符合前述《意见》规定情形的，可以采取一次性辅助救济措施。

（二）人民法院的国家司法救助案件，由正在处理原审判、执行案件或者涉诉信访问题（以下简称原案件）的法院负责立案办理，必要时可以由上下级法院联动救助。联动救助的案件，由上级法院根据救助资金保障情况决定统一立案办理或者交由联动法院分别立案办理。

二、是否救助的若干情形

（一）原案件相关人员因生活面临急迫困难提出国家司法救助申请，符合下列情形之一的，应当予以救助：

1. 刑事案件被害人受到犯罪侵害，造成重伤或者严重残疾，因加害人死亡或者没有赔偿能力，无法通过诉讼获得赔偿，陷入生活困难的；

2. 刑事案件被害人受到犯罪侵害危及生命，急需救治，无力承担医疗救治费用的；

3. 刑事案件被害人受到犯罪侵害而死亡，因加害人死亡或者没有赔偿能力，依靠被害人收入为主要生活来源的近亲属无法通过诉讼获得赔偿，陷入生活困难的；

4. 刑事案件被害人受到犯罪侵害，致使其财产遭受重大损失，因加害人死亡或者没有赔偿能力，无法通过诉讼获得赔偿，陷入生活困难的；

5. 举报人、证人、鉴定人因举报、作证、鉴定受到打击报复，致使其人身受到伤害或财产受到重大损失，无法通过诉讼获得赔偿，陷入生活困难的；

6. 追索赡养费、扶养费、抚育费等，因被执行人没有履行能力，申请执行人陷入生活困难的；

7. 因道路交通事故等民事侵权行为造成人身伤害，无法通过诉讼获得赔偿，受害人陷入生活困难的；

8. 人民法院根据实际情况，认为需要救助的其他人员。

涉诉信访人，其诉求具有一定合理性，但通过法律途径难以解决，且生活困难，愿意接受国家司法救助后息诉息访的，可以参照本意见予以救助。

（二）原案件相关人员具有以下情形之一的，一般不予救助：

1. 对案件发生有重大过错的；

2. 无正当理由，拒绝配合查明案件事实的；

3. 故意作虚伪陈述或者伪造证据，妨害诉讼的；

4. 在审判、执行中主动放弃民事赔偿请求或者拒绝侵权责任人及其近亲属赔偿的；

5. 生活困难非案件原因所导致的；

6. 已经通过社会救助措施，得到合理补偿、救助的；

7. 法人、其他组织提出的救助申请；

8. 不应给予救助的其他情形。

三、申请方式与应交材料

（一）人民法院在处理原案件过程中经审查认为相关人员基本符合救助条件的，应当告知其提出救助申请，并按照本申请须知和申请登记表的指引进行立案准备工作。

原案件相关人员不经告知直接提出救助申请的，应当在人民法院审查确认其基本符合救助条件之后，再行按照本申请须知和申请登记表的指引进行立案准备工作。

（二）救助申请人提出国家司法救助申请，应当填写制式的申请登记表或者另行提交救助申请书，并提供相关材料，主要包括：原案件法律文书；申请人身份证明材料；代理人身份证明材料、授权委托书；实际损失（损害后果）证明材料；申请人及家庭成员的收入和资产状况、生活困难证明材料；是否已获得赔偿、补偿或其他救助的说明；接受司法救助后息诉息访承诺书；其他相关材料。不能提供相应材料的，应当说明理由。

（三）救助申请人生活困难证明，主要是指救助申请人户籍所在地或经常居住地的村（居）民委员会或者所在单位出具的有关救助申请人的家庭人口、劳动能力、就业状况、家庭收入等情况的证明。

四、救助金的确定基准与先行救助制度

（一）最高人民法院决定救助的案件，救助金以原案件管辖法院所在省、自治区、直辖市上一年度职工月平均工资为基准确定。其他各级人民法院决定救助的案件，救助金以本省、自治区、直辖市上一年度职工月平均工资为基准确定。人民法院作出救助决定时，上一年度职工月平均工资尚未公布的，以已经公布的最近年度职工月平均工资为准。

（二）救助申请人有初步证据证明其生活困难特别急迫的，可以通过原案件承办部门申请先行救助。人民法院将视情况进行快捷审批。先行救助的金额，一般不超过省、自治区、直辖市上一年度职工月平均工资的三倍，必要时可放宽至六倍。

五、相关义务与法律责任

（一）救助申请人获得救助后，人民法院从被执行人处执行到赔偿款或者其他应当给付的执行款的，应当将已发放的救助金从执行款中扣除。

（二）救助申请人通过提供虚假材料等手段骗取救助金的，人民法院应当予以追回；构成犯罪的，应当依法追究刑事责任。

（三）涉诉信访救助申请人领取救助金后，违背息诉息访承诺的，人民法院应当将救助金予以追回。

以上内容我已□阅读/□听读完毕，并充分理解其含义。我将严格遵守《意见》规定，规范填写《人民法院国家司法救助申请登记表》，认真准备相关证明材料，依法、理性提出救助申请。

救助申请人：×××（签名并捺印）

××××年××月××日

【说明】

1. 本样式根据《最高人民法院关于加强和规范人民法院国家司法救助工作的意见》第八条和《人民法院国家司法救助案件办理程序规定（试行）》第二条制作，供人民法院向基本符合救助条件的人员释明现行国家司法救助政策规定，规范救助申请的提出和证明材料的准备等用。

2. “实际损失（损害后果）证明”是指因人身权或财产权被侵害而遭受的损失，包括但不限于医疗诊断结论、司法鉴定意见、费用单据、死亡证明等。

3. 救助申请人签字确认的须知应附卷。

人民法院国家司法救助文书样式（试行）2

人民法院国家司法救助
申请登记表

（供救助申请人提出申请及人民法院登记申请用）

<table>
<tr><td>登记法院</td><td colspan="4">XXXX人民法院</td></tr>
<tr><td>申请来源</td><td colspan="4">□经原案件承办部门告知后提出申请　　□未经告知直接提出申请</td></tr>
<tr><td rowspan="4">申请人基本信息</td><td>姓名</td><td></td><td>职业</td><td></td></tr>
<tr><td>联系电话</td><td></td><td>公民身份号码</td><td></td></tr>
<tr><td colspan="4">□户籍地/□经常居住地</td></tr>
<tr><td colspan="4">村（居）民委员会或单位联系人及联系电话</td></tr>
</table>

<table>
<tr><td>登记法院</td><td colspan="5">XXXX 人民法院</td></tr>
<tr><td rowspan="3">代理人
基本信息</td><td>姓名</td><td colspan="2"></td><td>与申请人关系</td><td></td></tr>
<tr><td>联系电话</td><td colspan="2"></td><td>公民身份号码</td><td></td></tr>
<tr><td>现住址</td><td colspan="4"></td></tr>
<tr><td rowspan="8">救助申请
及
相关材料</td><td>所涉领域</td><td colspan="4">□刑事审判 □民事审判 □行政审判 □司法赔偿
□执行 □涉诉信访 □其他</td></tr>
<tr><td>申请金额</td><td colspan="4">小写：（元） 大写：（圆）</td></tr>
<tr><td rowspan="2">申请人或其法定代理人账户</td><td>户名</td><td></td><td>开户行</td><td></td></tr>
<tr><td>账号</td><td colspan="3"></td></tr>
<tr><td rowspan="2">申请事由</td><td colspan="4"></td></tr>
<tr><td colspan="4">注：1. 本栏作用相当于《国家司法救助申请书》。2. 此处可仅概括填写相关案件情况、申请事项及主要理由，详情可另附页。</td></tr>
<tr><td rowspan="2"></td><td rowspan="2">相关材料</td><td colspan="3">□原案件相关法律文书
□申请人身份证明材料
□代理人身份证明材料、授权委托书 *
□实际损失（损害后果）证明材料
□申请人及家庭成员的收入和资产状况、生活困难证明材料
□是否已获得赔偿、补偿或其他救助的说明
□接受司法救助后息诉息访承诺书 *
□其他相关材料 *</td></tr>
<tr><td colspan="3">注：1. 本栏仅需根据材料准备情况作相应勾选即可，材料本身

请以附件形式同时提交。2. 标 * 者为根据具体情况选择性提交的材料；但申请涉诉信访救助的，息诉息访承诺书为必须提交的材料。3. 申请人确因特殊困难不能取得相关证明材料的，应当说明理由；必要时，人民法院可以依申请或依职权调取。</td></tr>
</table>

<table>
<tr><td>登记法院</td><td colspan="4">XXXX 人民法院</td></tr>
<tr><td>申请人承诺及签名</td><td colspan="4">本人承诺，以上情况和材料属实；若有虚报或伪造，则按规定接受法律制裁，并退还所领救助金。

救助申请人：（签名并由本人捺印） 年 月 日</td></tr>
<tr><td colspan="5">注：以上内容，“登记法院”和“申请来源”由登记法院人员填写，其他内容由申请人填写；申请人书写有困难的，可由他人或登记法院人员代为填写（须备注）。以下内容由登记法院人员填写。</td></tr>
<tr><td rowspan="2">原案件承办部门意见</td><td>收到本表及附件材料的时间</td><td></td><td>原案件承办人</td><td></td></tr>
<tr><td colspan="4">
年 月 日</td></tr>
<tr><td rowspan="3">立案部门意见</td><td>收到本表及附件材料时间</td><td></td><td>登记人员</td><td></td></tr>
<tr><td>编立案号</td><td colspan="3">（XXXX）……司救 X……号</td></tr>
<tr><td colspan="4">
年 月 日</td></tr>
<tr><td>备注</td><td colspan="4"></td></tr>
</table>

【说明】

1. 本样式根据《最高人民法院关于加强和规范人民法院国家司法救助工作的意见》第八条、第九条和《人民法院国家司法救助案件办理程序规定（试行）》第二条、第三条、第六条、第七条制作，供救助申请人提出申请及人民法院登记申请、指引申请人进行立案准备工作用。

2. 本登记表已整合涵盖了《国家司法救助申请书》的必备要素，并有一定指引作用，故救助申请人在按提示填完相关内容、准备好相关证明材料并签名、捺印后向法院提交即等同于书面提出了救助申请。救助申请人填写不规范或证明材料不齐备的，登记法院应予释明和必要指导。

3. 申请人未填表，但另行提交《国家司法救助申请书》及相关材料的，登记法院工作人员应指导申请人将相关内容（可做必要概括）誊录至表格。

4. 依照《最高人民法院关于人民法院案号的若干规定》，立案部门编立的案号即“（××××）……司救×……号”中下划线部分具体为司救刑、司救民、司救行、司救赔、司救执、司救访、司救他七类。

5. 本登记表应附卷。

人民法院国家司法救助文书样式（试行）3

×××××人民法院
受理案件通知书
（供人民法院受理国家司法救助申请用）
（××××）……司救×……号

×××（救助申请人姓名）：

你于××××年××月××日向本院提出国家司法救助申请。经审查，你的申请符合立案条件，本院决定立案受理。现将有关事项通知如下：

一、本案由本院司法救助委员会办公室负责审查处理。该办联系人：……，联系电话：……，联系地址：……。

二、本案审查期间，你应积极配合本院司法救助委员会办公室的各项工作；否则视为放弃申请，本院将作结案处理。

……（如果还有其他事宜，可继续写明）。

特此通知。

××××年××月××日
（院印）

【说明】

1. 本样式根据《人民法院国家司法救助案件办理程序规定（试行）》第八条制作，供人民法院立案后以书面方式通知救助申请人用。

2. 决定采用书面方式通知的，应将本通知书送达救助申请人；通知书签发稿及送达回证应附卷。

人民法院国家司法救助文书样式（试行）4

××××人民法院
听证通知书
（供人民法院通知救助申请人参加听证用）
（××××）……司救×……号

×××（救助申请人姓名）：

你申请国家司法救助一案，本院定于××××年××月××日××时××分在……（地点）进行听证，请准时参加。

特此通知。

××××年××月××日
（院印）

【说明】

1. 本样式根据《人民法院国家司法救助案件办理程序规定（试行）》第十条制作，供人民法院通知救助申请人参加听证用。

2. 听证会的内容和形式，可以参照自赔案件有关听证的规定进行。

3. 本通知书应送达救助申请人；通知书签发稿及送达回证应附卷。

人民法院国家司法救助文书样式（试行）5

关于×××申请国家司法救助一案的审查报告

（供审查司法救助案件用）

（××××）……司救×……号

一、申请人的基本情况

救助申请人：×××，……（写明姓名、性别、出生年月日、民族、职业或者工作单位和职务、住所。姓名、性别等身份事项以居民身份证、户籍证明为准。职业或者工作单位和职务不明确的，可以不表述。住所以户籍所在地为准；离开户籍地且有经常居住地的，以经常居住地为住所。有多个申请人的，逐一列明）。

……（如有代理人，继续写明代理人基本情况）。

二、案件的由来

×××（救助申请人姓名）以其在……（高度概括申请事由，如“道路交通事故纠纷审判”“刑事附带民事判决执行”“涉诉信访问题处理”等）过程中面临生活急迫困难为由，于××××年××月××日向本院提出国家司法救助申请。本院立案部门于××××年××月××日立案，之后转本办审查处理。本案现已审查终结。

三、申请事由

×××称：……（该部分内容的叙述，不要照抄救助申请人描述的事实和理由，要作必要的归纳提炼）。故请求本院给予国家司法救助金……元。

四、经审查认定的事实和证据

……（详细写明经审查认定的事实及其证据和依据）。

（一）原案件情况

……（简要写明据以提出救助申请的原审判、执行、涉诉信访案件情况）。

（二）救助申请人生活困难等情况

……（详细写明经审查认定的据以决定是否给予国家司法救助的核心要素，如救助申请人本人及其家庭生活困难的情况，是否已获得赔偿、补偿或其他救助，等等）。

（三）认定上述事实的证据

……（写明认定事实所依据的证据，包括申请人提交的材料和人民法院依申请或依职权调取的证据）。

五、需要说明的其他情况

（一）原案件承办部门的初审意见

……（写明原案件承办部门的初审意见）。

（二）……

……（继续写明其他与本案有关联且必要特别说明的情况）。

六、处理意见及理由

……（该部分内容，实际上就是决定书中说理和主文的扩充版。要尽量做到用语规范、脉络清晰、说理充分、依据明确）。

承办人：×××

××××年××月××日

【说明】

1. 本样式根据《人民法院国家司法救助案件办理程序规定（试行）》第九条制作，供人民法院审查司法救助案件用。

2. 人民法院办理国家司法救助案件，均应当撰写审查报告并附卷。

人民法院国家司法救助文书样式（试行）6

××××人民法院
国家司法救助决定书
（供作出司法救助决定用）

（××××）……司救×……号

救助申请人：×××，……（写明姓名、性别、出生年月日、民族、职业或者工作单位和职务、住所。姓名、性别等身份事项以居民身份证、户籍证明为准。职业或者工作单位和职务不明确的，可以不表述。住所以户籍所在地为准；离开户籍地且有经常居住地的，以经常居住地为住所。有多个申请人的，逐一列明）。

……（如有代理人，继续写明代理人基本情况）。

救助申请人×××以其在……（高度概括申请事由，如“道路交通事故纠纷审判”“刑事附带民事判决执行”“涉诉信访问题处理”等）过程中面临生活急迫困难为由，于××××年××月××日向本院提出国家司法救助申请。本院于××××年××月××日立案后，依法对本案进行了审查。现已审查终结。

救助申请人×××称：……（概述救助申请人主张的事实和理由）。故请求本院给予司法救助金……元。

经审查查明，……（写明法院查明的原审判、执行、信访案件情况）。

另查明，……（写明救助申请人及其家庭是否存在生活困难等情况）。

本院认为，……（根据查明的事实，对救助申请人的申请是否符合《最高人民法院关于加强和规范人民法院国家司法救助工作的意见》相关规定作出分析认定）。

综上，根据《最高人民法院关于加强和规范人民法院国家司法救助工作的意见》第十二条和《人民法院国家司法救助案件办理程序规定（试行）》第十五条的规定，决定如下：

（第一种情况，认为符合救助条件的）

给予救助申请人×××司法救助金……元。

（第二种情况，认为不符合救助条件或者具有不予救助情形的）

对救助申请人×××不予司法救助。

本决定为发生法律效力的决定。

××××年××月××日

（院印）

【说明】

1. 本样式根据《最高人民法院关于加强和规范人民法院国家司法救助工作的意见》第十二条和《人民法院国家司法救助案件办理程序规定（试行）》第十五条制作，供人民法院作出是否给予司法救助决定用。

2. 本决定书应送达救助申请人；决定书签发稿及送达回证应附卷。

3. 决定中止办理或终结办理的，可以参照本样式，但文书标题中的“国家司法救助决定书”相应修改为“决定书”，其他内容亦应做相应调整。

人民法院国家司法救助文书样式（试行）7

××××人民法院
国家司法救助金发放表
（供发放司法救助金用）

<table>
<tr><td>救助决定书文号</td><td colspan="4"></td></tr>
<tr><td>决定发放金额</td><td colspan="4">￥　　元，（大写）　　圆</td></tr>
<tr><td>救助申请人</td><td colspan="2"></td><td>联系电话</td><td></td></tr>
<tr><td rowspan="3">领款人
及领款账户
信息</td><td colspan="4">□申请人本人　　　□法定代理人</td></tr>
<tr><td>姓名</td><td></td><td>户名</td><td></td></tr>
<tr><td>开户行</td><td></td><td>账号</td><td></td></tr>
<tr><td colspan="5">发放笔录
发放人：XXX，本院在发放《申请须知》、指导填写《申请登记表》、办理案件过程中以及送达救助决定书时，已经就国家司法救助金的性质、准予救助的理由以及骗取救助金的法律后果予以了充分释明。你是否已经清楚？
XX X：……
发放人：下面向你发放国家司法救助金……元。请你核对账户信息/清点确认。
XX X：　……
发放人：请你在下方栏目中亲笔确认并签名、捺印。</td></tr>
</table>

救助决定书文号	
领款人： （亲笔写出我已收到救助金……元） （签名、捺印） 年　月　日	＊见证人（可选项）： （签名） 年　月　日
经办人（2人以上）：　　（签名）　　年　月　日	
备注/粘单栏	（如不以现金方式发放，而是通过财务转账至申请人账户，应将转账记录或复印件粘贴于此）

【说明】

1. 本样式根据《最高人民法院关于加强和规范人民法院国家司法救助工作的意见》第十四条、第二十条和《人民法院国家司法救助案件办理程序规定（试行）》第二十一条制作，供人民法院发放国家司法救助资金用。

2. 本表中备注栏，可附关于司法救助承诺等事项。

3. 本表至少一式两份，其中至少一份连同救助决定书一并报送有关部门备案，其余存档、附卷。

最高人民法院司法救助委员会工作规则（试行）

为规范本院司法救助委员会工作，充分发挥其职能作用，根据《最高人民法院关于加强和规范人民法院国家司法救助工作的意见》和相关规定，结合工作实际，制定本规则。

第一条　本院司法救助委员会的职责：

（一）讨论、决定本院重大、疑难、复杂的司法救助案件。对于拟救助金额超过原案件管辖法院所在省、自治区、直辖市上一年度职工月平均工资三十六倍的案件，重大、疑难、复杂或者合议庭有较大分歧意见的案件，以及主任委员、副主任委员认为有必要提请讨论的案件，应当由司法救助委员会讨论决定。

（二）讨论、决定人民法院国家司法救助工作政策性文件和指导性意见。

（三）总结人民法院国家司法救助工作，向国家司法救助领导小组提交工作报告，监督、指导地方各级人民法院的国家司法救助工作。

（四）讨论、决定有关人民法院国家司法救助工作的其他重大事项。

第二条 司法救助委员会根据工作实际，实行例会制度。必要时，经主任委员提议可临时召开。

司法救助委员会开会应当有过半数的委员出席。

第三条 司法救助委员会委员应当按时出席会议。因故不能出席会议的，应当及时向会议主持人请假。

第四条 司法救助委员会会议由主任委员主持，或者由主任委员委托副主任委员主持。

第五条 司法救助委员会讨论的议题，由主任委员或者副主任委员决定。

会议材料至迟于会议召开前一日发送各位委员。

司法救助案件的承办人或者其他议题的承办人列席会议，进行汇报，并回答委员提出的问题。

第六条 司法救助委员会实行民主集中制。司法救助委员会的决定，必须获得半数以上的委员同意方能通过。少数人的意见应当记录在卷。

司法救助委员会决定事项的相关文书由会议主持人签署。

第七条 经司法救助委员会讨论，意见分歧较大的，主任委员可以依相关程序提请审判委员会讨论。

审判委员会的决定，司法救助委员会应当执行。

第八条 司法救助委员会讨论、决定的事项，应当作出会议纪要，经会议主持人审定后附卷备查。

第九条 司法救助委员会下设办公室，由本院赔偿委员会办公室行使其职能，其主要工作职责是：

（一）负责处理本院国家司法救助工作日常事务。

（二）执行司法救助委员会的各项决议。

（三）办理本院司法救助案件。对于拟救助金额低于原案件管辖法院所在省、自治区、直辖市上一年度职工月平均工资三十六倍的司法救助案件，经授权以本院司法救助委员会名义直接作出决定。对于本规则第一条第一项规定的司法救助案件，经合议庭讨论后由办公室提请主任委员提交司法救助委员会讨论。

（四）负责司法救助委员会的会务工作，包括会议筹备、会议记录、会议材料的整理归档等工作。

（五）其他需要办理的事项。

第十条 司法救助委员会委员以及其他列席会议的人员，应当遵守保密规定，不得泄露司法救助委员会讨论情况。

第十一条 本规则自发布之日起施行。

【链 接】

最高人民法院赔偿办主任刘竹梅在公布《人民法院国家司法救助案件办理程序规定（试行）》《人民法院国家司法救助文书样式（试行）》《最高人民法院司法救助委员会工作规则（试行）》新闻发布会上的讲话

2019年1月4日，最高人民法院召开新闻发布会，公开发布《人民法院国家司法救助案件办理程序规定（试行）》《人民法院国家司法救助文书样式（试行）》《最高人民法院司法救助委员会工作规则（试行）》三个司法文件。

健全国家司法救助的制度和体系，是党的十八届三中、四中全会明确的全面深化改革任务之一；党的十九大进一步提出，要以人民为中心，在弱有所扶上不断取得新进展，保障全体人民在共建共享发展中有更多获得感。中央政法委作为该项改革任务的牵头单位，曾于2014年初联合财政部、我院、最高检、公安部、司法部出台《关于建立完善国家司法救助制度的意见（试行）》（中政委〔2014〕3号），将改革目标确定为“实现国家司法救助工作制度化、规范化”，并在此基础上规定了司法救助的对象、范围、方式、标准、程序、资金保障、审批权运行等内容，但部分内容比较原则。

我院作为该项改革的主要参与单位，院党组高度重视、精心部署，多次召开会议进行专题研究，以期将中央精神落到实处，切实增强人民群众获得感。其中，2014年2月的会议，将人民法院国家司法救助改革的目标进一步明确为“救助案件司法化、救助制度法治化”，并纳入“四五司改纲要”一体推进。2016年4月的会议，专门听取了本院赔偿委员会办公室（司法救助委员会办公室）关于人民法院国家司法救助改革情况的汇报，并讨论通过了《最高人民法院关于加强和规范人民法院国家司法救助工作的意见》（法发〔2016〕16号），该意见进一步明确了人民法院国家司法救助的概念、功能、重点和工作机构，确立了统一立案和处理机制，完善了救助公开和监督机制等，对于加强和规范国家司法救助工作，发挥了重要作用。2017年11月的会议，传达了中央政法委《关于近年来开展国家司法救助工作情况的报告》，听取了赔偿办《关于近年来人民法院系统开展国家司法救助工作情况的专题报告》，要求“进一步推动国家司法救助工作的规范化进程，在充分调研的基础上及时出台系列配套规范文件”。

根据院党组的上述部署，考虑到各地对于办案程序、文书样式、司法救助委员会与其办公室的职责分工等方面的需求最为突出，我们决定尽快起草相关规范性文件。经过广泛深入调研，结合专项检查中发现的突出问题，我们完成了《人民法院国家司法救助案件办理程序规定（试行）》《人民法院国家司法救助文书样式（试行）》《最高人民法院司法救助委员会工作规则（试行）》三个司法文件的起草工作。经本院司法救助委员会、党组会讨论通过后，于近期以法发〔2019〕2号通知印发。

其中，《程序规定》作为主文件，共计27条，主要亮点在于：一是针对原案件在人民法院可能经历不同审级，可能处于审判、执行等不同环节这一特殊情况，明确了基于原案件的司法救助案件的立案管辖规则。同时，基于现阶段司法救助资金与法院审级“倒挂”现象较为普遍的现实情况，重申了联动救助原则并明确了其立案管辖规则。二是针对司法救助工作的社会知晓度不足，救助申请人法律水平普遍不高，需要更多法律指引和释明的客观情况，明确要求人民法院多渠道公开提供申请须知、申请登记表等文书样式，努力将“以人民为中心”的思想贯彻落实到具体工作中。三是进一步规范了人民法院依职权告知提出救助申请和当事人自行提出救助申请两种准入形式，细化了包括立案受理、案件办理、作出决定、申领和发放救助金等环节在内的办案全流程规定，明确了各环节的办理期限。四是进一步明确了原案件承办部门、立案部门、司法救助委员会办公室的职责分工，以及司法救助委员会与其办公室之间的权限划分。五是在加强统一和规范的同时，又本着改革精神和务实态度，准许各高院在本规定基础上结合辖区实际制定实施细则，给地方法院创造性开展工作留有了一定空间。《文书样式》作为上述《程序规定》的配套文件，本着便于群众提出申请和办案人员使用的原则，规定了申请须知、申请登记表、受理案件通知书、听证通知书、审查报告、救助决定书、救助金发放表等七个实践中最急需、最常用的文书样式。今后，随着实践经验的进一步积累和丰富，我们还将陆续增补其他文书样式。《司救委规则》是最高人民法院司法救助委员会及下设办公室的内部工作规则，并不具有对外约束力，仅供各级人民法院参考。此次一并公开发布，主要是为了增强工作透明度，供社会各界更好地了解人民法院的司法救助工作。

国家司法救助是司法领域最大的“民生工程”，是融合司法正义与温度的光辉事业。近年来，全国各级法院在完善制度、细化规范的同时，也取得了实实在在的业绩。2015年，全国各级法院共办理国家司法救助案件4.1万件，发放司法救助金8.5亿元；2016年，办案4.2万件，发放司法救助金9.3亿元；2017年，办案3.73万件，救助涉案困难群众4.85万人，发放司法救助金8.92亿元；2018年，办案4.62万件，救助涉案困难群众5.75万人，发放司法救助金 10.75 亿元。希望大家在今后的工作中，更加关注人民法院国家司法救助改革的动态，加大宣传报道力度，让社会各界更加了解和支持人民法院的国家司法救助工作。谢谢！